■2025年度高等学校受験用

保善高等学校

収録内容一覧

★この問題集は以下の収録内容となっています。また、編集の都合上、解説、解答用紙を省略させていただいている場合もございますのでご了承ください。

（○印は収録、一印は未収録）

入試問題の収録内容			解説	解答	解答用紙
2024年度	一般	英語・数学・国語	○	○	○
	推薦	適性検査 （英語・数学・国語）	ー	○	○
2023年度	一般	英語・数学・国語	○	○	○
	推薦	適性検査 （英語・数学・国語）	ー	○	○
2022年度	一般	英語・数学・国語	○	○	○
	推薦	適性検査 （英語・数学・国語）	ー	○	○
2021年度	一般	英語・数学・国語	○	○	○
	推薦	適性検査 （英語・数学・国語）	ー	○	○

★当問題集のバックナンバーは在庫がございません。あらかじめご了承ください。

リスニングテストの音声は、下記のIDとアクセスコードにより当社ホームページ
https://www.koenokyoikusha.co.jp/pages/cddata/listening で聴くことができます。
（実際の入試で使用された音声です）
ユーザー名：koe　アクセスコード（パスワード）：15802　使用期限：2025年3月末日

※ユーザー名・アクセスコードの使用期限以降は音声が予告なく削除される場合がございます。あらかじめご了承ください。

JN007187

●凡例●

【英語】

≪解答≫

〔　〕　①別解
②置き換え可能な語句（なお下線は置き換える箇所が2語以上の場合）
(例) I am〔I'm〕glad〔happy〕to ~

（　）　省略可能な言葉

≪解説≫

1, 2…　本文の段落（ただし本文が会話文の場合は話者の1つの発言）

〔　〕　置き換え可能な語句（なお〔　〕の前の下線は置き換える箇所が 2 語以上の場合）

（　）　①省略が可能な言葉
(例)「(数が) いくつかの」
②単語・代名詞の意味
(例)「彼（＝警察官）が叫んだ」
③言い換え可能な言葉
(例)「いやなにおいがするなべにはふたをするべきだ（＝くさいものにはふたをしろ）」

//　訳文と解説の区切り

cf.　比較・参照

≒　ほぼ同じ意味

【数学】

≪解答≫

〔　〕　別解

≪解説≫

（　）　補足的指示
(例)（右図1参照）など

〔　〕　①公式の文字部分
(例)〔長方形の面積〕=〔縦〕×〔横〕
②面積・体積を表す場合
(例)〔立方体 ABCDEFGH〕

∴　ゆえに

≒　約、およそ

【社会】

≪解答≫

〔　〕　別解

（　）　省略可能な語

＿＿　使用を指示された語句

≪解説≫

〔　〕　別称・略称
(例) 政府開発援助〔ODA〕

（　）　①年号
(例) 壬申の乱が起きた (672 年)。
②意味・補足的説明
(例) 資本収支 (海外への投資など)

【理科】

≪解答≫

〔　〕　別解

（　）　省略可能な語

＿＿　使用を指示された語句

≪解説≫

〔　〕　公式の文字部分

（　）　①単位
②補足的説明
③同義・言い換え可能な言葉
(例) カエルの子 (オタマジャクシ)

≒　約、およそ

【国語】

≪解答≫

〔　〕　別解

（　）　省略してもよい言葉

＿＿　使用を指示された語句

≪解説≫

〈　〉　課題文中の空所部分（現代語訳・通釈・書き下し文）

（　）　①引用文の指示語の内容
(例)「それ (＝過去の経験) が ～」
②選択肢の正誤を示す場合
(例)（ア，ウ…×）
③現代語訳で主語などを補った部分
(例)（女は）出てきた。

／　漢詩の書き下し文・現代語訳の改行部分

保善高等学校

所在地	〒169-0072 東京都新宿区大久保3-6-2
電　話	03-3209-8756（代表）／0120-845532（入試広報部）
ホームページ	https://hozen.ed.jp/
交通案内	JR山手線・西武新宿線・東京メトロ東西線 高田馬場駅 徒歩8分 東京メトロ副都心線 西早稲田駅 徒歩7分

普通科

男子

くわしい情報は
ホームページへ

応募状況

年度	募集数	受験数	合格数	倍率
2024	単願推薦 130名	124名	124名	1.0倍
	併願推薦 20名	14名	14名	1.0倍
	一 般 A 85名	228名	219名	1.0倍
	一 般 B 55名	108名	100名	1.1倍
	一 般 C 10名	54名	13名	4.2倍
2023	単願推薦 130名	135名	135名	1.0倍
	併願推薦 20名	10名	10名	1.0倍
	一 般 A 85名	250名	248名	1.0倍
	一 般 B 55名	112名	108名	1.0倍
	一 般 C 10名	62名	17名	3.6倍
2022	単願推薦 130名	129名	129名	1.0倍
	併願推薦 20名	8名	8名	1.0倍
	一 般 A 85名	176名	173名	1.0倍
	一 般 B 55名	101名	98名	1.0倍
	一 般 C 10名	41名	22名	1.9倍

試験科目　（参考用：2024年度入試）

［推薦］

適性検査（国語・英語または数学・英語）

面接

［一般］

国語・数学・英語（リスニング含む）

面接

※問題は，特別進学クラス・大進選抜クラス・大学進学クラス共通。

※一般入試Aと一般入試Bは，高得点の２科目合計点＋面接の総合判定。

本校の特色

学習とクラブの両立で４年制大学への高い現役進学率の実績を誇る本校は，中学校を併設せず，大学の附属でもない単独校の特性を発揮する男子校である。

国公立大学や難関私立大学へ一般入試で合格を目指す「特別進学クラス」，G-MARCHレベルの大学進学を目指す「大進選抜クラス」，中堅以上の私立大学への進学を目指す「大学進学クラス」の３コースを設置。国語・数学・英語の月例テスト，英検の全員受検，長期休暇中や放課後の補習講習（無料）で，大学進学に向けた学習指導の万全を期している。

また，クラブ活動も盛んで，強化指定５クラブのスポーツ推薦制度もあり，生徒はクラブでも活躍し充実した高校生活を送りながら，大学進学を実現する。

進路状況

主な大学合格実績（2024年春）

早稲田大４名，慶應義塾大１名，東京理科大３名，明治大５名，中央大６名，青山学院大５名，立教大１名，法政大７名，学習院大１名など。

イベント日程

◎学校説明会　【要予約】

7/27（土），8/24（土），9/21（土），10/12（土），10/26（土），11/2（土），11/16（土），11/30（土），12/7（土）

◎個別受験相談会　【要予約】

8/25（日），10/20（日），11/17（日），12/1（日），12/2（月），12/3（火），12/4（水），12/5（木），12/6（金），12/8（日），12/21（土）

◎文化祭（保善祭）

9/28（土），9/29（日）

※上記日程は予定です。詳細は，本校ホームページでご確認ください。

編集部注─本書の内容は2024年6月現在のものであり，変更されている場合があります。正確な情報は，学校のホームページ等で必ずご確認ください。

出題傾向と今後への対策　英語

出題内容

	2024	2023	2022
大問数	5	5	5
小問数	37	43	45
リスニング	○	○	○

◎大問は４～５題，小問数は40～45問程度。毎年出題構成が少し変化する。長文の数は１～２題。その他の文法問題は，多種多様な出題パターンである。

2024年度の出題状況

1 放送問題
2 文法総合
　A〈適語(句)選択・語形変化〉
　B〈単語の定義〉
3 作文総合
　A〈和文英訳―適語補充〉
　B〈整序結合〉
　C〈和文英訳―完全記述〉
4 長文読解―英問英答―広告
5 長文読解総合―伝記

解答形式

2024年度	記　述／マーク／併　用

出題傾向

総合問題は単語問題，文法，作文など多様な問題から構成されている。長文の課題文として用いられるのは物語や対話文形式が多いが，比較的容易に内容を理解できる文章が多い。設問には，要旨把握，指示語，英文解釈，内容真偽などの文章読解力を試すものがある。英作文は，整序結合と条件作文が出題されることが多い。

今後への対策

毎年出題パターンが変わり，さまざまな問題が出るが，基本的な事項を問うので，まずは，教科書を繰り返し音読することである。基本例文も手で書き，ノートにまとめて全文覚えよう。英作文にも役に立つ。次に，本校の傾向に合わせて易しい説明文，物語を読んでみよう。文法は１冊決めてこまめにやっていくこと。放送問題はラジオ講座などを利用しよう。

◆◆◆◆◆ 英語出題分野一覧表 ◆◆◆◆◆

分野		年度	2022	2023	2024	2025予想※
音声	放送問題		●	■	■	◎
	単語の発音・アクセント					
	文の区切り・強勢・抑揚					
語彙・文法	単語の意味・綴り・関連知識		●	●	●	◎
	適語(句)選択・補充		●	●	●	◎
	書き換え・同意文完成					
	語形変化		●	●	●	◎
	用法選択				●	△
	正誤問題・誤文訂正					
	その他					
作文	整序結合		●	●	●	◎
	日本語英訳	適語(句)・適文選択		●		△
		部分・完全記述	■	●	■	◎
	条件作文					
	テーマ作文					
会話文	適文選択					
	適語(句)選択・補充					
	その他					
長文読解	内容把握	主題・表題				
		内容真偽	●		●	◎
		内容一致・要約文完成				
		文脈・要旨把握	●	■		◎
		英問英答		■	●	◎
	適語(句)選択・補充		■	●		◎
	適文選択・補充		●			△
	文(章)整序					
	英文・語句解釈(指示語など)		●	●	●	◎
	その他(適所補充)					

●印：１～５問出題，■印：６～10問出題，★印：11問以上出題。
※予想欄　◎印：出題されると思われるもの。　△印：出題されるかもしれないもの。

出題傾向と今後への対策　数学

出題内容

2024年度　作 ~~証~~ ~~グ~~

大問４題，25問の出題。①は小問集合で，11問。各分野から基本的な計算力や知識を問うものが中心。②は平面図形で，円と，円の内部で接する四角形について問うもの。会話文中の空欄に適する角や相似条件を解答する問題もある。③は関数で，一次関数のグラフに関する問題。座標平面上の直線と座標軸がつくる角の二等分線を作図する問題もある。④はデータの活用。代表値を求めるものと正誤を問うものが出題されている。

2023年度　作 証 ~~グ~~

大問５題，19問の出題。①は小問集合で，11問。数・式の計算，方程式の計算とその応用，確率，データの活用，図形などが出題されている。図形は作図問題である。②は関数で，放物線と直線に関するもの。基本的な内容。③は平面図形で，円を利用した問題。特別な直角三角形の辺の比などの理解が問われる。④は平面図形で，２つの三角形が合同であることを示す証明問題。⑤は特殊・新傾向問題。

作…作図問題　証…証明問題　グ…グラフ作成問題

解答形式

2024年度　記　述／マーク／併　用

出題傾向

総設問数約18～25問。年度によりばらつきはあるが，数・式の計算，因数分解，方程式の計算など計算を主とする問題で５割弱を占めることが多い。残りが，方程式の応用，関数，図形，確率などとなっている。ほぼ毎年のように，証明や作図が出題されている。

今後への対策

まずは計算力をつけること。問題数や時間を決めて毎日欠かさず練習をすることが大事。次に基礎・基本の習得。教科書にある公式や定義・定理をきちんと覚え，練習問題などで，どの定理を使っているかということを確認しながら解き進めるとよい。偏りのない学習を心がけよう。

◆◆◆◆◆ 数学出題分野一覧表 ◆◆◆◆◆

分野	年度	2022	2023	2024	2025 予想※
数と式	計算，因数分解	★	★	★	◎
	数の性質，数の表し方				
	文字式の利用，等式変形				
	方程式の解法，解の利用	★	★	★	◎
	方程式の応用		●		△
関　数	比例・反比例，一次関数	★			△
	関数 $y=ax^2$ とその他の関数	●	★	●	◎
	関数の利用，図形の移動と関数			★	△
図　形	（平面）計　量	■	★	■	◎
	（平面）証明，作図	■	■		◎
	（平面）その他			■	
	（空間）計　量	■			△
	（空間）頂点・辺・面，展開図				
	（空間）その他				
データの活用	場合の数，確率	●	●	●	◎
	データの分析・活用，標本調査	★	●	★	◎
その他	不 等 式				
	特殊・新傾向問題など		●		
	融合問題				

●印：１問出題，■印：２問出題，★印：３問以上出題。
※予想欄　◎印：出題されると思われるもの。　△印：出題されるかもしれないもの。

出題傾向と今後への対策　国語

出題内容

2024年度

一	二	三	四
国語の知識	論説文	小説	随筆

課題文

二宮口幸治
『どうしても頑張れない人たち』
三竹内　真『自転車少年記』
四ドナルド・キーン，河路由佳
『ドナルド・キーン　わたしの日本語修行』

2023年度

一	二	三	四
国語の知識	論説文	小説	古文

課題文

二森　博嗣『創るセンス』
三松村栄子『至高聖所』
四『宇治拾遺物語』

2022年度

一	二	三	四
国語の知識	論説文	小説	古文

課題文

二本田直之『ゆるいつながり』
三山内マリコ『メガネと放蕩娘』
四松平定信『花月草紙』

解答形式

2024年度　記述／マーク／併用（記述に○）

出題傾向

設問は，例年，国語の知識に3問，現代文の読解問題2題に各5～8問，古文の読解問題に5～7問付されている。現代文の読解問題には，30～70字程度の記述式解答の設問も含まれている。課題文は，読みやすいものが選ばれてるようである。なお，古文は現代文との融合問題として出されることがある。

今後への対策

現代文は，基礎学力を養成する問題集で練習を積んでおく必要がある。その際，必ず記述式解答のものを選ぶこと。自分の考えを手短な文章で表現するには，やはり訓練が必要である。古文も，基礎学力を養成する問題集で練習するのがよいだろう。国語の知識は，語句や熟語の構成などを中心に復習しておくこと。

◆◆◆◆◆ 国語出題分野一覧表 ◆◆◆◆◆

分野		年度	2022	2023	2024	2025予想※
現代文	論説文・説明文	主題・要旨	●		●	◎
		文脈・接続語・指示語・段落関係	●	●		◎
		文章内容	●	●	●	◎
		表現				
	随筆・日記・手紙	主題・要旨			●	△
		文脈・接続語・指示語・段落関係				
		文章内容			●	△
		表現				
		心情				
	小説	主題・要旨				
		文脈・接続語・指示語・段落関係				
		文章内容	●	●	●	◎
		表現		●	●	◎
		心情	●	●	●	◎
		状況・情景				
韻文	詩	内容理解				
		形式・技法				
	俳句・和歌・短歌	内容理解				
		技法				
古典	古文	古語・内容理解・現代語訳	●	●	●	◎
		古典の知識・古典文法	●	●	●	◎
	漢文	（漢詩を含む）				
国語の知識	漢字・語句	漢字	●	●	●	◎
		語句・四字熟語			●	△
		慣用句・ことわざ・故事成語	●	●	●	◎
		熟語の構成・漢字の知識	●	●	●	◎
	文法	品詞	●			△
		ことばの単位・文の組み立て				
		敬語・表現技法	●		●	◎
	文学史		●		●	◎
作文・文章の構成・資料			●			△
その他						

※予想欄　◎印：出題されると思われるもの。　△印：出題されるかもしれないもの。

合格を勝ち取るための

本書の使い方

本書に掲載されている過去問をご覧になって，「難しそう」と感じたかもしれません。でも，大丈夫。ほとんどの受験生が同じように感じるのです。高校入試の出題範囲は中学校の定期テストに比べて広いですし，残りの中学校生活で学ぶはずの，まだ習っていない内容からも出題されているかもしれません。

ですから，初めて本書に取り組む際には，点数を気にする必要はありません。点数は本番で取れればいいのです。

過去問で重要なのは「間違えること」です。自分の弱点を知るために，過去問に取り組むのです。当然，間違った問題をそのままにしておいては意味がありません。

本書には，長年にわたって高校受験に関わってきたベテランスタッフによる詳細な解説がついています。間違えた問題は重点的に解説を読み，何度も解きなおしてください。時にはもう一度，教科書で復習するのもよいでしょう。

別冊として，抜き取って使える解答用紙を収録しました。表示してあるように拡大コピーをとれば，実際の入試と同じ条件で，何度でも過去問に取り組むことができます。特に記述問題では解答欄の大きさがヒントになる場合があります。そうした，本番で使える受験テクニックの練習ができるのも，本書の強みです。

前のページにある「出題傾向と今後への対策」もよく読んで，本校の出題傾向に慣れておきましょう。

2025年度 高校受験用

保善高等学校　4年間スーパー過去問

をご購入の皆様へ

お詫び

本書、保善高等学校の入試問題につきまして、誠に申し訳ございませんが、以下の問題文は著作権上の問題により掲載することができません。設問と解答は掲載してございますので、ご必要とされる方は原典をご参照くださいますよう、お願い申し上げます。

記

2021年度　推薦　国語　二　の問題文

以上

株式会社　声の教育社　編集部

2024年度 保善高等学校

【英　語】（50分）〈満点：100点〉

〈編集部注：実物の入試問題では，大問１のＢのイラストと表，大問４のイラストはカラー印刷です。〉

1　リスニング問題（放送の指示に従って答えなさい。）

リスニングテストの音声は，当社ホームページで聴くことができます。（実際の入試で使用された音声です）
再生に必要なユーザー名とアクセスコードは「収録内容一覧」のページに掲載しています。

A.　対話とその内容に関する２つの質問が放送されます。質問に対する答えを [A] ～ [D] から１つ選び、記号で答えなさい。

Question 1

[A]　Before sending the letter to the customer.

[B]　After sending the letter to the customer.

[C]　Before getting the letter from the customer.

[D]　After getting the letter from the customer.

Question 2

[A]
To Mr. Water
. . . .
. . . .
Total $ 40,000-
XXXXXXXX

[B]
To Mr. Walter
. . . .
. . . .
Total $ 400,000-
XXXXXXXX

[C]
To Mr. Walter
. . . .
. . . .
Total $ 40,000-
XXXXXXXX

[D]
To Mr. Water
. . . .
. . . .
Total $ 14,000-
XXXXXXXX

B.　イラストや表の内容を表す文として最も適切なものを１つ選び、記号で答えなさい。

例題

答え：　　[B]

問１

問２

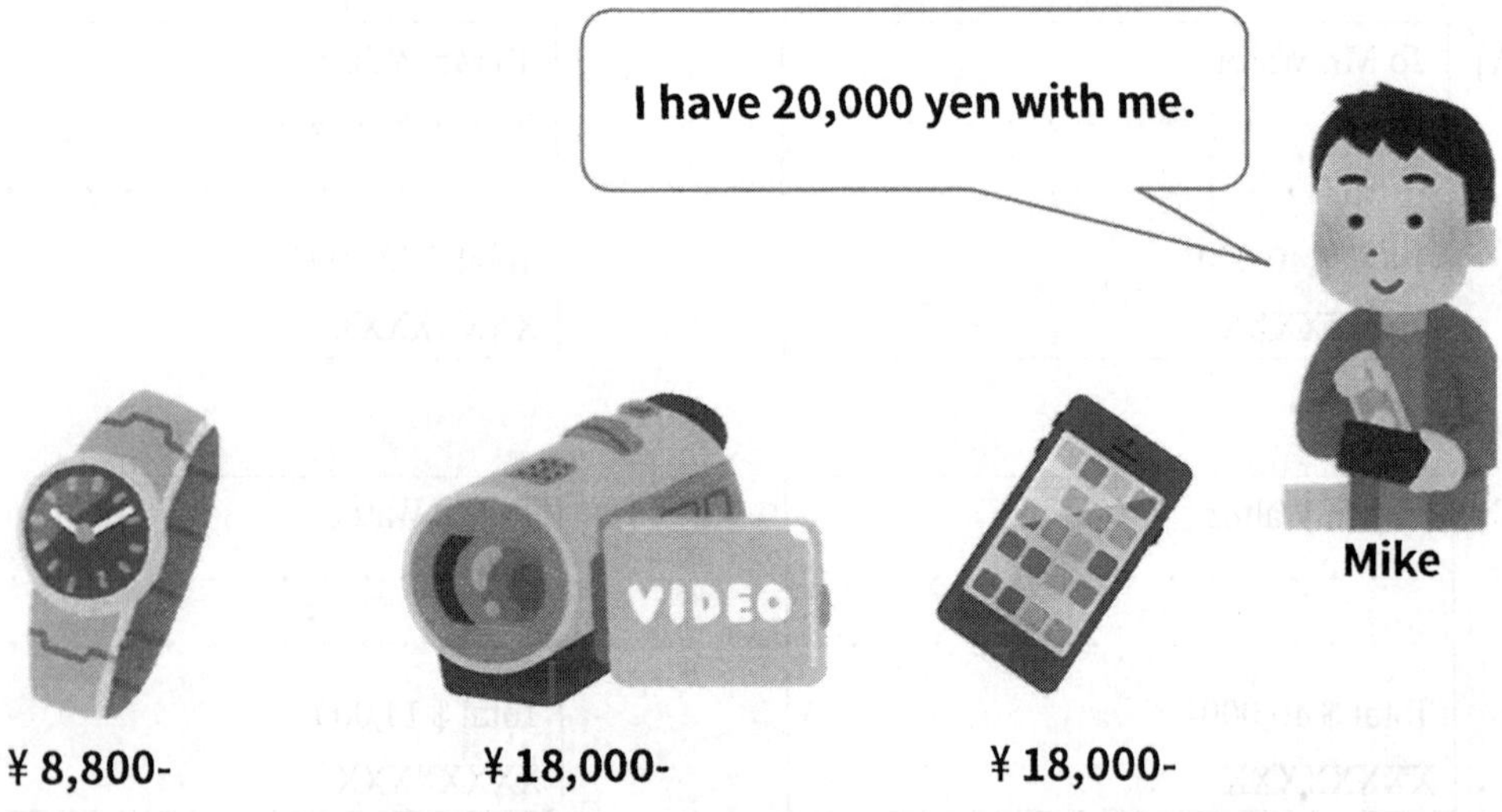

問３

四越百貨店　フロアご案内	
4F	電化製品 / 催事場
3F	紳士服 / 文具・事務用品
2F	婦人服 / 書籍 / CD・DVD
1F(GF)	食品 / 生花

《トムのおつかいリスト》

☐　ノート（５冊セット）
☐　電池（単３乾電池４つ）
☐　アイスクリーム(４個セット)

※　アイスは溶けるから、
　買い物の最後に買うこと！

問４

Opening Hours :

	Johnney's Burger	Victoria's Kitchen
Monday – Friday	8:00 ～ 18:00	13:00 ～ 22:00
Saturday	Closed	13:00 ～ 20:00
Sunday	10:00 ～ 17:00	Closed

これでリスニング問題は終わりです。**2**以降の問題に答えなさい。

※　リスニング問題放送文は，英語の問題の終わりに付けてあります。

2

A.　次の各文の（　　　）に入る最も適切なものをそれぞれア～エから選び、記号で答えなさい。

1. What's the (　　　) with you?

ア wrong　　イ matter　　ウ right　　エ feeling

2. When I visited Tom yesterday, he (　　　) TV.

ア watched　　イ was watching　　ウ was watched　　エ has watched

3. This is a book (　　　) by Soseki.

ア write　　イ writing　　ウ written　　エ to write

4. This is my cap.　I like (　　　).

ア it　　イ them　　ウ one　　エ those

B.　英文中の（　）内の下線部に１文字ずつ文字を入れ、文にあてはまる語を完成させなさい。解答用紙には与えられた文字もすべて書くこと。

1. Your mother's sister is your (a _ _ _).

2. We live on a (p _ _ _ _ _) called Earth.

3. When you want to send a letter, you need to put a (s _ _ _ _) on the envelope.

3

A. 日本文の意味になるように、(　　　) に入る最も適切な語をそれぞれ答えなさい。

1. お願いがあるのですが。

May I (　　　) (　　　) a favor?

2. 来週あなたに会うのを楽しみにしています。

I am looking (　　　) (　　　) seeing you next week.

3. ３人のうちで彼が最も背が高い。

He is (　　　) (　　　) of the three.

B. 日本文の意味になるように、[　　　] 内の語(句)を並べかえて正しい英文を作りなさい。

1. どこに座ったらよいか、彼に教えてあげてください。

Please [to / him / sit / show / where].

2. これは父が私のために買ってくれたスマートフォンです。

This is the smartphone [my / for / which / bought / father] me.

3. 母はときどき夕食を食べた後に読書する。

My mother sometimes [had / has / she / a book / reads / after] dinner.

C. 次の各文を英語に訳しなさい。解答用紙に合うように答えること。

1. 私の妻はその犬をモモ (Momo) と名付けた。

2. 博物館にはたくさんの人々がいます。

3. 夏と冬では、どちらの季節が好きですか。

4 次の広告を見て、後の1.～5.に答えなさい。

For FREE

Japanese class for beginners 2024

日本語《にほんご》

Every Friday from February 23 to July 5
4 p.m. to 5 p.m.

20 lessons in total

Place : Shinjuku Community Center 2F

Class size : Maximum 25 people (First come, first served.)

Who can apply? : People over 6 years old living in Shinjuku City

How to apply : Check the URL below and make an online reservation before February 16.
http://free-japaneseclass.com

Note :

1 You need to pay 2,000 yen for the textbook.

2 Even if you are absent from a lesson, you cannot take an extra lesson.

3 Children under 15 need to come with a parent.

Do you want to speak Japanese fluently? Our staff will help you speak Japanese. Join us!!

Contact us:
studyjapanese@freejapaneseclass.ed.jp

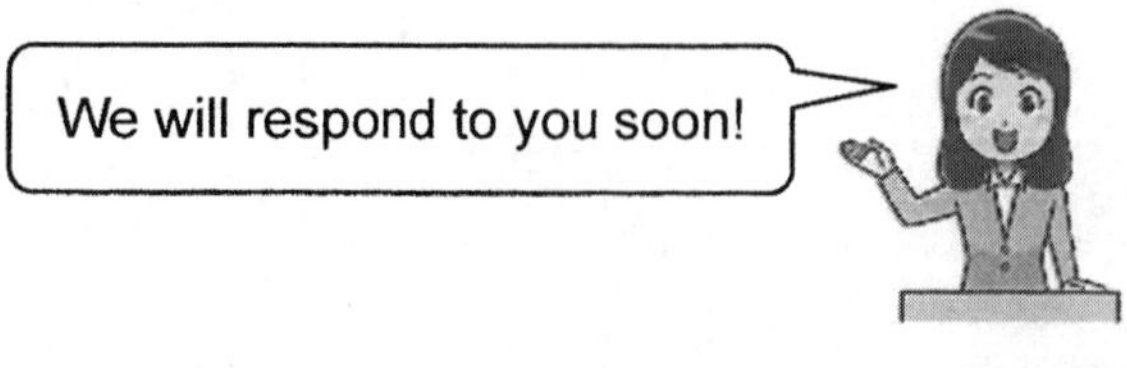
We will respond to you soon!

1. According to this advertisement, who can apply for this class?

ア Kate, a 30-year-old woman who lives in Meguro City.

イ Ben, a 5-year-old boy who lives in Shinjuku City with his father and mother.

ウ Emma, a 9-year-old girl who lives in Shinjuku City with her father and mother.

エ Han, a 25-year-old man who works in Shinjuku City from Tokorozawa City.

2. If you want to take the lessons, you must __________ .

ア pay for the textbook

イ buy a textbook in a bookstore

ウ live in Shinjuku Community Center

エ come to Shinjuku Community Center first before February 16

3. "First come, first served." in this advertisement means __________ .

ア you must attend the first lesson

イ your teacher speaks very fast in this lesson

ウ you will become a good Japanese speaker soon

エ you cannot take the class after they have accepted 25 people

4. If you want to ask any questions about this class, you should __________.

ア send an e-mail

イ attend a meeting

ウ respond to a teacher

エ make a phone call

5. Which statement is correct?

ア This class is for beginners in English.

イ A student in this class can take 20 lessons in July.

ウ If you want to attend this class, you need to make an online reservation.

エ When you are absent from a lesson, you can take an online lesson later.

5 次の英文を読んで、後の問いに答えなさい。*印のついている語(句)には注があります。

Mario Capecchi was born in Italy. When he was three years old, World War II broke out. His father was a pilot, and *went missing in an *operation. His mother was an American *poet and *protested *the Nazis. At that time, this was very dangerous. When she knew the Nazis would *arrest her, she sold all of her things and gave the money to another family for Mario's care. A few days later, his mother was arrested by the Nazis. The family began to take care of him, but they spent all the money in a year. "①The family didn't have anything to ②keep me anymore, so I left the family and began to live on the streets," Mario remembers.

Mario lived alone on the streets for four years after that. As he was still very young, ③it was very difficult for him to get food every day, so he had to move from town to town to get something to eat. He sometimes traveled with *gangs of children. They stole food to eat. "Just surviving *from day to day was everything."

In 1945, World War II ended and his mother *was freed from prison. Soon after she was freed, she began to search for her son, but she couldn't find him for more than one year. When she finally found Mario, he was in a hospital because of *malnutrition. It was his ninth birthday.

Then his uncle who lived in America invited them to his place in 1946. "I was here one day. The next day, I went to school for the first time in my life." At last his new and peaceful life started.

Mario *got interested in everything he saw, and he was most interested in science. After he graduated from high school, he studied chemistry and *physics in college. Then he started to study *genes. At that time, the *mechanism of genes was unknown. Mario had to do a lot of experiments to find out the mechanism of genes. Some scientists thought ④that was impossible, but he and his *colleagues did the experiments many times for a long time and at last learned how to control mouse genes. In 2007, they won the Nobel Prize for ⑤this. Thanks to their work, other scientists could know more about genes.

One of his colleagues said, "Mario has a very strong will. A man who had to steal food as a child has done a great thing. Nothing is impossible."

注：went missing 行方不明になった　operation 作戦　poet 詩人　protested 抗議した　the Nazis ナチス
arrest 逮捕する　gangs of children 不良少年団　from day to day その日その日　was freed 解放された
malnutrition 栄養失調　got interested in～ ～に興味を持った　physics 物理学　genes 遺伝子
mechanism 仕組み　colleagues 同僚たち

問１　下線部①の family とはどのような family か。次のア～エから１つ選び、記号で答えなさい。

ア　マリオの家族　　　　　　　　　　イ　ナチスに連行された家族

ウ　マリオの養育を頼まれた家族　　　エ　マリオの叔父さんの家族

問２　下線部②の keep と同じ意味で使われている keep を含む文を、次のア～エから１つ選び、記号で答えなさい。

ア　He *keeps* a large family.　　　　イ　My watch *keeps* very good time.

ウ　How long can I *keep* this book?　　エ　The phone *kept* ringing.

問３　下線部③を日本語に訳しなさい。

問４　下線部④が指す内容を、次のア～エから１つ選び、記号で答えなさい。

ア　マリオがあらゆることに興味を持つこと。

イ　遺伝子の仕組みがまだ知られていないこと。

ウ　たくさんの実験をして、遺伝子の仕組みを解明すること。

エ　他の科学者たちが遺伝子について知ることができること。

問５　下線部⑤の this が表す内容について、最後が「～こと」で終わるように、25 字以内の日本語で答えなさい。

問６　次の 1～5 で、本文の内容に合っていればＴを、合っていなければＦを○で囲みなさい。

1. The Nazis arrested Mario's mother because she protested the Nazis.
2. Mario lived with his friend so he didn't have to steal food to live.
3. Mario's mother couldn't find her son because he was in jail.
4. Mario started to study genes before he graduated from high school.
5. Mario's colleague praised him for his strong will.

＜リスニングテスト放送文＞

これからリスニングテストを行います。問題用紙の１ページを見てください。リスニングテストは、すべて放送による指示で行います。リスニングテストの問題には、問題Ａと問題Ｂの２つがあります。

英文を聞き、問題用紙の余白にメモをとってもかまいません。答えはすべて解答用紙に書きなさい。

（２秒の間）

では、始めます。

問題Ａ

問題Ａは、英語による対話を聞いて英語の質問に答えるものです。ここでは対話とその内容に関する質問が２つ出題されます。対話と質問は全体を通して２回繰り返されます。質問に対する答えをそれぞれの選択肢から選び、その記号を書きなさい。

では始めます。

（３秒の間）

Boss: Tim, did you write this letter?

Tim: Yes, I did.

Boss: Take a look. This should be $40,000. You wrote $400,000.

Tim: Oops... I'm really sorry.

Boss: And the customer's name is "Walter," not "Water."

Tim: What do you mean?

Boss: Walter. W-A-L-T-E-R. You didn't write the L.

Tim: Oh, no! I didn't....

Boss: If he gets this letter, we will lose the order. Write it again, right now!

（３秒の間）

Question No.1. When are they talking?

（５秒の間）

Question No.2. Which is the correct letter?

（５秒の間）

繰り返します

（２秒の間）

Boss: Tim, did you write this letter?

Tim: Yes, I did.

Boss: Take a look.　This should be $40,000.　You wrote $400,000.

Tim: Oops...　I'm really sorry.

Boss: And the customer's name is "Walter," not "Water."

Tim: What do you mean?

Boss: Walter.　W-A-L-T-E-R.　You didn't write the L.

Tim: Oh, no!　I didn't....

Boss: If he gets this letter, we will lose the order.　Write it again, right now!

（３秒の間）

Question No.1. When are they talking?

（５秒の間）

Question No.2. Which is the correct letter?

（５秒の間）

これで問題Ａを終わります。次に問題Ｂを始めます。

問題Ｂ

問題Ｂは、イラストや表を見て、その内容を表す英文を選ぶものです。ここでは問題は４題出題され、それぞれに[A]～[C]の３つの英文が全体を通して１回ずつ読まれます。[A]～[C]で読まれた英文の中から、イラストや表に対応するものとして最も適切なものを１つずつ選び、その記号を書きなさい。

（２秒の間）

例題のイラストを見てください。５秒後にそのイラストに関する英文[A]～[C]が放送されます。その中から正しいものを１つ選びなさい。

（５秒の間）

[A] There are three cars in the picture.
（２秒の間）
[B] There are four cars in the picture.
（２秒の間）
[C] There are five cars in the picture.
（２秒の間）

ここではイラストの内容に当てはまるのはＢの英文ですので、Ｂと解答します。
（２秒の間）

では問題を始めます。

問１のイラストを見てください。
（５秒の間）
[A] A girl and a boy are playing video games.
（２秒の間）
[B] Two girls are standing on a bench.
（２秒の間）
[C] Two children are reading books.
（５秒の間）

問２のイラストを見てください。
（５秒の間）
[A] Mike can buy two watches at the same time.
（２秒の間）
[B] Mike can't buy the video camera.
（２秒の間）
[C] Mike can buy both the watch and the smartphone at the same time.
（５秒の間）

問３の図を見てください。
（５秒の間）
[A] Tom will go to the ground floor first.
（２秒の間）
[B] Tom will not go to the second floor.
（２秒の間）
[C] Tom will go to the third floor last of all.
（５秒の間）

問４の表を見てください。
（５秒の間）
[A] If you want to have breakfast on Wednesday, you should go to Johney's Burger.
（２秒の間）
[B] If you want to have lunch on Sunday, you should go to Victoria's Kitchen.
（２秒の間）
[C] If you want to have dinner on Saturday, you should go to Johney's Burger.
（５秒の間）

以上で、リスニングテストを終わります。

【数　学】（50分）〈満点：100点〉

注意
・解答に単位が必要なときは，明記して下さい。
・解答が分数になるときは，これ以上約分できない形で表して下さい。
・解答に根号を用いるときは，$\sqrt{\ }$の中を最小の正の整数にして下さい。
・作図の問題について，作図に用いた線は消さずに残して下さい。

1　次の問いに答えなさい。

（1）$(-2)^2-(-2)\times3\times(-3)$ を計算しなさい。

（2）$\dfrac{1}{\sqrt{3}}+\dfrac{\sqrt{12}}{3}$ を簡単にしなさい。

（3）1次方程式 $0.2x+1.3=-0.3x+2$ を解きなさい。

（4）連立方程式 $\begin{cases} 4x+y+1=0 \\ 3x+3y-6=0 \end{cases}$ を解きなさい。

（5）2次方程式 $x^2+5x-3=0$ を解きなさい。

（6）10%の食塩水90gに含まれる食塩の量は何gですか。

（7）A君は100mを2分で歩きます。A君の歩く速さが一定であるとき，A君は10分間で何km歩くことができますか。

（8）関数 $y=x^2$ について，x の変域が $-2\leqq x\leqq 1$ であるときの y の変域を求めなさい。

(9) 表裏のある硬貨を3枚同時に投げるとき，3枚とも表である確率を求めなさい。

ただし，表が出ることと裏が出ることは，同様に確からしく起こることとします。

(10) 下の図は中心がOの円です。$\angle x$ の大きさは何度ですか。

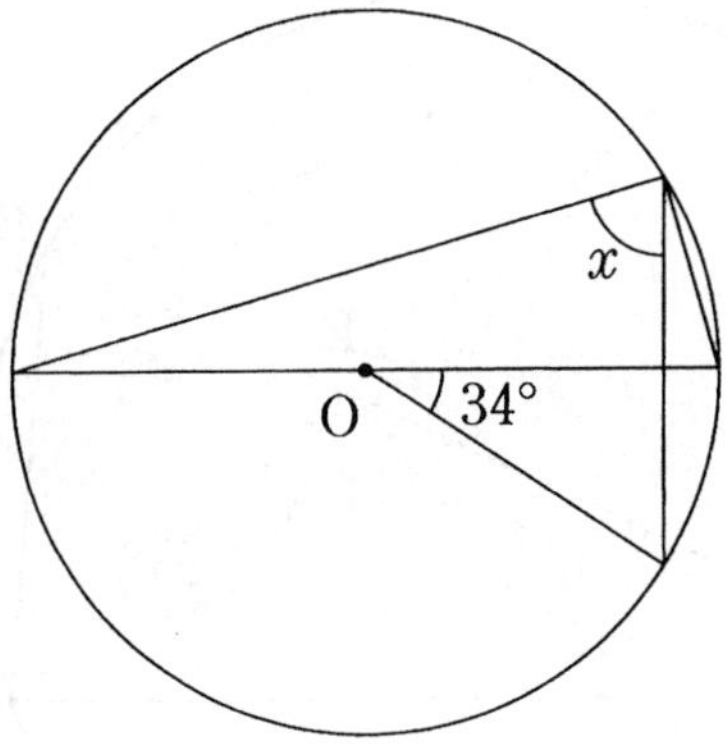

(11) 下の図は底面の半径が 2 cm の円錐の展開図です。これを組み立てたときにできる円錐の高さは何 cm ですか。また，その体積は何 cm^3 ですか。ただし，円周率を π とします。

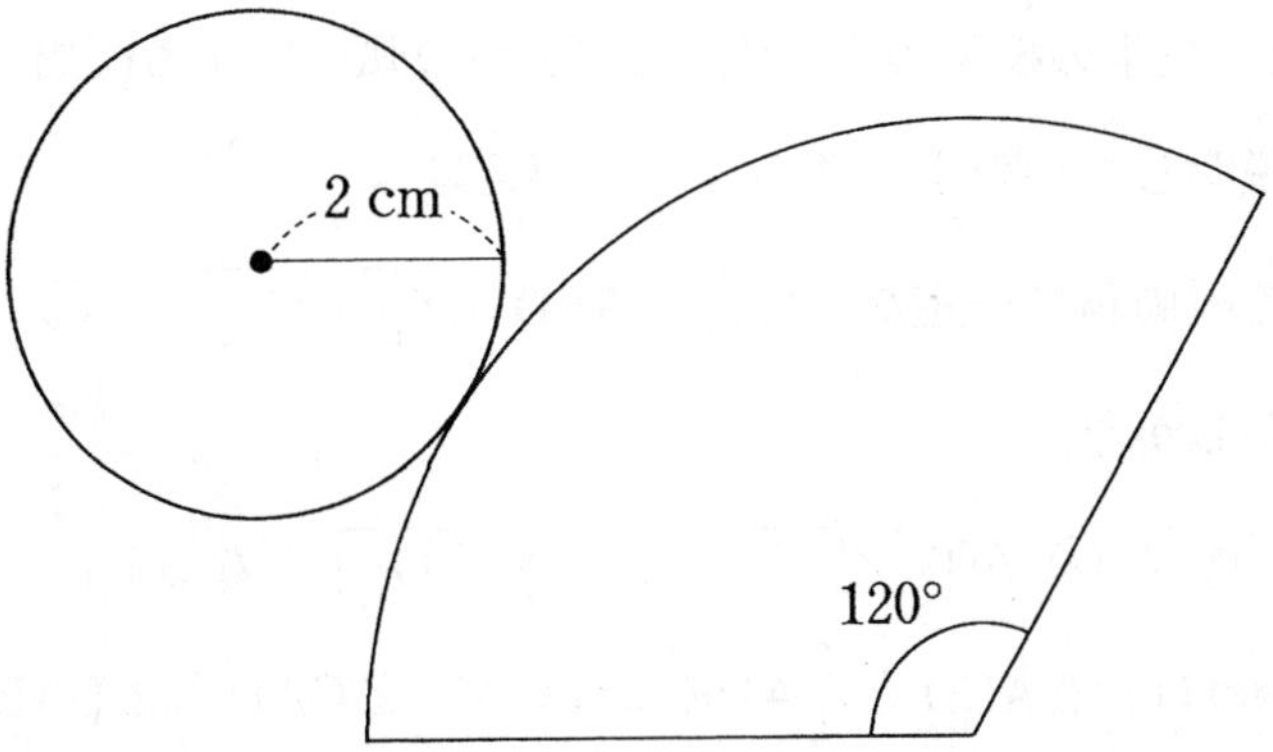

2　下の図のような，円に内接する四角形 ABCD があります。2 本の対角線 AC と BD の交点を E として，AE＝4 cm , EC＝3 cm とします。さらに，AB＝AD であるとき，AD の長さを求めるために，K 君と S 君が話し合っています。図の下にある会話の内容を読んで，以下の問いに答えなさい。

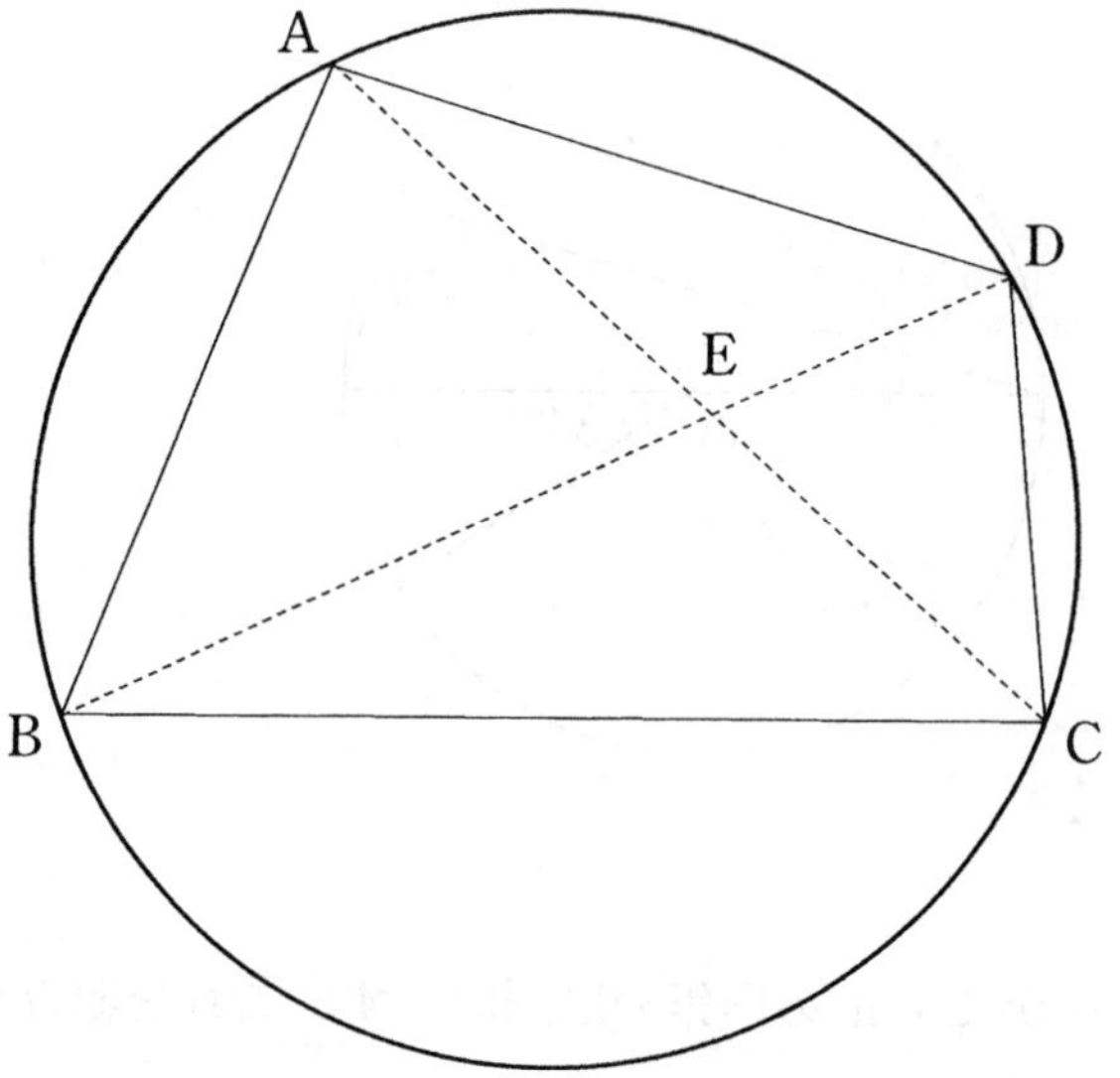

K 君：まず，AB＝AD ということから，△ABD は二等辺三角形なので，

∠ABD＝∠［（ア）］… ① だと分かる。

S 君：うん。それと，数学の授業の中で先生が『1 つの弧に対する円周角は一定である』と説明していたよ。そのことを使えば，

弧 AD に対する円周角は一定なので，∠ABD＝∠［（イ）］… ②

であることも分かるかな。

K 君：そうすると，① と ② から ∠［（ア）］＝∠［（イ）］となるね。

S 君：そうだと分かれば，△ACD と△ADE について，∠CAD と∠DAE は共通の角だから，［（ウ）］ので，この 2 つの三角形は相似であるといえるね。

(1) 空欄(ア)・(イ)には，角を表すためのアルファベット3文字が入ります。下の語群の中から適切なものをそれぞれ選び，答えなさい。ただし，同じものを 2 回選んではいけません。

語群

AEB	ADB	ACD	CBD	CDE	CEB

(2) 空欄(ウ)に当てはまる相似条件を，下の(A)・(B)・(C)から1つ選び，記号で答えなさい。

(A)　3組の辺の比がそれぞれ等しい

(B)　2組の辺の比とその間の角がそれぞれ等しい

(C)　2組の角がそれぞれ等しい

(3) K君とS君のここまでの会話で得られた結果を用いて，ADの長さは何cmか求めなさい。

3 右の図のように，原点Oを通る直線 ℓ 上に点 A(5，12) があり，x 軸上に点 B(13，0) があります。原点 O から点(1，0)および(0，1)までの距離をいずれも 1 cm として，次の問いに答えなさい。

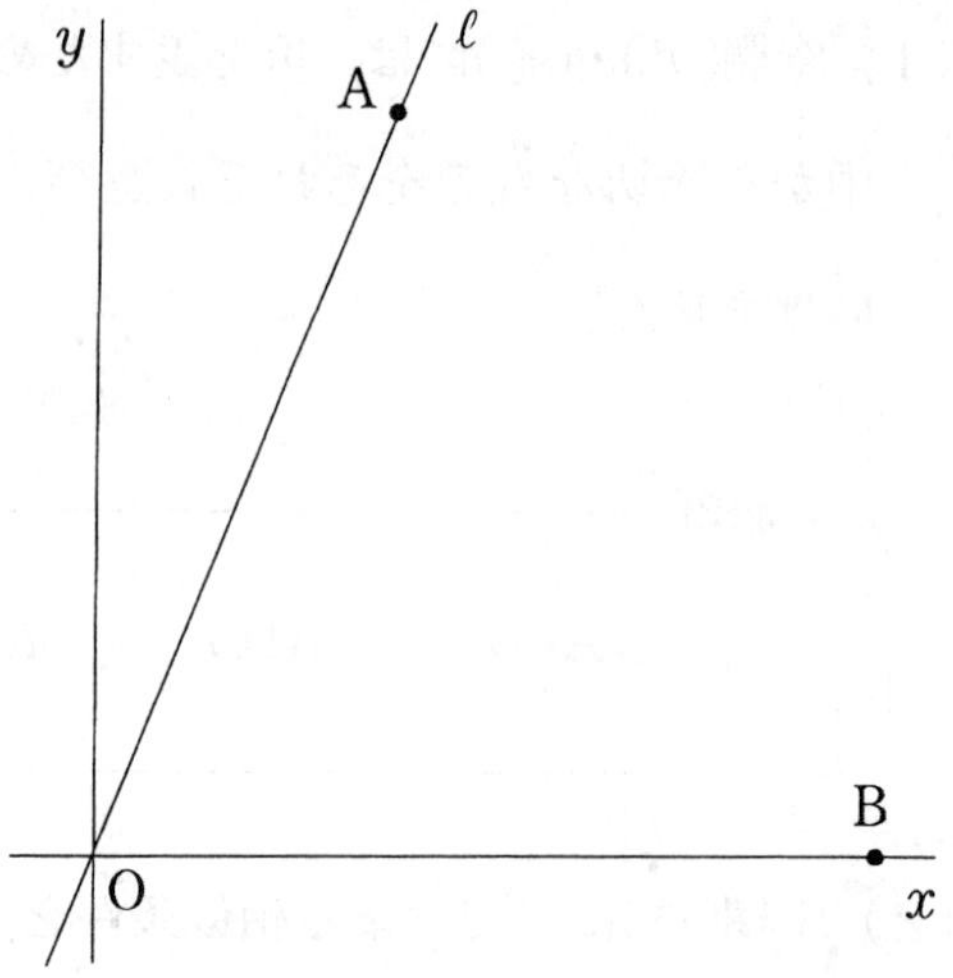

(1) 線分 OA の長さは何 cm ですか。

(2) 2 点 A，B を通る直線の式を求めなさい。

(3) ∠AOB の二等分線を解答用紙に作図しなさい。ただし，作図するときに用いた線は消さずに残しておきなさい。

(4) ∠AOB の二等分線を表す直線の式を求めなさい。

4　次の 15 個のデータは，生徒 15 名の数学の小テストの得点です。

8，7，4，3，2，13，2，7，8，8，1，10，3，8，6（単位　点）

このとき，次の問いに答えなさい。

（1）このデータの平均値は何点ですか。

（2）このデータの中央値は何点ですか。

（3）このデータの最頻値は何点ですか。

（4）次の ① から ④ までの文章について，正しいものには「○」，間違っているものには「×」と答えなさい。

① このデータでは，平均値より得点の高い生徒の人数が半数を超えています。

② このデータでは，中央値より得点の高い生徒の人数が半数を超えています。

③ このデータでは，最頻値と同じ得点の生徒の人数が半数を超えています。

④ このデータでは，平均値より中央値のほうが大きいです。

問六　傍線部7「『古事記』や『方丈記』など日本文学」とあるが、『古事記』、『方丈記』および本文中で引用された『古今和歌集』を成立が古い順に並べたものとして適するのはどれか。次から選び、記号で答えなさい。

ア　『古今和歌集』↓『古事記』↓『方丈記』
イ　『古事記』↓『古今和歌集』↓『方丈記』
ウ　『古事記』↓『方丈記』↓『古今和歌集』
エ　『方丈記』↓『古事記』↓『古今和歌集』
オ　『方丈記』↓『古今和歌集』↓『古事記』

問七　本文の内容と合致するものを次から選び、記号で答えなさい。

ア　ケンブリッジで日本語を教えられる人は「わたし」だけだった。
イ　外国人にとって『古今和歌集』の序文は学びやすいものだった。
ウ　授業を担当する前から「わたし」の日本語の会話力は高かった。
エ　日本語の授業を担当するために「わたし」はイギリスに行った。

問四　傍線部4「蛙」・5「女」は歴史的仮名遣いでそれぞれ「かはづ」・「をむな」と読む。これらを現代仮名遣いに改めなさい。

問五　左に示すのは、空欄［6］を補うのに適する語句を考えている高校生たちの会話である。この会話の内容を踏まえて、空欄に適する語句をあとから選び、記号で答えなさい。

やすお　ここで考えなきゃいけないのは「ひたすらなをのこ」の意味だね。

たろう　古文の辞書で「ひたすら」という語の意味を調べたら、「**一つの物事に集中する様子**」とか「**一途であるさま**」と書いてあるよ。でも、例文を見てみると「**一生懸命**」とか「**律儀**」と訳できるものもあるみたいだね。

ゆきお　わたしは「をのこ」を辞書で引いてみたんですね。すると、次のように書いてあったんです。

①　男性。男子。
②　男の子。
③　宮中で「殿上の間」に上がれる男性貴族。
④　召使いの男性。

なおと　キーンさんによれば、「学生たちは現代のことを話す」ときに「ひたすらなをのこ」と言ったんだよね。ということは、③や④の可能性はないと思うね。

ア　いやな少年　　イ　たくましい男　　ウ　まじめな男　　エ　つまらない少年

これは日本語の語法を歴史的に正しく学ぶという意味では正しい方法で、日本語を理解する上で理にかなったものでしたが、会話の授業には応用しにくいものでした。ですから、このときの日本語会話の授業は実におかしなものでした。学生たちは現代のことを話すのにも、十世紀の日本語を使ったのです。ある学生が「［6］」という意味のことを言うのに「ひたすらなをのこ」と言ったのを覚えています。ただし、わたし自身、実はその三年ほど、ほとんど日本語を話す機会がなかったので、当時の日本語の会話能力は相当怪しいものでした。仮に現代日本語の会話を教えることになったとしても、うまくできたかどうかはわかりません。わたしのこの授業は、成功したとはとても言えないものでした。

　この最初の授業は、ボランティアのようなものでした。もともとケンブリッジ大学には勉強に行ったのであって、教えるために行ったわけではありません。わたしが日本語を話せるということで声がかかって授業をして、それが悪くなかったということで、副講師になることができました。会話の授業がうまくいったからというだけではなく、わたしの研究分野のことなどを総合的に見て、必要だと思われたようです。当時ケンブリッジ大学で日本語を教えていた人は二人いましたが、一人は文法だけを教え、もう一人は歴史の研究者で、特に日本の農業の歴史に興味をもっている人でした。わたしは会話を教え、後には7『古事記』や『方丈記』など日本文学を教えることになりました。

（ドナルド・キーン、河路由佳『ドナルド・キーン　わたしの日本語修行』による）

問一　傍線部1「それがケンブリッジ大学での日本語教育の方法でした」とあるが、どのような「方法」か。40字以内で説明しなさい。

問二　傍線部2「哀れと思はせ」は現代語だとどういう意味か、5字以内で抜き出して答えなさい。

問三　空欄［3］を補うのに適する語句を次から選び、記号で答えなさい。

ア　漢詩　　イ　長歌　　ウ　俳句　　エ　和歌

四 次の文章は、アメリカ出身の日本文学者ドナルド・キーンさんが、イギリスのケンブリッジ大学で日本語を教えていた一九五〇年ごろの様子を回想したものである。これを読み、あとの問いに答えなさい。

ケンブリッジ大学でわたしは、まず、エリック・ギデールという日本語の教授から「日本語会話」の授業を担当するように言われました。占領下の日本から日本人の教師が派遣されることはなく、当時のケンブリッジ大学には日本人の日本語の教師は一人もいなかったのです。それで、一年生の会話の授業をわたしが担当することになりました。しかし、ここでは、現代語は教えられていませんでした。現代語を教えずして会話の練習とはおかしいでしょう。でも、やることになりました。

当時、ケンブリッジ大学では、日本語を初めて学ぶ入門のクラスで『古今和歌集』の序文（仮名序）を読むのが習慣でした。今も日本で日本語が使われていて、生きた会話がなされているというのに、千年も前のテキストを読むのは奇妙なことなのですが、イギリスにはラテン語など古典語を学ぶ伝統がありましたから、学生たちもさほど奇妙なことだとも思わずに受け入れていたようでした。『古今和歌集』の序文の語彙は限られていますし、漢字もあまり使われていません。その上、文法は文句なしに規則的で、例外がないと言っていいほどです。ですから学びやすいのです。これをしっかり身につけてから、二年目に学生たちは初めて現代の日本語に出会うのです。1それがケンブリッジ大学での日本語教育の方法でした。

やまと歌は、人の心を種として、万《よろづ》の言の葉とぞ成れりける。世中《よのなか》に在る人、事、業《わざ》、繁きものなれば、心に思ふ事を、見るもの、聞くものに付けて、言い出《いだ》せるなり。花に鳴く鶯《うぐひす》、水に住む蛙《かはづ》の声を聞けば、生きとし生けるもの、いづれか、歌を詠まざりける。力をも入れずして、天地《あめつち》を動かし、目に見えぬ鬼神《おに》をも2哀れと思はせ、男女《おとこをむな》の仲をも和らげ、猛き武士《もののふ》の心をも慰むるは、歌なり。

（『新古典日本文学大系5　古今和歌集』より仮名序　岩波書店）

（現代語訳・河路）［3］は人の心を種として、いろいろなことばの葉が繁ったものである。この世に生きている人は、何かとすべきことが多いもので、心に思うことを、見るにつけ聞くにつけ、歌に詠むのである。花に鳴く鶯、水に住む4蛙の声を聞けば、この世に生きているもので歌を詠まないものがあるだろうか。力をも入れずに天地を動かし、目に見えない死者の霊をも感動させ、男5女の仲をなごませ、猛々しい武士の心をもなぐさめるのは歌である。

問四　傍線部4「□の気が引いた」を、「恐怖や驚きなどによって青ざめた」という意味の慣用表現にするためには、空欄にどのような字を補えばよいか。漢字1字で答えなさい。

問五　傍線部5「このままどこまでも突っ走ってほしいとも思った」のはなぜか。その理由を説明した次の文の空欄［Ⅰ］・［Ⅱ］に適する内容を答えなさい。

恐怖の先には［Ⅰ］が待っているため、それに向かって［Ⅱ］いた昔の自分の姿を思い出したから。

問六　空欄［6］に入る漢字1字を、本文中から抜き出して答えなさい。

問一　空欄[1]に当てはまる会話文として正しいものを次から選び、記号で答えなさい。

ア「もう、自転車に乗るのはあきらめなさい」
イ「だから、転んで泣いても知らないからな」
ウ「やっぱり、まだお前には早かったみたいだなあ」
エ「そうだな、もう少し強くペダルを踏んでみようか」

問二　傍線部2「いいから、見てて」には「北斗」のどのような気持ちが表れているか。次から選び、記号で答えなさい。

ア　父親の助言よりも、自分の考えの方があっているという気持ち。
イ　父親がなんと言おうが、自分は好きなようにやりたいという気持ち。
ウ　父親の手を借りてでも、自分の思うようにしてみたいという気持ち。
エ　父親が言ってくれることは、自分にとって大切なことだという気持ち。

問三　空欄[3]に当てはまる語として正しいものを次から選び、記号で答えなさい。

ア　はらはらと
イ　すいすいと
ウ　だらだらと
エ　よろよろと

「！」

もう言葉も出なかった。目を見開いたまま、走り出した北斗を見つめていた。

時間にすればほんの一瞬のことだったろう。急に重力が戻ってきたように、北斗の自転車が左によろけた。自転車は横倒しになり、北斗は地面に手をついている。

今度こそ駆け寄ろうとした。体は呪縛《じゅばく》から解き放たれ、倒れた北斗に向かって足を踏み出せた。

だけど次の瞬間、北斗が顔を上げた。そして僕を振り返り、歓喜の声を上げてきた。

「今、ちょっと乗れた！」

その声に再び立ち尽くした。何故だか急に涙がこみ上げてきた。

「ねえ、ちょっと乗れてたよね？」

「……うん、うん」

大きく頷《うなず》いてみせた。右手の甲で目を拭《ぬぐ》い、ようやく笑顔を浮かべることができた。

「よーし、今度はこっちに走ってみろよ」

「うん！」

北斗は倒れた自転車に手を掛けた。小さな体では自転車を起こすのも大変そうだったが、僕は手伝わずにその姿を見守り続けた。

なんとかサドルにまたがった北斗が、再び走り出す。――よろけながら進んでくる息子の姿が、また［6］でくもりそうになった。

※　補助付き　……　ここでは「僕」が車輪を支えている行為をさす。
※　気圧され　……　気持ちの上で相手に圧倒される。
※　草太　…………　「僕」の幼なじみ。小学校から高校まで同じ学校に通った。
※　風ケ丘　………　「僕」や「草太」が育ち、現在住んでいる架空の街。千葉県の南房総にある設定。
※　朝美　…………　「僕」の高校の後輩であり妻。
※　糸魚川　………　新潟県の最西端に位置する市。

強烈な既視感に息さえ止まった。よろけながら走ろうとしている北斗の後ろ姿に、かつての自分が重なったのだ。

ここだった。あの時の僕が走っていたのも、ちょうど同じ場所だったはずだ。

僕が生まれて初めて自転車に乗れたのも、この道だった。

家の前で走れるようになり、調子に乗って坂へ向かった。だけど下り坂で加速した自転車は止まらなくなって、そのまま坂の下まで突っ込んだのだ。

4 □の気が引いた。北斗があの時みたいになったらと思うだけで身が竦《すく》んだ。

「北斗！」

もう一度名前を呼んだ。北斗は振り向こうともせずにペダルを踏み続けている。

今すぐ止めなきゃいけない。駆け寄って北斗を捕まえるべきだと思うのに、何故《なぜ》か体は動かない。胸の奥で膨らむ思いが体じゅうを固まらせた。

かつて坂道に突っ込んだ時、僕が味わったのは恐怖だけではなかった。自転車が加速していく時の快感は今でも覚えているし、身の凍るような恐怖の後にはいくつもの出会いが待っていたのだ。

自転車に乗れたことで見えた景色や、出会えた人々の顔――そんな記憶のかたまりが、頭の中で渦を巻いている。懸命に走ろうとしている北斗の姿に、いくつもの思い出がよみがえってくる。

※草太と海まで走った時、海辺でキャンプを張った時、高校でチームロードを走った時。いつだって、僕は自転車に乗っていたのだ。この※風ケ丘から旅立った時だって、やっぱり自転車に乗って走り出した。

※朝美と会うために仙台まで走った時も、結婚を決めた後で※糸魚川《いといがわ》まで走った時も。僕は今の北斗みたいにひたすらペダルをこいで前に進もうとした。だからこそ、なんとかして乗ろうとしている北斗の気持ちが痛いくらいによく分かる。

自分から離れていく北斗を止めようと思う一方で、5 このままどこまでも突っ走ってほしいとも思った。息子が危ない坂道に近づいているというのに、今いる場所から一歩も動くことができない。

不意に自転車が揺れなくなった。飛び立った小鳥のように、北斗は自分の力でまっすぐに進み始めた。

三　次の文章は、竹内真の小説『自転車少年記』の一節である。「僕」は、息子の「北斗」が初めて補助輪を外した自転車に乗る練習に付き合っている。これを読み、あとの問いに答えなさい。

　何度か※補助付きで試してみた。しかし走れるようにはならず、進歩といえば僕が支える前に自分で足をつけるようになったくらいだ。派手に転ぶ心配が減ったのは良かったが、それでも今すぐ乗りこなすのは無理なようだった。

　[1]

　優しく諭してやったが、北斗は引き下がらなかった。練習を切り上げられそうな気配を察したのか、振り向きざまに意を決したような声を上げてきた。

「今度は押さえないでよ」

「押さえないでって……お前、今のまま走ったって転んじゃうぞ」

「2いいから、見てて」

　そう言って、北斗はハンドルに向き直った。思い詰めたような態度に※気圧《けお》され、僕もその場から動くことができなかった。

　ペダルを踏んで走り出した北斗が、少し進んでぐらりとよろけた。僕は思わず駆け寄りかけたが、北斗は足をついて持ちこたえ、無言で振り返ってくる。

　僕が近寄るのを制するような視線だった。立ち止まった父親を満足そうに見やり、再びペダルに足をかける。

　[3]ではあるが、今度はさっきより前に進んだ。北斗は息もつかずにもう一度こぎ始める。

　こぎ出しては足をつき、だんだん僕から遠ざかっていく。もう転ぶ前に駆け寄ることもできなくなっていた。

　さすがにそろそろまずかった。このあたりは道も平らで車の量も少ないけれど、少し進むと急な下り坂なのだ。そこまで進んで何かあったら大怪我《けが》しかねない。

「おーい、北斗！」

　そろそろ止まれと言おうとした瞬間――不意に、目が眩《くら》んだような気がした。

問五　空欄［Y］に適するものを次から選び、記号で答えなさい。

ア　友人が多い人間だ
イ　人間関係が苦手だ
ウ　孤独が好きな人間だ
エ　努力することが苦手だ

問六　二重傍線部「基本的なこと」とはどのようなことか。20字程度で答えなさい。

相手からの好感につながるような、［　　　　　　］。

問七　文章②の内容と合致するものを次から選び、記号で答えなさい。

ア　他者の評価に左右されることのない強い精神力を持つ人だけが、自分のペースで人生を楽しむことができる。
イ　人は親切に接してくれる人に好感を持つものなので、自分が親切だと感じられる行為だけを人に行うべきである。
ウ　自分と他者とでは物事の評価基準が異なることもあるので、相手の考えや気持ちをくみ取って行動する必要がある。
エ　対人マナーは練習すれば簡単に身につくものであり、認知機能の強弱に関係なく誰もが身につけなければならない。

問二　傍線部1「誤解してしまう」とあるが、どういうことか。適するものを次から選び、記号で答えなさい。

ア　頑張らない人たちが、努力することや我慢すること自体がそもそも悪いことだと解釈すること。
イ　頑張らない人たちが、苦手なことは避けて得意なことだけを頑張ればよいのだと解釈すること。
ウ　頑張らない人たちが、短絡的な動機で物事と向き合うぐらいなら先送りすべきだと解釈すること。
エ　頑張らない人たちが、努力しなければ乗り越えられない課題からは逃げてもよいと解釈すること。

問三　傍線部2「更なる誤解」とはどのようなものか。適するものを次から選び、記号で答えなさい。

ア　他者の評価を気にしすぎるとかえって評価が下がってしまう、という誤解。
イ　集団の中でも自分の意志を貫こうとすることで生きやすくなる、という誤解。
ウ　自分の努力の有無に関わらず他者から評価されなければ意味がない、という誤解。
エ　自分の意志で行動すべき場面でも他者の評価に強く影響を受けてしまう、という誤解。

問四　傍線部3「頑張れない人たちも認められる体験が増え、次第にやる気に繋がっていく」とあるが、この部分を分かりやすく説明した次の文の空欄に当てはまる部分を、文章②の中から20字で抜き出して答えなさい。

頑張れない人たちも［　　　　］体験を重ねることで、徐々に自信と意欲が生まれる。

　ここで困るのは、自分が思っている評価の基準と他者が思っている評価の基準がずれている場合です。こうすることで相手に気に入ってもらえると思っていることでも、他者からすれば迷惑だったりすることもあります。一方で、何気なしに行ったことでも他者から評価されることもあります。ここでも相手をしっかり見て、相手のサインをしっかりとキャッチするといった認知的な働きが求められます。※認知機能の弱い人たちは、どうしても※KY的な行動を取ってしまいがちで、コミュニケーションの面で悪循環に陥ることがあります。認知機能の弱さがあれば、そこをトレーニングすべきなのです。

　とは言っても、誰もが認知機能を強化できるとは限りませんので、その場合は対人マナーを高めればよいのです。対人マナーとは挨拶、謝罪やお礼の仕方、うまい断り方、適切な相手との距離、視線の向き、声の大きさといったものです。これらは練習するとすぐに出来るようになりますので、まずここからお勧めします。つまり、頑張れない人たちのやる気を出すには、遠回りに思えても※ロールプレイなどをしながら対人マナーを練習し、少しでも好感をもたれる人にしていくことが近道だと感じます。

　よく〝自分は［　Y　］〟と言う人に出会いますが、そういう人たちに限って挨拶をしない、お礼も言わない、自己中が目立つ、マナーが悪い、いつも他人の悪口を言っている、ずっとブスッとした顔をしている、メールの返事もしてこない、といった例が多いような感があります。それはすぐに相手に伝わりますので、相手もそれに反応しているだけかもしれません。相手からいい印象を持たれなければ、自分は周りからよく思われていない、自分は［　Y　］、と感じるでしょう。それでますます他者にネガティブな行動をしがちになる。悪循環です。逆にマナーがよくできている人は周りにも好かれ、ポジティブな行動に繋がっていきます。

※　認知機能　…………　物事を正しく理解・記憶・判断し、適切に行動するための機能。
※　KY　……………　その場の雰囲気に合わせた適切な言動ができないこと。「空気を読めない」を略した（K＝空気・Y＝読めない）過去の流行語。
※　ロールプレイ　……　実際の場面を想定してさまざまな役割を演じさせて、問題の解決法を考えさせる学習法。

問一　空欄［X］に入れるのに適切な漢字を次から選び、記号で答えなさい。

ア　真　　イ　心　　ウ　身　　エ　信

実は、この社会は〝他者からの評価が全て〟なはずです。こういうと更なる誤解が生じてしまいそうですが、集団で生活している以上、他者との関わりは避けられません。人からよく思われないとますます生きにくくなってしまうのです。

ここで、〝他者〟を明瞭にしておいた方がよさそうです。他者とは誰なのか。会社の上司、同僚、部下、得意先の人、協力会社の人、カウンセラーの先生、クライエント、主治医、学校の先生、友だち、先輩、近所の人、ママ友、ＳＮＳ上の匿名の不特定多数、ＬＩＮＥ友だち、親、きょうだい、配偶者、祖父母、親戚、我が子、等々。現代に生きる人は、こうしたあらゆる他者と関わっています。これらの人々からの評価を気にしないで生きていけるはずなどありません。それなのに、頑張れない人たちが〝他者からの評価なんて気にしなくていい〟〝無理に好かれなくてもいい〟と言われたら、どうなるでしょうか？　その言葉を［Ｘ］に受けて自己中心的な行動をとってしまえば、ますます周囲からの評価は下がり、自信ややる気を遠ざけることになるのです。

確かに、もし自分がこれを一生かけてやると決めて、やるべきことに揺るぎがないときならば、この程度の言葉かけで決心が揺らぐようなことはないでしょう。上司や周囲の人たちからの「止めておいた方がいい」といった助言や評価など気にしている場合ではないこともあります。ただ、それは例外であり、いつ何時も評価を気にしないままでいられることなどあり得ません。

他者からいい評価を得られれば自己評価も向上し、自信もついてくるはずです。つまり、本人のやる気を出すためには、いかに他者からいい評価を得るかが重要だと言えるでしょう。では、どうすればいい評価が得られるか。子どもたちならテストでいい点を取る、部活で活躍する、大人ならいい仕事をする、といったことが挙げられますが、頑張れない人たちは、通常の生活ではなかなかそう上手くはいきません。

ではどうしたらいいのか。それには、他者から好感をもってもらえるようにすることです。相手に好感をもってもらえれば、親切に接してくれたり、話しかけてくれたり、ということが増えてきます。すると、自分だって捨てたもんじゃないと感じられる機会も増えるのではないでしょうか。

では、どうやったら相手に好感をもってもらえるか。基本的なことをしっかりと続けることです。相手としっかりと向き合う。相手のために何かする。挨拶する。話しかける。親切にする。そういったことを続ければ、相手も自分に好感をもってくれるでしょう。親切に接してくれる人に、人は親切に接するものです。

逆に人から好感をもたれないと、誰も相手にしてくれず、評価もされず、自己評価は低いままです。つまり、頑張れない人たちが自己評価を上げるには、人に親身に接することが最も手っ取り早く効果のある方法の一つだと考えます。そうすると頑張れない人たちも認められる体験が増え、次第にやる気に繋がっていくでしょう。

二 次の文章①・②は宮口幸治氏の「どうしても頑張れない人たち　ケーキの切れない非行少年たち2」からそれぞれ抜粋したものである。児童精神科医である著者は、専門家の視点から「どうしても頑張れない人たち」について論じている。これらを読み、後の問いに答えなさい。

文章①

「頑張らなくてもいいよ」「もう我慢しなくていいよ」とは十分に我慢して頑張ってきた人たちへの労りの言葉であり、まだ頑張っていない人への言葉かけではありません。ところが〝頑張らないで生きよう〟〝少し手を抜こう〟といった言葉がメディアを介して目に触れると、「そうか。頑張る必要はないんだ」と頑張らない人たちも1誤解してしまうことがあります。

分かりやすいのが、小学校で勉強している子どもたちです。いつも学校で勉強をしていますが、それは子どもたちが、〝勉強が好き〟〝勉強したい〟〝学問を楽しみたい〟という気持ちで勉強しているというよりも、〝親から怒られたくない〟〝先生に叱られたくない〟〝友だちに負けたくない〟といった動機づけが先にあることがほとんどでしょう。ですので、もし勉強嫌いな子どもであれば、さぼれる口実があればいくらでもさぼり始めます。特に、信頼する先生のような大人から「頑張らなくてもいい」と言われると頑張ることを止めてしまうでしょう。

しかし、何らかの形で頑張らないと、この社会では生きていけないのは事実です。つまり〝頑張らなくてもいい〟といった安易な言葉かけは、場合によっては無責任であり、今その相手が直面している課題をどんどん先送りにしてしまうリスクがあります。計算が苦手な子どもに「頑張らなくてもいいよ」と言わないまでも「計算は苦手でも漢字は得意だから」といって一時しのぎをして計算の習得を頑張らせなければ、その子は確実に授業についていけなくなります。いったい誰が責任を取れるのでしょうか。

文章②

〝他者からの評価なんて気にしなくていい〟〝無理に好かれなくてもいい〟といったキャッチコピーも新聞広告などで目にします。他者からの目を気にしすぎて疲れ果ててしまっている方々、上司からいい評価を得ようと頑張りすぎている方々に、もっと力を抜いて自分のペースで自分の人生を生きましょう、と促す意味ではいいフレーズだと思います。しかし、ここでも頑張れない人に誤解が生じてしまう可能性があります。

問三　次に示すのはある高校生の日記の一部である。これに関するあとの問いに答えなさい。

> 明日は僕たちの[1]修学旅行の最終日だ。すばらしいガイドさんの[2]先導で事故もなく過ごせたことに感謝したい。
> それにしても、沖縄に来てからの四日間は、美しい海の光景に［3］を奪われる毎日だった。この思い出は一生忘れないだろう、と友だちもみな［4］を揃えて言っている。
> そうだ、東京でお留守番の校長先生にも紅芋タルトを[5]食べてもらいたいから、空港で買っていこう。

(1)　傍線部1「修学」・2「先導」の熟語の構成を正しく説明したものを、それぞれ次から選び、記号で答えなさい。

ア　同じような意味の漢字を重ねたもの
イ　反対または対応の意味を表す字を重ねたもの
ウ　上の字が下の字を修飾しているもの
エ　下の字が上の字の目的語・補語になっているもの
オ　上の字が下の字の意味を打ち消しているもの

(2)　空欄［3］・［4］を補うのに適する語を、それぞれ次から選び、記号で答えなさい。

ア　口　　イ　鼻　　ウ　耳　　エ　目

(3)　傍線部5「食べてもらいたい」を、敬語表現に書き直したい。次のように書き直すとき、空欄［Ⅰ］・［Ⅱ］に適する表現を答えなさい。

［　Ⅰ　］て［　Ⅱ　］たい。

二〇二四年度 保善高等学校

【国　語】（五〇分）〈満点：一〇〇点〉

一　次の設問に答えなさい。

問一　次の1～10の傍線部について、漢字の読みをひらがなで答えなさい。また、カタカナを漢字に直しなさい。

1　思い出が鮮やかによみがえる。
2　暫定的に仕事を分担する。
3　誘いを拒むことができなかった。
4　湾曲したコースを走る。
5　予想と結果がビミョウに違った。
6　サバクでは植物がほとんど育たない。
7　幼稚園ではおユウギの時間がある。
8　家庭科の授業で雑巾をヌう。
9　彼らの本音がスけて見える。
10　私は悪事にヨウシャしない。

問二　次の1～4の四字熟語にはそれぞれ誤って使われている同じ読みの漢字が1字ある。誤っている漢字を指摘し、正しい漢字に改めなさい。

1　一触即髪
2　雲散無消
3　到意即妙
4　準風満帆

英語解答

1 A　Q1…［A］　Q2…［C］
B　問1…［C］　問2…［A］
問3…［B］　問4…［A］

2 A　1…イ　2…イ　3…ウ　4…ア
B　1　aunt　2　planet
3　stamp

3 A　1　ask you　2　forward to
3　the tallest
B　1　show him where to sit
2　which my father bought for
3　reads a book after she has had
C　1　My wife named the dog Momo
2　There are a lot of〔many〕 people in the museum
3　Which season do you like (better)

4 1　ウ　2　ア　3　エ　4　ア
5　ウ

5 問1　ウ　問2　ア
問3　彼にとって〔が〕毎日の食糧を得ることはとても難しかった。
問4　ウ
問5　マウス〔ねずみ〕の遺伝子をコントロールする方法を発見した
問6　1…T　2…F　3…F　4…F
5…T

1〔放送問題〕解説省略

2〔文法総合〕

A＜適語(句)選択・語形変化＞1．What's the matter (with you)？や What's wrong (with you)？で「どうしたの？」を表せる。　2．「昨日私がトムを訪ねたとき」という‘過去の一時点’のことなので，過去形ではなく過去進行形(was/were ～ing)が適切。「昨日私がトムを訪ねたとき，彼はテレビを見ていた」　3．「漱石によって書かれた本」という意味になると推測できるので，受け身の意味のまとまりをつくるはたらきを持つ過去分詞(過去分詞の形容詞的用法)が適切。write－wrote－written「これは漱石によって書かれた本である」　4．my cap を受ける代名詞として，it が適切。「これは私の帽子だ。私はそれが好きだ」

B＜単語の定義＞1．aunt「おば」「母の姉〔妹〕は，おばである」　2．planet「惑星」「私たちは地球と呼ばれる惑星に住んでいる」　3．stamp「切手」 envelope「封筒」「手紙を送りたいときには，封筒に切手を貼る必要がある」

3〔作文総合〕

A＜和文英訳─適語補充＞1．May I ask you a favor？や May I ask a favor of you？で，「お願いがあるのですが」を表せる。　2．look forward to ～「～を楽しみにする」 この to は前置詞なので，後には ～ing や名詞がくる。　3．‘the＋最上級＋of ～’「～の中で最も…だ」

B＜整序結合＞1．‘Please＋動詞の原形’「～してください」で始める。「〈人〉に〈物〉を見せる」は‘show＋人＋物’，「どこに～すべきか」は where to ～ で表す。　2．「〈物〉を〈人〉のために買う」は‘buy＋物＋for＋人’で表す。which は関係代名詞の目的格として用いる。　3．「ときどき～読書する」は普段の習慣なので，現在形で表す。「夕食を食べた後に」は after の後に

‘have/has＋過去分詞’の現在完了を続けて表す(‘完了’用法)。

C＜和文英訳―完全記述＞1.「*A*を*B*と名付けた」は‘name *A B*’を過去形で使う。　wife「妻」　2.「～がいる」は‘There is/are ～’で,「たくさんの～」は‘many＋名詞の複数形’で表せる。many の代わりに a lot of / lots of / plenty of なども使える。ここで話題になっているのは特定の博物館なので，the museum とする。　3.「どちらの～」は‘which＋名詞’で表せる。「～が好きですか」は，like や prefer を使って一般動詞の疑問文の語順で表すことができる。season「季節」

4〔長文読解―英問英答―広告〕

≪全訳≫無料／2024年度初心者のための日本語教室／2月23日から7月5日までの毎週金曜日／午後4時から午後5時まで／合計20レッスン／場所：新宿区民センター2階／定員：最大25名(先着順)／誰が申し込めるか：新宿区に住む6歳より上の人／申し込み方法：下のURLを確認して，2月16日までにオンライン予約をしてください。／http://free-japaneseclass.com／注意／1．教科書のために2000円を支払う必要があります。／2．レッスンを欠席したとしても，追加レッスンは受けられません。／3．15歳未満の子どもは親と一緒に来る必要があります。／日本語を流ちょうに話したいですか？スタッフがあなたが日本語を話すのを手伝います。ご参加ください‼／連絡先／studyjapanese@freejapaneseclass.ed.jp／すぐに返信します！

＜解説＞1.「この広告によると，この教室に申し込めるのは誰か」―「エマ，父母同伴の新宿区在住の9歳の女の子」　「誰が申し込めるか」の項目参照。　2.「レッスンを受けたければ，(　　)なければいけない」―ア.「教科書の代金を支払わ」　「注意」の1つ目参照。　‘pay(＋金額)＋for ～’「(〈金額〉を)～のために支払う」　3.「この広告にある“First come, first served.”は(　　)という意味だ」―エ.「25名を受け入れた後では受講できない」　「定員」の項目参照。First come, first served. は「最初に来た人が最初にサービスを受ける」，つまり「先着順」ということである。　maximum「最大」　4.「この教室について何か質問したいならば，(　　)べきだ」―ア.「Eメールを送る」　「連絡先」の後にメールアドレスが書いてある。　5.「どの記述が正しいか」　ア.「この教室は英語の初心者向けだ」…×　見出し参照。「英語」ではなく「日本語」。　イ.「この教室の生徒は7月にレッスンを20回受けられる」…×　日時の欄参照。「7月」ではなく「2月23日から7月5日まで」。　ウ.「この教室に出席したければ，オンライン予約をする必要がある」…○　「申し込み方法」の項目に一致する。　reservation「予約」　エ.「レッスンを欠席したときは，後でオンラインレッスンを受けられる」…×　「注意」の2つ目参照。

5〔長文読解総合―伝記〕

≪全訳≫❶マリオ・カペッキはイタリアで生まれた。彼が3歳のとき，第二次世界大戦が勃発した。父親はパイロットで，作戦中に行方不明になった。母親はアメリカの詩人で，ナチスに抗議していた。当時，これは非常に危険なことだった。母親はナチスが自分を逮捕することを知ったとき，自分の物を全て売って，そのお金をマリオの世話のために別の家族に渡した。数日後，母親はナチスに逮捕された。その家族はマリオを世話し始めたが，全額を1年で使ってしまった。「家族は私を養うものをもう持っていなかったので，私は家族を離れて，路上で暮らし始めました」とマリオは回想する。❷マリオはその後4年間，1人で路上で暮らした。まだとても幼かったので，彼が毎日の食糧を得ることはとても難しく，そのため彼は食糧を得るために町から町へと移動しなければならなかった。不良少年団と一緒に移動したこともあった。彼らは食糧を盗んで食べた。「その日その日を生き延びることだけが全てでした」❸1945年，第二次世界大戦が終わり，母親は牢屋《ろうや》から解放された。母親は解放された後すぐに，息子を探し始めたが，１年以上彼を見つけられなかった。母親がようやくマリオを見つけたとき，彼は栄養失調のために入院していた。彼の９歳の誕生日のことだった。❹そして，アメリカに住むおじが，1946年に２人を家に招待した。「ある日，私はここにいました。次の日，私は人生で初めて学校に行きました」　ついに彼の新しい平和な生活が始まった。❺マリオは見るもの全てに興味を持ち，科学に最も興味を持った。彼は高校卒業後，大学で化学と物理学を学んだ。そして，彼は遺伝子を研究し始めた。当時，遺伝子の仕組みは知られていなかった。マリオは遺伝子の仕組みを解明するために，たくさんの実験をしなければならなかった。一部の科学者はそれは不可能だと考えたが，マリオと同僚たちは長い間，何度も実験して，ついにマウスの遺伝子をコントロールする方法を習得した。2007年，彼らはこの功績のためにノーベル賞を受賞した。彼らの研究のおかげで，ほかの科学者たちも遺伝子についてもっと知ることができた。❻彼の同僚の１人は，「マリオはとても強い意志を持っています。子どもの頃，食糧を盗まなければならなかった男が，偉大なことをやってのけたのです。不可能なことなど何もありません」と言った。

問１＜語句解釈＞第１段落第６，８文参照。　take care of ～「～の世話をする，面倒をみる」

問２＜用法選択＞ア．この keep は本文同様，「～を支える」といった意味で使われている。　イ．keep good time「(時計が)正確に時を刻む」　ウ．この keep は「～を持ったままでいる，～を持っておく」という意味。　エ．keep ～ing「～し続ける」

問３＜英文和訳＞'it is ～ for … to ―'「…にとって〔…が〕―することは～だ」という形式主語の文が，過去形で用いられている。

問４＜指示語＞この that は，直前の文の to do 以下を指している。　experiment「実験」　find out ～「～を解明する」

問５＜指示語＞この this は，直前の文の learned 以下を指しているので，ここをまとめる。　how to ～「～する方法〔どうやって～するのか〕」　control「～をコントロールする，～を制御する」　mouse「マウス，(実験用)ねずみ」

問６＜内容真偽＞１．「マリオの母親はナチスに抗議したので，ナチスは彼女を逮捕した」…○　第１段落第４～７文に一致する。　２．「マリオは友達と住んでいたので，生きるために食糧を盗む必要はなかった」…×　第２段落第１文および第３，４文参照。１人で生活し，食糧を盗むこともあった。　３．「マリオの母親は，息子が牢屋に入っていたので，彼を見つけられなかった」…×　第３段落第１，２文参照。逮捕されていたのは母親。　４．「マリオは高校卒業前に遺伝子の勉強を始めた」…×　第５段落第２，３文参照。卒業後である。　５．「マリオの同僚は彼をその強い意志ゆえに褒めた」…○　最終段落に一致する。　praise「褒める」

数学解答

1 (1)　-14　(2)　$\sqrt{3}$　(3)　$x=\frac{7}{5}$

(4)　$x=-1$，$y=3$

(5)　$x=\frac{-5\pm\sqrt{37}}{2}$　(6)　9 g

(7)　$\frac{1}{2}$km　(8)　$0\leqq y\leqq 4$　(9)　$\frac{1}{8}$

(10)　73°

(11)　高さ…$4\sqrt{2}$cm　体積…$\frac{16\sqrt{2}}{3}\pi$ cm^3

2 (1)　(ア)…ADB　(イ)…ACD

(2)　(C)　(3)　$2\sqrt{7}$cm

3 (1)　13cm　(2)　$y=-\frac{3}{2}x+\frac{39}{2}$

(3)　(例)

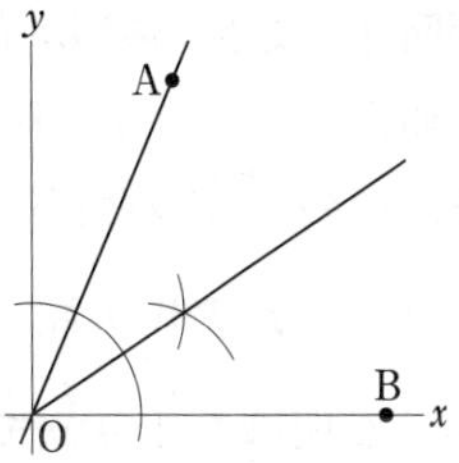

(4)　$y=\frac{2}{3}x$

4 (1)　6点　(2)　7点　(3)　8点

(4)　①…○　②…×　③…×　④…○

1 〔独立小問集合題〕

(1)＜数の計算＞与式 $=4-18=-14$

(2)＜数の計算＞与式 $=\frac{1\times\sqrt{3}}{\sqrt{3}\times\sqrt{3}}+\frac{\sqrt{2^2\times3}}{3}=\frac{\sqrt{3}}{3}+\frac{2\sqrt{3}}{3}=\frac{3\sqrt{3}}{3}=\sqrt{3}$

(3)＜一次方程式＞両辺を10倍すると，$2x+13=-3x+20$，$2x+3x=20-13$，$5x=7$　$\therefore x=\frac{7}{5}$

(4)＜連立方程式＞$4x+y+1=0$……①，$3x+3y-6=0$……②とする。①より，$4x+y=-1$……①′　②より，$3x+3y=6$，$x+y=2$……②′　①′－②′より，$4x-x=-1-2$，$3x=-3$　$\therefore x=-1$　これを②′に代入して，$-1+y=2$　$\therefore y=3$

(5)＜二次方程式＞解の公式より，$x=\frac{-5\pm\sqrt{5^2-4\times1\times(-3)}}{2\times1}=\frac{-5\pm\sqrt{37}}{2}$ となる。

(6)＜数量の計算＞10％の食塩水90g に含まれる食塩の量は，90g の $\frac{10}{100}$ に当たる量だから，$90\times\frac{10}{100}=9$(g)である。

(7)＜数量の計算＞A君は100m を2分で歩くので，歩く速さは，$\frac{100}{2}=50$ より，分速50m である。よって，10分間で歩く道のりは，$50\times10=500$(m)，すなわち，$500\div1000=\frac{1}{2}$(km)となる。

(8)＜関数―変域＞関数 $y=x^2$ は，x の絶対値が大きくなると y の値も大きくなる。x の変域が $-2\leqq x\leqq1$ だから，絶対値が最小の $x=0$ のとき，y は最小で $y=0$，絶対値が最大の $x=-2$ のとき，y は最大で $y=(-2)^2=4$ である。よって，y の変域は $0\leqq y\leqq4$ となる。

(9)＜確率―硬貨＞3枚の硬貨をA，B，Cとする。3枚の硬貨A，B，Cを同時に投げるとき，それぞれ表，裏の2通りの出方があるから，3枚の硬貨の表，裏の出方は全部で，$2\times2\times2=8$(通り)ある。このうち，3枚とも表が出る場合は(A，B，C)＝(表，表，表)の1通りである。よって，求める確率は $\frac{1}{8}$ となる。

図1

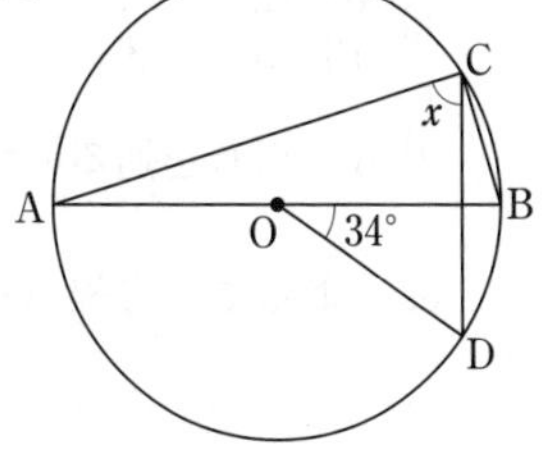

⑽＜**平面図形—角度**＞前ページの図1のように，4点A，B，C，Dを定める。$\overset{\frown}{BD}$ に対する円周角と中心角の関係より，$\angle BCD=\dfrac{1}{2}\angle BOD=\dfrac{1}{2}\times34^\circ=17^\circ$ となる。また，半円の弧に対する円周角より，$\angle ACB=90^\circ$ である。よって，$\angle x=\angle ACB-\angle BCD=90^\circ-17^\circ=73^\circ$ となる。

⑾＜**空間図形—長さ，体積**＞右図2の円錐の展開図で，底面の円の中心をO，側面を表すおうぎ形をPAA′とし，$PA=x$(cm)とする。おうぎ形PAA′の $\overset{\frown}{AA'}$ の長さと円Oの周の長さは等しいから，$2\pi x\times\dfrac{120^\circ}{360^\circ}=2\pi\times2$ が成り立ち，$\dfrac{1}{3}x=2$，$x=6$ となる。これより，PA＝6だから，展開図を組み立てると，右図3のような円錐ができる。$\angle POA=90^\circ$ より，△POAで三平方の定理を利用して，高さは $PO=\sqrt{PA^2-OA^2}=\sqrt{6^2-2^2}=\sqrt{32}=4\sqrt{2}$ (cm)となる。円錐の体積は，$\dfrac{1}{3}\times\pi\times OA^2\times PO=\dfrac{1}{3}\times\pi\times2^2\times4\sqrt{2}=\dfrac{16\sqrt{2}}{3}\pi$ (cm³)となる。

図2

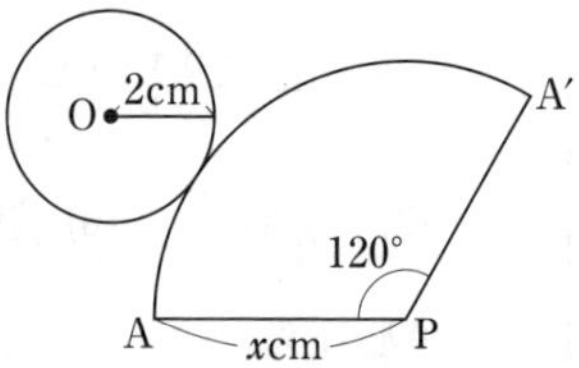

図3

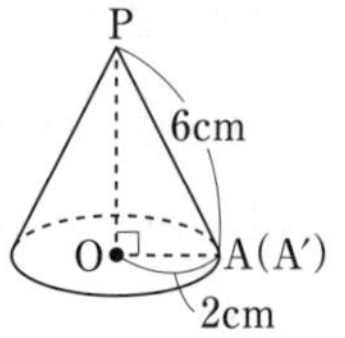

2〔**平面図形—四角形と円**〕

⑴＜**角**＞右図で，①は，△ABDがAB＝ADの二等辺三角形であることから導いているので，∠ABD＝∠ADBとなる。また，②は，$\overset{\frown}{AD}$ に対する円周角より導いているので，∠ABD＝∠ACDとなる。①，②より，∠ADB＝∠ACDとなる。

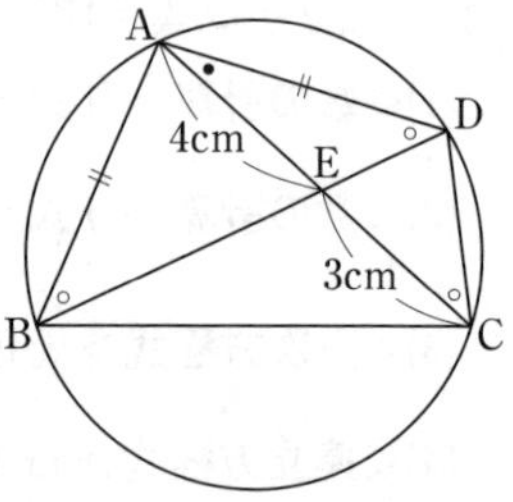

⑵＜**相似条件**＞右図で，⑴より，∠ACD＝∠ADEであり，共通の角より，∠CAD＝∠DAEである。よって，2組の角がそれぞれ等しいから，△ACD∽△ADEとなる。

⑶＜**長さ**＞右上図で，△ACD∽△ADEなので，AD：AE＝AC：ADが成り立つ。AC＝AE＋EC＝4＋3＝7だから，AD：4＝7：ADとなり，$AD^2=4\times7$，$AD=\pm2\sqrt{7}$ となる。AD>0なので，$AD=2\sqrt{7}$ (cm)となる。

3〔**関数—一次関数のグラフ**〕

≪**基本方針の決定**≫⑴　三平方の定理を用いる。　⑷　△OABが二等辺三角形であることに気づきたい。

⑴＜**長さ**＞右図1のように，点Aから x 軸に垂線ACを引くと，△OACは∠OCA＝90°の直角三角形となる。A(5，12)より，OC＝5，AC＝12だから，三平方の定理を利用して，$OA=\sqrt{OC^2+AC^2}=\sqrt{5^2+12^2}=\sqrt{169}=13$ (cm)となる。

図1

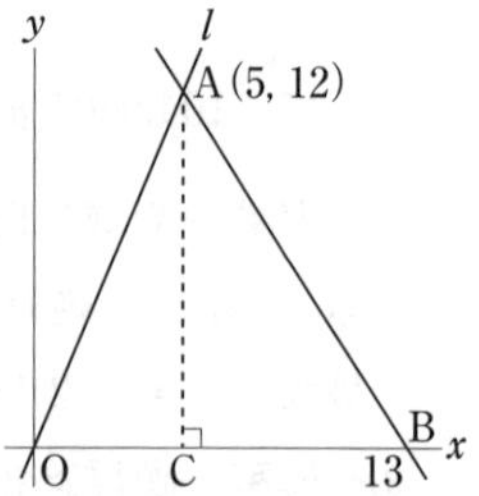

⑵＜**直線の式**＞右図1で，A(5，12)，B(13，0)より，直線ABの傾きは $\dfrac{0-12}{13-5}=\dfrac{-12}{8}=-\dfrac{3}{2}$ だから，直線ABの式は，$y=-\dfrac{3}{2}x+b$ と表せる。点Bを通るので，$y=-\dfrac{3}{2}x+b$ に $x=13$，$y=0$ を代入すると，$0=-\dfrac{3}{2}\times13+b$，$b=\dfrac{39}{2}$ となる。よって，直線ABの式は，$y=-\dfrac{3}{2}x+\dfrac{39}{2}$ である。

(3)＜**作図**＞右図2で，∠AOBの二等分線の作図は，①原点Oを中心とする円の弧をかき(OA，OBとの交点をそれぞれP，Qとする)，②2点P，Qをそれぞれ中心として，同じ半径の円の弧をかき(交点をRとする)，③2点O，Rを通る直線を引く。③の直線が∠AOBの二等分線である。解答参照。

図2

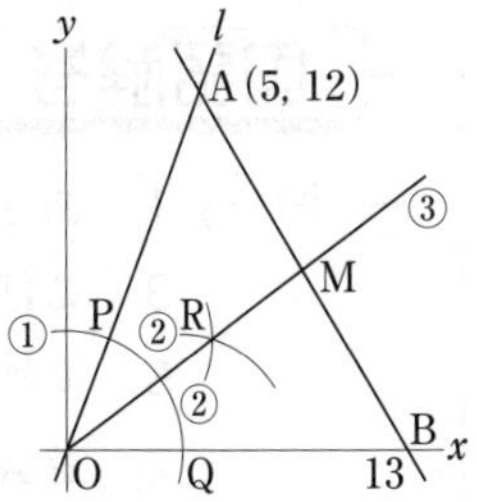

(4)＜**直線の式**＞右図2で，(1)より，OA＝13であり，B(13, 0)より，OB＝13なので，△OABはOA＝OBの二等辺三角形となる。∠AOBの二等分線と辺ABとの交点をMとすると，二等辺三角形の頂角の二等分線は底辺を垂直に2等分するので，点Mは辺ABの中点となる。よって，A(5, 12)，B(13, 0)より，点Mのx座標は$\frac{5+13}{2}=9$，y座標は$\frac{12+0}{2}=6$となるので，M(9, 6)となる。これより，直線OMの傾きは$\frac{6}{9}=\frac{2}{3}$だから，∠AOBの二等分線を表す直線の式は，$y=\frac{2}{3}x$である。

覚えておこう！

＜線分の中点の座標＞
2点A(x_1, y_1)，B(x_2, y_2)のとき，線分ABの中点Mの座標は，M$\left(\frac{x_1+x_2}{2}, \frac{y_1+y_2}{2}\right)$となる。

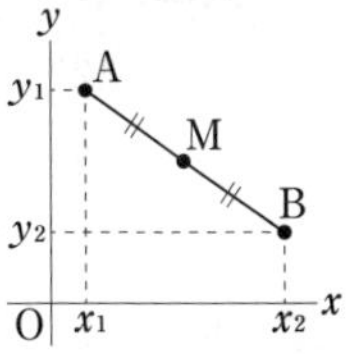

4 〔データの活用〕

(1)＜**平均値**＞15名の得点の合計は，8＋7＋4＋3＋2＋13＋2＋7＋8＋8＋1＋10＋3＋8＋6＝90(点)だから，平均値は，90÷15＝6(点)となる。

(2)＜**中央値**＞データは，15名の得点なので，中央値は，得点を小さい順に並べたときの8番目の得点となる。データを小さい順に並べると，1，2，2，3，3，4，6，7，7，8，8，8，8，10，13となり，8番目は7点だから，中央値は7点である。

(3)＜**最頻値**＞8点が4名で最も多いから，最頻値は8点である。

(4)＜**正誤問題**＞①…○。(1)より，平均値は6点だから，平均値より得点の高い生徒は7，7，8，8，8，8，10，13の8名である。よって，15名の半数を超えている。　②…×。(2)より，中央値は7点だから，中央値より得点の高い生徒は8，8，8，8，10，13の6名である。よって，15名の半数を超えていない。　③…×。(3)より，最頻値は8点であり，最頻値と同じ得点の生徒は4名である。よって，15名の半数を超えていない。　④…○。平均値は6点，中央値は7点なので，平均値より中央値の方が大きい。

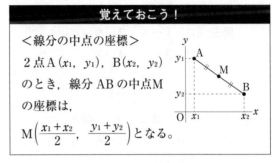

国語解答

一 問一 1 あざ 2 ざんてい
3 こば 4 わんきょく
5 微妙 6 砂〔沙〕漠
7 遊戯 8 縫 9 透
10 容赦

問二 1 髪→発 2 無→霧
3 到→当 4 準→順

問三 (1) 1…エ 2…ウ
(2) 3…エ 4…ア
(3) Ⅰ 召し上がっ
Ⅱ いただき

二 問一 ア 問二 エ 問三 ウ

問四 自分だって捨てたもんじゃないと感じられる

問五 イ

問六 相手の気持ちを考えて親身に接する行動

問七 ウ

三 問一 ウ 問二 イ 問三 エ

問四 血

問五 Ⅰ たくさんの思い出や出会い
Ⅱ 一生懸命前に進もうとして

問六 涙

四 問一 一年生では『古今和歌集』の序文〔千年前の日本語〕を学び，二年生から現代の日本語を学ぶという方法。(39字〔36字〕)

問二 感動させ 問三 エ

問四 4 かわず 5 おんな

問五 ウ 問六 イ 問七 イ

一〔国語の知識〕

問一＜漢字＞1．音読みは「鮮明」などの「セン」。 2．「暫定」は，正式な決定がされるまでの間に仮に定めること。 3．音読みは「拒否」などの「キョ」。 4．「湾曲」は，弓なりに曲がること。 5．「微妙」は，ここでは，少々，やや，という意味。 6．「砂〔沙〕漠」は，砂や岩石から成った乾いた土地のこと。 7．「遊戯」は，楽しんで遊ぶこと。 8．音読みは「裁縫」などの「ホウ」。 9．音読みは「透明」などの「トウ」。 10．「容赦」は，許したり，手加減したりすること。

問二＜四字熟語＞1．「一触即発」と書く。非常に緊迫した状況のこと。 2．「雲散霧消」と書く。物事が雲や霧のようにあとかたもなく消え去ること。 3．「当意即妙」と書く。その場にかなった機転を即座にきかせること。 4．「順風満帆」と書く。物事が滞ることなく順調に進行すること。

問三(1)＜熟語の構成＞1．「修学」は，学問を修める，という意味なので，下の字が上の字の目的語になっている熟語。 2．「先導」は，先に導く，という意味なので，上の字が下の字を修飾している熟語。 (2)＜慣用句＞3．「目を奪われる」は，あまりの美しさに見とれて夢中になる，という意味。 4．「口を揃える」は，複数の人が同時に同じことを言う，という意味。 (3)＜敬語＞「食べる」のは「校長先生」なので，尊敬表現の「召し上がる」などを用いる(…Ⅰ)。また，「食べてもらいたい」と思っているのは「僕」なので，「もらう」の謙譲表現の「いただく」を用いる(…Ⅱ)。

二〔論説文の読解—社会学的分野—コミュニケーション〕出典：宮口幸治『どうしても頑張れない人

たち　ケーキの切れない非行少年たち２』。

≪本文の概要≫＜文章①＞「頑張らなくてもいいよ」という言葉は，十分に我慢して頑張ってきた人たちへの労りの言葉であるのに，頑張らない人たちまでもが「頑張る必要はないんだ」と誤解してしまうことがある。何らかの形で頑張らないと，この社会では生きていけないので，「頑張らなくてもいい」といった安易な言葉かけは，今その人が直面している課題を先送りにしてしまうことにもなる。／**＜文章②＞**「他者からの評価なんて気にしなくていい」といったキャッチコピーを目にすることがあるが，この言葉は頑張れない人に誤解を与える可能性がある。集団で生活している以上，他者との関わりは避けられず，他者からの評価は大切になってくる。他者からいい評価を得られれば，自己評価も向上し，自信もついてくる。頑張れない人が他者からよい評価を得るためには，挨拶をする，親切にするなどを続けて，相手に好感を持ってもらえるようにすることである。ただし，気に入ってもらえると思ったことが，相手には迷惑だったりすることもあり，相手をしっかり見るなどの認知的なはたらきが必要になる。しかし，認知機能は誰もが強化できるわけではないので，対人マナーを高めるとよい。

問一＜慣用句＞「真に受ける」は，言葉どおりに本気で受け取る，という意味。

問二＜文章内容＞「頑張らなくてもいいよ」というのは，「十分に我慢して頑張ってきた人たちへの労りの言葉」であるはずなのに，「頑張らない人たち」までもが，本来努力しなければならない物事に対して，「頑張る必要はないんだ」と誤って解釈してしまうことがある。

問三＜文章内容＞この社会では「他者からの評価が全て」などといってしまうと，努力しなくても評価さえされればいいという誤解や，努力しても評価されなければ意味がないという誤解が生じてしまう可能性がある。

問四＜文章内容＞自信をつけたり，やる気を出したりするためには，「他者からいい評価を得る」ことが重要で，そのためには，他者に「好感をもってもらえるようにすること」が必要となる。好感を持ってもらえれば，相手から親切に接してもらえたり，相手に話しかけられたりして，頑張れない人たちも，「自分だって捨てたもんじゃないと感じられる」機会が増えるようになり，やる気につながっていく。

問五＜文章内容＞「挨拶をしない，お礼も言わない，～いつも他人の悪口を言っている」などの人は，自分から人間関係を悪くしているといえるのに，自分は人間関係が苦手だと思っている(…前のＹ)。「相手からいい印象を持たれなければ，自分は周りからよく思われていない」と感じて，自分は人間関係が苦手だと思うのである(…後のＹ)。

問六＜文章内容＞「相手に好感をもってもらえる」ためには，「相手としっかりと向き合う」ことや，相手に「親切にする」といったことを続けることである。人は，親切にしてくれた人には親切に接するのであり，相手の気持ちを考えて，「親身に接する」ことが大切なのである。

問七＜要旨＞「こうすることで相手に気に入ってもらえる」と思っていたことが，「他者からすれば迷惑」なこともある。「自分が思っている評価の基準と他者が思っている評価の基準がずれている」こともあるので，「相手をしっかり見て，相手のサインをしっかりとキャッチする」ことが必要である。

三　**〔小説の読解〕**出典：竹内真『自転車少年記』。

問一＜文章内容＞北斗が「今すぐ乗りこなすのは無理なようだ」と判断した「僕」は，「優しく」諭して，諦めさせようとした。

問二＜心情＞「今度は押さえない」で「いいから，見てて」という北斗の言葉は，父である「僕」が「気圧され」るほど強いものだった。北斗は，父の助けを借りずに自分のやり方でやりたいと思っているのである。

問三＜表現＞一度よろけて止まった北斗のこぐ自転車は，倒れそうではあるが，「さっきより前に」進んだ。

問四＜慣用句＞「血の気が引く」は，恐怖などのために顔色が青ざめる，という意味。

問五＜文章内容＞かつて「僕」が坂道に突っ込んだとき，「僕」が味わったのは「恐怖だけ」ではなく，「恐怖の後にはいくつもの出会いが待って」いた。そのとき出会った景色や人々の顔などの「いくつもの思い出」を，「僕」は思い出した(…Ⅰ)。そして，「いくつもの思い出」の中でいつだって自転車に乗って，「ひたすらペダルをこいで前に進もうとした」ことを思い出し，「僕」は，北斗の気持ちがよくわかるため，北斗を止めようと思う一方で，北斗に走り続けてほしいと思ったのである(…Ⅱ)。

問六＜文章内容＞自転車は転倒したものの，「一瞬」だけでも安定して走れたことに，北斗は「歓喜の声」を上げ，「僕」は「急に涙がこみ上げて」きた。そして，北斗が再び走り出し，「よろけながら」も懸命に進んでくる姿を見て，「僕」は，再び泣きそうになった。

四〔随筆の読解―自伝的分野―回想〕出典：ドナルド・キーン，河路由佳『ドナルド・キーン　わたしの日本語修行』。

問一＜文章内容＞当時のケンブリッジ大学の日本語を初めて学ぶクラスでは，「千年も前」の「『古今和歌集』の序文」を一年目に学び，二年目に入って初めて「現代の日本語」を学んだ。

問二＜現代語訳＞「やまと歌」は，「目に見えない死者の霊をも感動させ」る力がある。

問三＜古語＞「やまと歌」は，日本固有の歌のことで，一般に和歌を指す。

問四＜歴史的仮名遣い＞4．歴史的仮名遣いの語頭と助詞以外のハ行は，原則として現代仮名遣いでは「わいうえお」になる。また，歴史的仮名遣いの「づ」は，「ず」になる。　　5．歴史的仮名遣いの助詞以外の「を」は，現代仮名遣いでは原則として「お」になる。また，歴史的仮名遣いの「む」は，「ん」と読む。

問五＜文章内容＞「ひたすら」は，「一つの物事に集中する様子」や「一途であるさま」を表す。ケンブリッジ大学の「ある学生」は，「現代のこと」を話していたので，「まじめな男」という意味で，「ひたすらなをのこ」と言ったと考えられる。

問六＜文学史＞『古事記』は，奈良時代に成立した史書。『古今和歌集』は，平安時代に成立した勅撰和歌集。『方丈記』は，鎌倉時代に成立した随筆で，作者は鴨長明。

問七＜要旨＞『古今和歌集』の序文の「語彙は限られて」おり，「文法は文句なしに規則的」だったので，外国人には「学びやすい」ものだった。

2024年度　保善高等学校(推薦)

【英　語】（45分）〈満点：100点〉

1　語彙についての問題A～Cに答えなさい。

A.　次の1～6の各語について、最も強く発音する位置を例にならって答えなさい。

（例）　af・ter・(noon)

1.　prac-tice	(practice)	2.　a-broad	(abroad)
3.　ad-ven-ture	(adventure)	4.　cal-en-dar	(calendar)
5.　in-ter-view	(interview)	6.　tra-di-tion-al	(traditional)

B.　**C**と**D**の関係が**A**と**B**の関係と同じになるよう、(　　　)に適する1語を入れなさい。

	A	**B**	**C**	**D**
1.	car	cars	life	(　　　)
2.	tall	tallest	well	(　　　)
3.	see	saw	teach	(　　　)
4.	bright	dark	long	(　　　)
5.	French	France	German	(　　　)
6.	yesterday	last night	today	(　　　)

C.　英文の意味が通るよう（　　　）内の下線部に1文字ずつ文字を入れ、語を完成させなさい。解答用紙には、与えられた文字も含めてすべて書くこと。

1. (D _ _ _ _ _ _ _) is the last month of the year.

2. You need to pay (m _ _ _ _) when you want to buy something at a shop.

3. The father of your father is your (g _ _ _ _ _ _ _ _ _ _).

4. An (u _ _ _ _ _ _ _) is something you use when it is raining and you don't want to get wet.

5. You cook something in a room called (k _ _ _ _ _ _).

2 文法についての問題A・Bに答えなさい。

A. 日本文の意味になるように、英文の（　　）内に適する語をそれぞれ答えなさい。

1. 彼女の足が速いとは知らなかった。
We didn't know that she (　　　) a fast runner.

2. 彼らの笑顔を見ると、私はいつも嬉しくなる。
Their smiles always (　　　) me happy.

3. 彼は火曜日にテニスクラブに行きます。
He goes to a tennis club (　　　) Tuesdays.

4. あなたに会えてうれしい。
I am glad (　　　) see you.

5. 昨日釣りをして楽しんだ。
I enjoyed (　　　) yesterday.

6. もし私があなたなら、友だちに手伝ってもらえるように頼むのだけれど。
If I were you, I (　　　) ask my friend to help me.

B. 日本文の意味になるように、[　] 内の語を並べかえて正しい英文を完成させなさい。

1. 畑は全て、花でおおわれている。
All [are / flowers / with / the fields / covered].

2. 私たちは横浜に20年間住んでいます。
We [for / have / in / lived / Yokohama] twenty years.

3. 私は忙しすぎて昼食を食べられなかった。
I [busy / eat / to / too / was] lunch.

4. 両親は私に一生懸命勉強してほしいと思っている。
My parents [hard / me / study / to / want].

5. あそこで走っている男の人は、私の父です。
The [is / man / over / running / there] my father.

3 次の図はある動物園の地図です。これを見て後の問いに答えなさい。

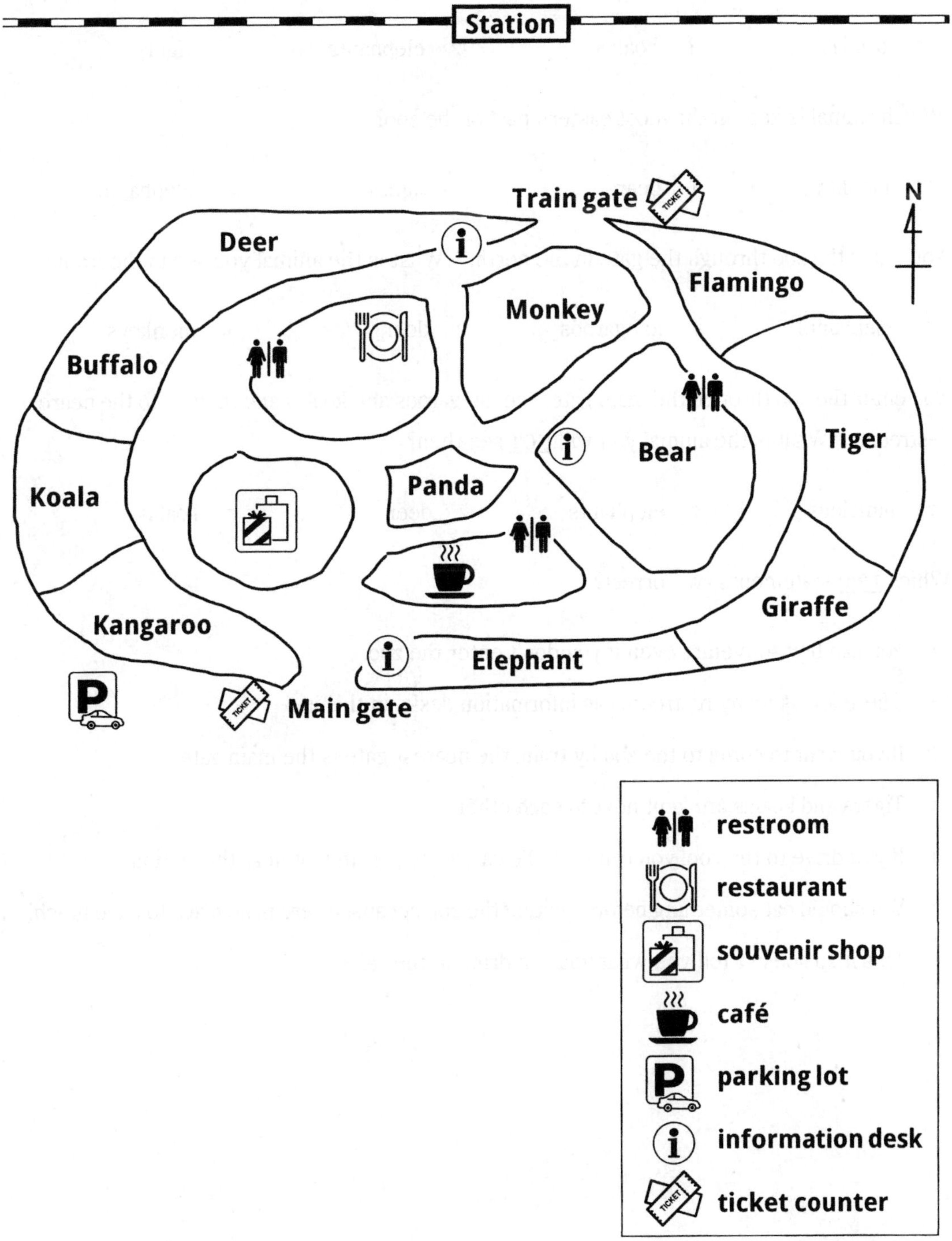

問　1～5 の質問に対する答えを、それぞれ記号で答えなさい。

1. Which animal is kept in the center of the zoo?

ア　pandas　　イ　koalas　　ウ　elephants　　エ　tigers

2. Which animal is kept in the most eastern part of the zoo?

ア　monkeys　　イ　bears　　ウ　tigers　　エ　elephants

3. You enter the zoo through the gate in the north.　What is the animal you see in the front?

ア　elephants　　イ　kangaroos　　ウ　deer　　エ　monkeys

4. You enter the zoo through the main gate, see kangaroos and koalas and then go to the nearest restroom.　What is the animal you will **NOT** see then?

ア　buffaloes　　イ　elephants　　ウ　deer　　エ　koalas

5. Which **TWO** statements are correct?

ア　You can buy souvenirs even if you don't enter the zoo.

イ　There are as many restrooms as information desks in this zoo.

ウ　If you want to come to the zoo by train, the nearest gate is the main gate.

エ　Tigers and koalas are kept next to each other.

オ　If you drive to the zoo, you can park the car at the parking lot near the station.

カ　You should eat something before visiting the zoo because there is no place to have lunch.

キ　This map doesn't tell you what you can drink at the café.

4 次の英文を読み、後の問いに答えなさい。*の語句には注があります。

On March 20, 1947, a boat was built in Koza Town in Wakayama Prefecture. The wooden boat was 28.5 meters long and 5.9 meters wide. It was named *Dainana Kotoshiro Maru because the owner was Kotoshiro Fishing Company in Kanagawa Prefecture. It was made to catch fish called *bonito. It caught a lot of bonito. From 1947 to 1950, it caught the largest amount of bonito in Japan. It became famous for ①this.

In 1953, Dainana Kotoshiro Maru moved to the port of Yaizu in Shizuoka Prefecture. There, it was made into the boat to catch *tuna. Boats to catch tuna had to go far away from Japan in the Pacific Ocean, so it was made into the boat with ②such ability. The name of the boat was also changed from Dainana Kotoshiro Maru to *Daigo Fukuryu Maru. It was able to catch a lot of tuna in the Pacific Ocean.

On January 22, 1954, Daigo Fukuryu Maru left the port of Yaizu with 23 *crew members. On February 19, it arrived at *Bikini Atoll in the Marshall Islands in the Pacific Ocean. There, the crew members worked very hard and they caught plenty of tuna for twelve days. On the early morning of March 1, it was still dark. Suddenly there was a very big *explosion. It was an *H-bomb. The United States was doing the H-bomb test near there. They decided to go back to Yaizu. On the morning of March 14, Daigo Fukuryu Maru got to the port of Yaizu. The 23 crew members all went to hospital and the tuna in the boat was buried because they *were exposed to radiation.

After that, in 1956, the boat became a training ship for the students of *Tokyo University of Fisheries. Its name was also changed to Hayabusa Maru. Hayabusa Maru worked as a training ship for more than 10 years.

In March 1967, the engine of the boat was taken out and the boat was thrown away in a garbage area called "Yumenoshima" in Tokyo Bay. About one year later, however, some people heard about this, and said, "We should keep the boat for peace." Since June 1976, the city of Tokyo has kept it in Daigo Fukuryu Maru Exhibition Hall in Yumenoshima Park in Tokyo.

注
Dainana Kotoshiro Maru 第７事代丸　bonito カツオ　tuna マグロ　Daigo Fukuryu Maru 第５福龍丸
crew 乗組員　Bikini Atoll in the Marshall Islands マーシャル諸島のビキニ環礁　explosion 爆発　H-bomb 水爆
were exposed to radiation 放射線にさらされた　Tokyo University of Fisheries 東京水産大学

問１　下線部①が表している内容を次のア～エから選び、その記号を答えなさい。

ア　和歌山県の古座町が、日本の造船業で有名であったこと。

イ　その船がカツオを専門に釣り上げる漁船であったこと。

ウ　その船を持つ会社が、日本の漁業会社の上位７位であったこと。

エ　その船が４年間、日本で最も多くのカツオを釣り上げたこと。

問２　下線部②とは具体的にどのような性能ですか。文末が「性能」で終わるよう、20 字程度の日本語で答えなさい。

問３　次の英文の（　　　）に適するものをア～エから１つ選びなさい。

1. What did the first name of the boat come from? --- It came from the name of (　　　　　).

ア　a port　　イ　another boat　　ウ　a town　　エ　a company

2. What was the second name of the boat? --- It was (　　　　　).

ア　Pacific Ocean　　イ　Dainana Kotoshiro Maru

ウ　Hayabusa Maru　　エ　Daigo Fukuryu Maru

3. What caused the sudden big explosion on March 1? --- (　　　　　) did.

ア　An H-bomb test　　イ　A training ship　　ウ　Radiation　　エ　Bonito

4. What happened to the crew members after the explosion? --- They became (　　　　　).

ア　lost　　イ　sick　　ウ　famous　　エ　known

5. How long did the boat work as a training ship? --- It worked (　　　　　).

ア　for over ten years　　イ　for about one year　　ウ　since 1976　　エ　for over two years

問４　次の各英文の内容が本文と合っている場合は○、違っている場合は×と答えなさい。

1. The boat was made of steel.

2. Dainana Kotoshiro Maru was a good boat for catching fish, but Daigo Fukuryu Maru was not.

3. The boat was a training ship when it was called Hayabusa Maru.

4. When Hayabusa Maru was thrown away, it did not have the engine.

5. The boat has disappeared in the Pacific Ocean.

【数　学】（45分）〈満点：100点〉

注意

・解答に単位が必要なときは，明記して下さい。

・解答が分数になるときは，これ以上約分できない形で表して下さい。

・解答に根号を用いるときは，$\sqrt{\ }$の中を最小の正の整数にして下さい。

・作図の問題について，作図に用いた線は消さずに残して下さい。

1　次の問いに答えなさい。

（1）$\left(\dfrac{7}{4}-\dfrac{5}{6}\right)\div\dfrac{11}{6}$ を計算しなさい。

（2）$(-3)^3-4\times2\times(-5)$ を計算しなさい。

（3）$3\sqrt{2}-\sqrt{8}+\sqrt{50}$ を計算しなさい。

（4）1次方程式 $\dfrac{2}{3}x-\dfrac{1}{4}=\dfrac{1}{2}x+6$ を解きなさい。

（5）連立方程式 $\begin{cases} 2x+3y=6 \\ -x+y=1 \end{cases}$ を解きなさい。

（6）2次方程式 $x^2+2x-48=0$ を解きなさい。

（7）下の図で2本の直線 ℓ と m は平行です。このとき，角 x の大きさを求めなさい。

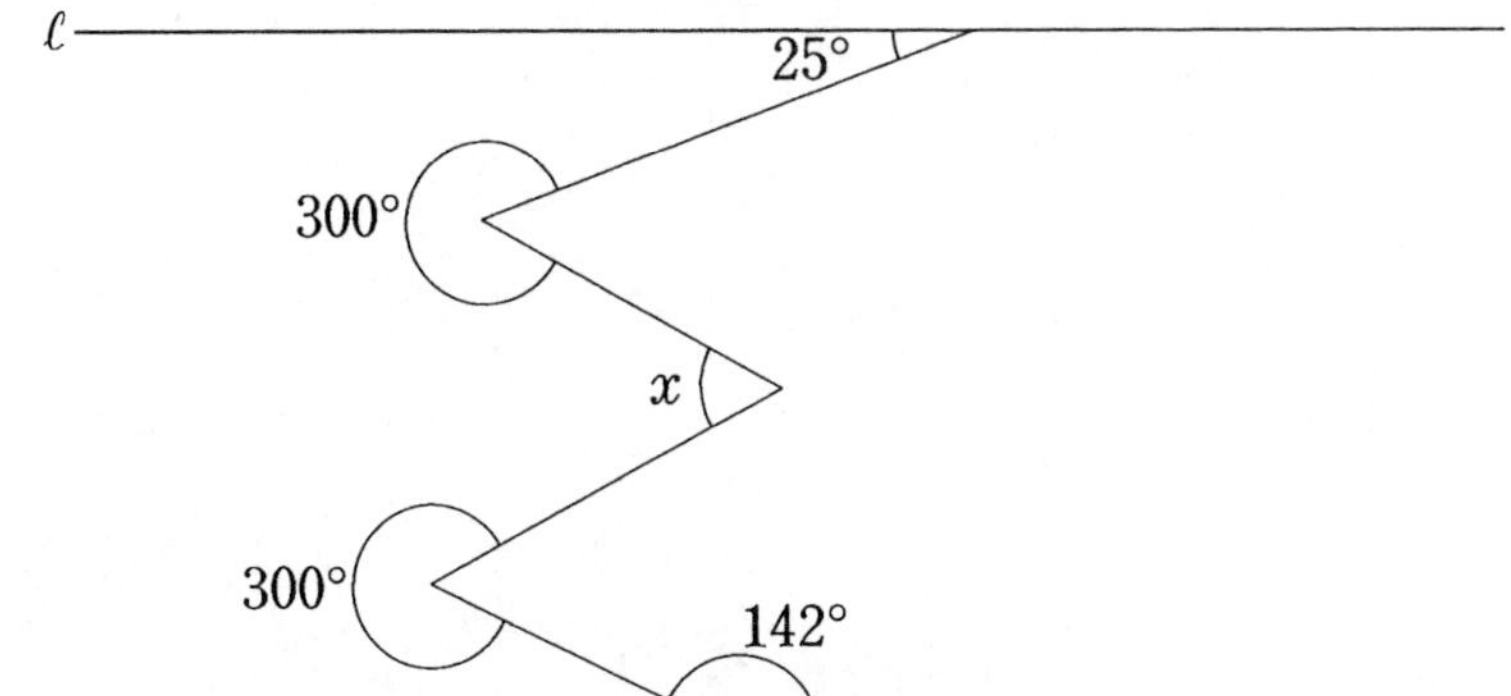

（8）大小２個のサイコロを投げて，出る目の和が５以下になる確率を求めなさい。

（9）解答用紙の円について，円周上の点Ａを通り，円の面積を２等分するような直線を作図しなさい。ただし，作図するときに用いた線は消さずに残しておきなさい。

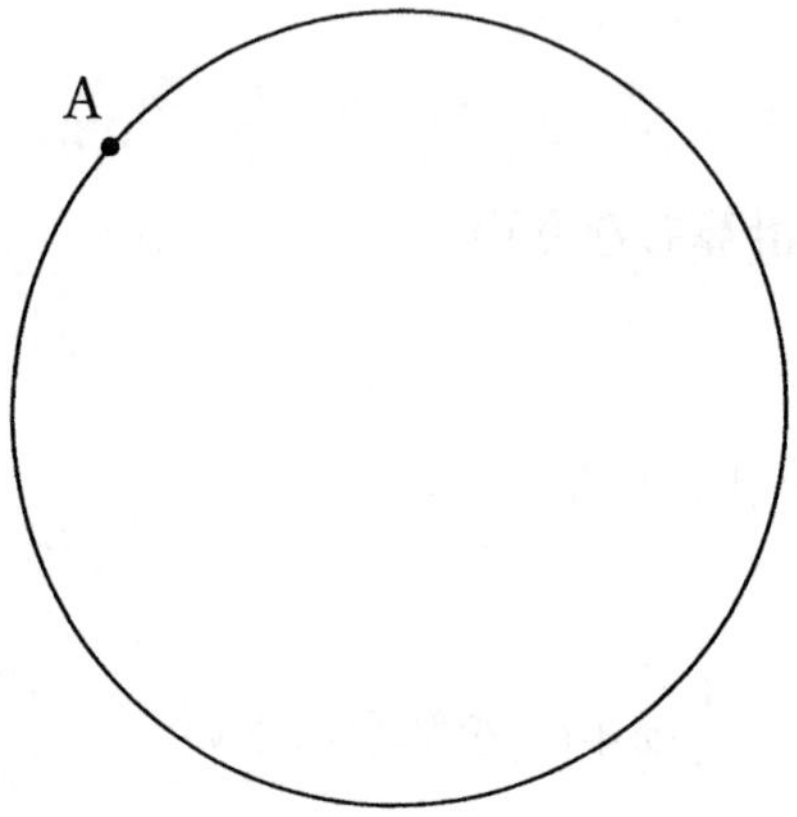

2 関数$y=ax^2$（aは0以外の定数）のグラフ上に3点A，B，Cがあります。点Aの座標は$(-2, 2)$であり，点Bのx座標は4，点Cのx座標は-2以上4以下です。原点Oから点$(1, 0)$および$(0, 1)$までの距離をいずれも1 cmとして，次の問いに答えなさい。

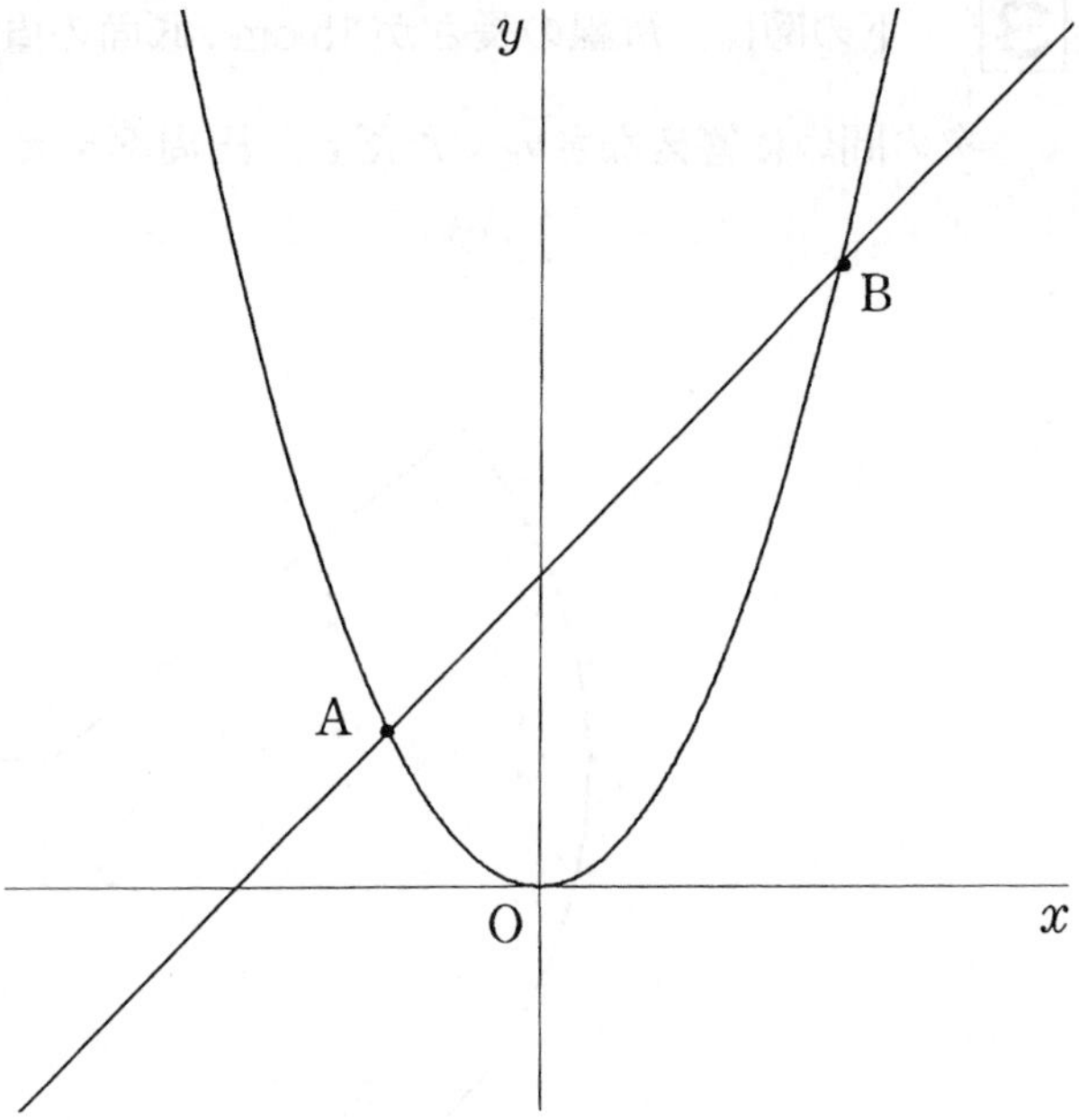

（1）aの値を求めなさい。

（2）点Bのy座標を求めなさい。

（3）直線ABの式を求めなさい。

（4）△OABの面積を求めなさい。

（5）△OABの面積と△CABの面積が等しくなるとき，点Cの座標を求めなさい。
ただし，点Cは原点Oと異なる点とします。

3　下の図は，母線の長さが 15 cm，底面の直径が 18 cm である円錐の展開図です。
次の問いに答えなさい。ただし，円周率を π とします。

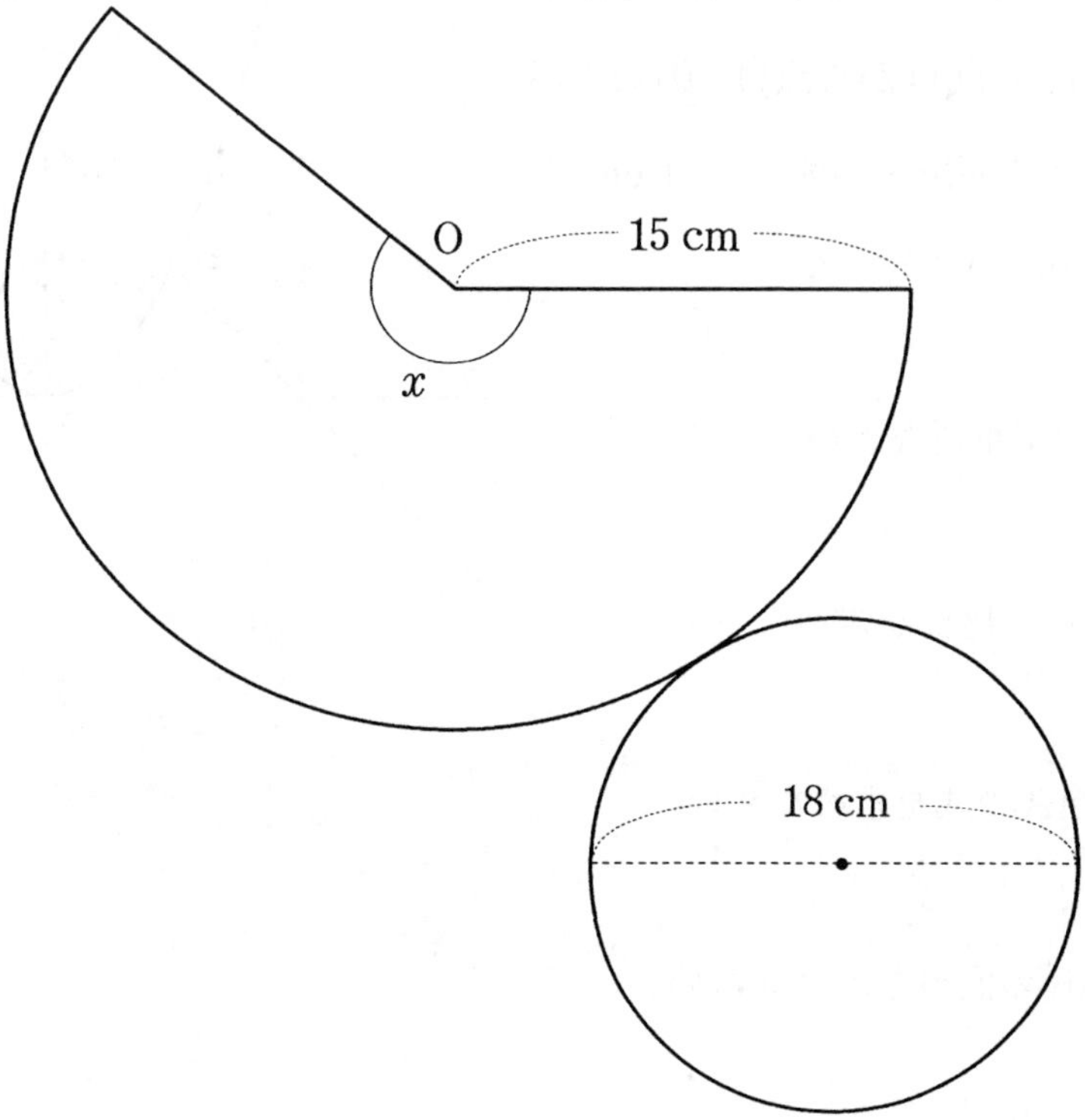

（1）側面のおうぎ形の中心角 x の大きさを求めなさい。

（2）この展開図を組み立てたときにできる円錐の表面積を求めなさい。

（3）この展開図を組み立てたときにできる円錐の体積を求めなさい。

4　∠A = 60°，∠ABC = 90° である三角形 ABC の上に，BD = DE，∠BDE = 90° である三角形BDE を下の図のように重ねます。また，線分 AC と BE との交点を F，線分 AC と DE との交点を G とします。BC = BE，AB = 8 cm とするとき，次の問いに答えなさい。

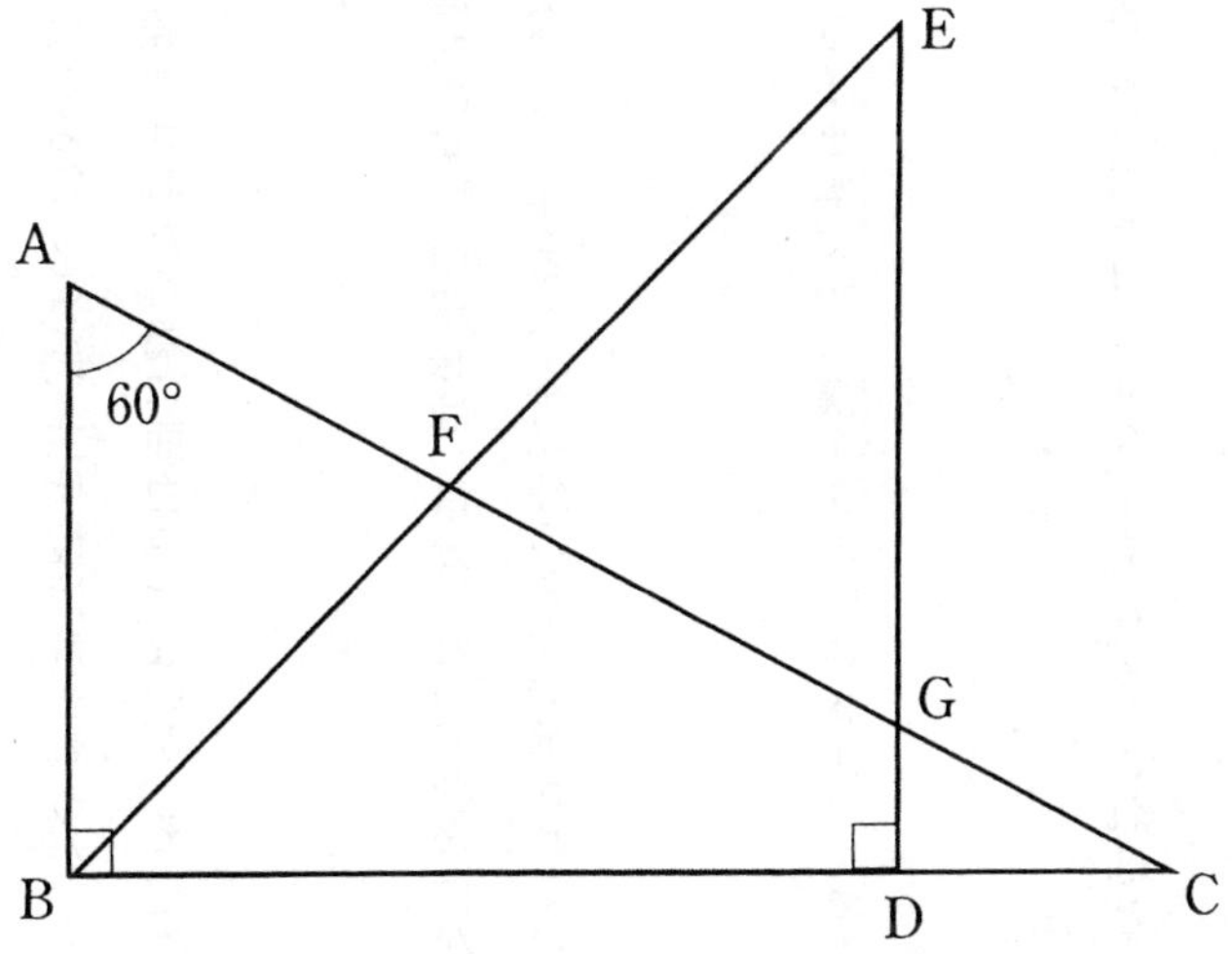

（1）∠AFB の大きさを求めなさい。

（2）線分 BD の長さを求めなさい。

（3）三角形BCE の面積を求めなさい。

（4）次の（ア）～（ウ）の中から，正しいものをすべて選びなさい。

（ア）△ABF ≡ △GEF　　（イ）△GDC ∽ △GFE　　（ウ）∠DGF = 120°

問六　傍線部4「本は食べ物と一緒です。」とあるが、どのような点が「一緒」なのか。その説明として適するものを次から選び、記号で答えなさい。

ア　人から強要された行為には苦痛を伴うが、その過程で我慢強さが身につく点。
イ　主体性のある行為であれば得るものは多いが、人から強要されるとそうはならない点。
ウ　楽しみながら行うことで主体性は育まれるが、人から強要されるとそうはならない点。
エ　人から強要された行為に面白みはないが、その過程で成長につながる要素が得られる点。

問七　傍線部7『座右の書』」の意味は「自分にとって参考になったり励みになったりする本」であるが、文中には筆者にとって「参考になったり励みになったりする」、本以外のものが示されている。19字で抜き出して答えなさい。

問八　空欄Yに適する語を本文から漢字3字で抜き出して答えなさい。

問九　傍線部8「読書では目だけでなく、手も使う。これはとても大事なことです。」とあるが、なぜ「大事」だと言えるのか。その理由を説明しなさい。

問四　傍線部1「どんなに忙しい人でも、その気になれば一日30分ほどの時間はつくれるはずです」とあるが、筆者がこのように述べる理由として、最も適するものを次から選び、記号で答えなさい。

ア　時間をつくることは特に困難ではなく、少しの工夫で実現できることである、と考えているから。

イ　時間をつくることは決して簡単なことではないが、努力次第で実現可能である、と考えているから。

ウ　時間をつくることは誰にでもできるので、その時間を読書のためだけに確保してほしい、と考えているから。

エ　時間をつくることは難しいことではあるが、多くの人に自分と同じ生活習慣を身につけてほしい、と考えているから。

問五　傍線部2「不動産屋に変人だと思われました」とあるが、「家を持つとき」のポイントについて話し合っている生徒たちの会話を読み、空欄a～cに適する言葉を指定した字数で答えなさい。

れんさん　将来、みんなは家を買う時に、どのようなことをポイントにするかな？

あおさん　私は雑誌に書いてあった内容を参考にしようと思うんだ。土地や家の価格、町並み。職場や学校までの［a 2字］が近いことも大事にしようかな。

はるさん　なるほど、そういう選び方もあるよね。でもこの本の筆者の方は少し違うポイントで選んだみたいだよ。

れんさん　えっ、そうなの？　どのような違いがあるのかな？

はるさん　それはね、［b 5字］を確保するためにわざわざ終着駅があるほどの［c 2字］を選んだみたいだよ。

あおさん　すごい。［a 2字］ではなくて［b 5字］を優先したんだ。確かに少し変わっていると不動産屋さんにも周囲の人にも思われてしまいそうだね。

問一　傍線部3「旺盛」、5「畳み掛け(る)」、6「心を打たれる」の意味として最も適するものを次から選び、それぞれ記号で答えなさい。

3　旺盛

ア　感情の制御がきかない様子
イ　気持ちだけが急《せ》いている様子
ウ　体が勝手に動いてしまう様子
エ　活力や意欲に満ちている様子

5　畳み掛ける

ア　自分のことだけを考えた発言をすること
イ　自分の気持ちに対して素直に振る舞うこと
ウ　相手に余裕を与えずに質問などを行うこと
エ　相手に嫌がられることなく会話を続けること

6　心を打たれる

ア　強く感動すること
イ　気持ちが和らぐこと
ウ　直接衝撃を受けること
エ　ひどく驚かされること

問二　空欄Xに適する語を次から選び、記号で答えなさい。

ア　対立　　イ　対話　　ウ　対応　　エ　対照

問三　空欄A～Cに適する語をそれぞれ次から選び、記号で答えなさい。

ア　つまり　　イ　また　　ウ　たとえば　　エ　しかし

重要と思う箇所に線を引く人は少なくありませんが、線を引くだけに終わっていないでしょうか。線を引いた箇所をまた読み返すならまだいいですが、ただ引いて終わりでは自己満足にすぎません。

あの本にたしかこんないいことが書いてあったなあと思って、いざ本を引っ張り出してみても、その箇所が見つかることはまれでしょう。そもそも、どの本に書いてあったかを忘れてしまうこともあります。

私の場合は、そうならないように線を引いた箇所の多くは、後で必ずノートに書き写すわけです。人間は忘れる生き物だからこそ、こうしたことが必要なのです。

ワイフに「こんな細かい字でよく書き写しますね」と感心されたことがありましたが、ともかく小さな字でページ一面を覆うくらいびっしりと書き込む。ノートに書き写す作業は、けっこうな手間がかかるので、週末の休みを利用したりしています。

8 読書では目だけでなく、手も使う。これはとても大事なことです。

目で字を追って頭に入れようとするだけではなかなか覚えられませんが、手を使って時間をかけてノートに写すと、頭にけっこう残るのです。そうやって写したら、その本は置く場所がなければ捨てても構いません。

実際、脳科学では体を動かしたり、五感を使ったりしながら覚えると、記憶の定着率が大幅に上がることが証明されているそうです。

これまで書きためたノートを繰れば、30代のあのときはこんなことに熱くなっていたのか、40代の頃はこんなことがよく理解できていなかったのか、と自身を振り返るきっかけとなる、自分史の趣もあります。

もちろん、ノートは実用としても活躍しています。

誰かとしゃべっていて、ふと「あれは何だったかな?」と思ったり、本を読んでいて「そういえばあの著者は、これと正反対のことをいっていたな」と思い出したりして、ノートを見返すこともある。依頼された講演会で話す内容を構想しているときに、「あの言葉は誰のだったかな?」と思ってノートをめくることもある。

ですから、私にとってはさまざまな本からノートに書き写したものが、いうなれば唯一無二の、座右の書のような役割を果たしているのかもしれません。

（丹羽宇一郎『死ぬほど読書』による）

（語注）　ワイフ……………妻のこと。英語のwifeをカタカナで表記している。

えば、できないことはないと思います。一日15分でもいいから自分に課して読み始め、続けていくといいでしょう。

読みたい本がわからないという人も、なかにはいるかもしれません。B、どんな人でも好奇心を持っています。大人になるにつれ、好奇心を失っていく人もいますが、そんな人でもどこかに自分を向上させたいという思いはあるでしょう。好奇心がある限り、本屋に行けば、必ず読みたい本は見つかるはずです。そしていったん本を読み始めれば、好奇心はどんどん3旺盛になっていきます。

以前、社員研修の際に課題図書を読ませて感想文を提出させる会社があると聞いたことがありますが、そんなことをしても意味がないと思います。本は人から強制されて読むものではありません。関心のあるものを自ら選んで読まなくては、中身が頭に入ってこないでしょうし、本を読む楽しさもわからないはずです。

4本は食べ物と一緒です。食べ物は美味しいといくらでも食べたくなりますが、嫌なものを出されたら食欲が湧かない。ですから自分で面白そうなものを見つけて読む。それが基本だと思います。

頭に残るノート活用術

取材でたまに、「座右の書はありますか?」ということを聞かれます。しかし、私には座右の書はありません。そう答えると、あれだけ本好きを公言されているんだから、それに近いもの、Cとっておきの一冊みたいなものはあるでしょう、と5畳み掛けられたりもするのですが、本当にないのです。

面白い本はいくらでもあるので、もう一度読み返すことはあっても、5回も6回も繰り返し読むなどということはありません。

面白いと感じたり、6心を打たれる本でも、そのときどきで変わってきます。年齢や立場が変われば、それは当然でしょう。ですから、7「座右の書」のように一生を通じて影響を受け続ける本というのは私にはないのです。

また私の場合、本を読んでいて心に引っかかってくる箇所、すなわち印象的な言葉や興味深いデータについては、線を引いたり、付箋《ふせん》を貼ったり、余白にメモをとったりします。そして読み終えた後に、もう一度傍線を引いた箇所やメモを読み返す。そのなかから「これは重要だ」「覚えておかなくては」と思ったものをノートに書き写します。

私は中学生の頃、しばらくの間、新聞記事のなかから興味のある政治や経済の見出しを毎日書き写していました。それを後から読み返すと、頭のなかにイメージがつくられ、政治や経済についてのYと想像力が広がったように記憶しています。覚えておきたいことはノートに書く。この習慣が体に染み込んでいて、社会人になってから甦《よみがえ》ったような感じがします。

三 次の文章を読んで、あとの問いに答えなさい。

本を読まないと寝られない

一日仮に30分、本を読むとします。それを毎日の習慣にして10年もすれば1800時間ですから、かなりたくさんの本が読めるはずです。30年続ければ5400時間。一日たった30分でも、まったく読まない人と比べれば、知っていることにものすごく差が出るし、人間としての幅や人生の豊かさという点においても、かなり違うはずです。

読書は著者との X ですから、それを習慣化している人は、じつにさまざまな人と日々出会っていることになります。それが何十年と続けば、膨大な人数になる。そのなかには深いやりとりも無数にあるでしょう。

1どんなに忙しい人でも、その気になれば一日30分ほどの時間はつくれるはずです。移動の電車のなかでも本は読めるし、家でテレビをつけてぼーっと見ている時間やスマホをいじる時間を少し削れば、30分程度の時間は生み出せます。

私は40年以上、夜、寝床に就く前に、毎日欠かさず30分以上の読書を続けてきました。面白い本だと翌日の朝が早くても、つい夜更かししてしまうこともしばしばです。

A 、どんなに酒を飲んで遅く帰ってきても、本は読みます。「酔っ払ってよく本なんか読めますね？」という人もいますが、習慣ですから、酔っていようが本を読まないと寝られないのです。気がつけばいつの間にか寝ていたということもありますが、その習慣が途絶えたことは一日たりともありません。

家を持つときは、読書の時間をできるだけ捻出《ねんしゅつ》しようとして、わざわざ電車の終着駅がある郊外を選びました。2不動産屋に変人だと思われましたが、始発駅から座って会社に通えば、けっこうな時間、読書ができます。

以前は週に3冊くらいの割合で、年間150冊ほど読んでいました。いまはペースが落ちましたが、生きている限り、できるだけ多くの本を読みたいと思います。

残された時間を考えれば、そんなにも読めないでしょうから、いまは本当に読みたい本だけを選んでいます。

子どものときから本を読む習慣がなくて、大人になったいまもほとんど読むことがない。そんな人でもこれから読書の習慣をつけようと思

問五　傍線部5「切らない」について、Ⅰ・Ⅱに答えなさい。

Ⅰ　動詞「切ら」の「活用の種類」を次から選び、記号で答えなさい。

ア　五段活用　　イ　上一段活用　　ウ　下一段活用　　エ　カ行変格活用

Ⅱ　「切らない」の「ない」と同様の用法のものを次から選び、記号で答えなさい。

ア　夜更かしは健康に良くない。
イ　年の瀬はなにかとせわしない。
ウ　他者の迷惑にならないように配慮する。
エ　勉強に関係のないものは学校に持って行かない。

問六　本文の内容として適切でないものを次から選び、記号で答えなさい。

ア　十二支を表す漢字には本来動物を表す意味はなく、もともと十二支として定められていた動物に、後からそれぞれの漢字が割り当てられた。
イ　干支は、2つの気が調和することで自然界の秩序が保たれるという「陰陽説」や、万物は5つの元素から成るという「五行説」の考え方と結びついている。
ウ　干支は古来から日本において様々な信仰や風習と結びついており、そのことは古典文学作品の描写からもうかがい知ることができる。
エ　十二支を表す漢字と動物の意味を表す漢字が異なっている背景には、干支が古くから生活の根幹に関わる場面に取り入れられていたということがある。

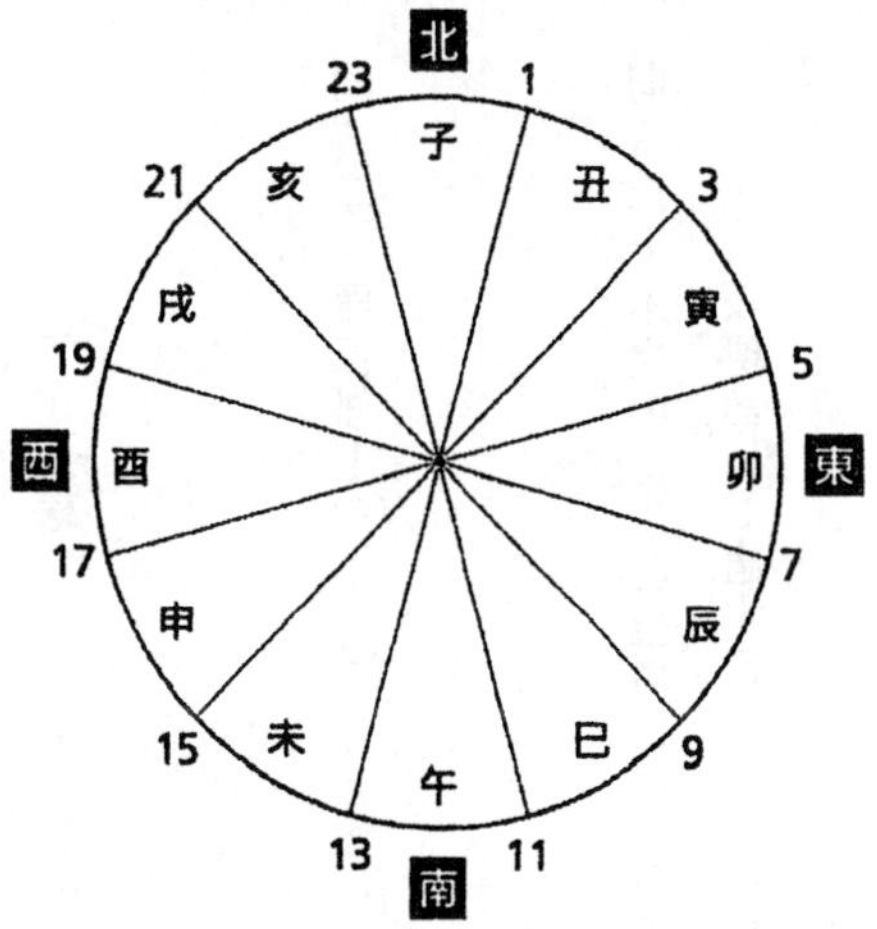

図　十二支と時刻、方角

〈説明〉

・図は「十二支」と「24時間法の時刻」および「方角」との対応関係を表している。

・図中の「子」には、23時～1時の二時間が割り当てられている。

・図中の「子」は北の方角を指している。

A　ア　午後四時ごろ　　イ　午後六時ごろ　　ウ　午後八時ごろ　　エ　午後十時ごろ

B　ア　東北　　イ　東南　　ウ　西南　　エ　西北

問四　傍線部４『土佐日記』とは平安時代に成立した作品である。これと同じ時代に成立した作品を次から選び、記号で答えなさい。

ア　奥の細道　　イ　徒然草　　ウ　平家物語　　エ　枕草子　　オ　万葉集

十干十二支は単に日付や時刻、方位を表すというだけでなく、生活のあらゆる場面において意識される身近で重要なものだったのです。

このように日本の人々にとって十干十二支は、古くから生活の根幹に関わる場面に取り入れられ使用され続けてきたものです。そのため十二支に使われる漢字と、動物の意味を表す他の漢字とは混同せず、両者を明確に使い分ける意識が根強く働いてきたのではないでしょうか。現代では意識することの少なくなった干支ですが、漢字をたよりに注意深く探してみると、私たちの生活の中にも多くの痕跡を見つけることができるかもしれません。

（国立国語研究所編『日本語の大疑問　眠れなくなるほど面白いことばの世界』による）

問一　二か所の空欄Xには、漢字の成り立ちを示す語句が入る。適するものを次から選び、記号で答えなさい。

ア　会意　　イ　形声　　ウ　指示　　エ　象形

問二　傍線部1「たまふ」、2「やうやう」、3「うぢ」の読み方を現代仮名遣いで答えなさい。

問三　本文の（※）の位置には、もともと次の図が掲載されている。この図と図の下の〈説明〉を参考に、本文中の空欄A、Bに当てはまる表現として適するものを次から選び、それぞれ記号で答えなさい。

なぜ十二支に動物名を割り当てたのか、またなぜこれらの動物が選ばれたのかについては、十二支を多くの人々が理解し覚えられるように、なじみ深い動物の名前を付けたのではないかなどの諸説がありますが、はっきりとは解明されていません。

日本人の生活に深く関わってきた十二支

十干十二支は日本にも古くから伝わっていました。埼玉県行田市の稲荷山《いなりやま》古墳から出土した鉄剣には、「辛亥《しんがい》年七月中記」と刻まれており、十干十二支を用いて年を表していたことがわかります。年月だけでなく、時刻や方位を表すことにも使われていました。日本の古典文学に現れる十二支の使用例を見てみましょう。

1入らせたまふは十七日なり。戌の刻など聞きつれど、2やうやう夜更けぬ。（『紫式部日記』）（中宮さまが宮中へお入りになるのは十七日である。時刻は［A］などと聞いていたけれど、だんだん延びて夜も更けてしまった）

わが庵《いお》は都の辰巳しかぞ住む世を3うぢ山と人はいふなり（『古今和歌集』雑下・喜撰法師）（私の庵は都の［B］にある。このように都から離れて勝手に暮らしています。その宇治山もやはり世は憂しと世を厭《いと》うて入る山だと人さまは言っているそうです）

爪のいと長くなりにたるを見て、日をかぞふれば、今日は子の日なりければ、切らず。（『土佐日記』）（爪がたいそう長くなったのを見て、日を数えてみたら、今日は子の日なので切らない）

（本文の表記・現代語訳は全て『新編日本古典文学全集』〈小学館〉による）

4『土佐日記』の例には「今日は子の日だから爪は5切らない」とありますが、当時の風習として「手の爪は丑の日に切る」というものがあったため、前日の子の日には切らないと言っているのです。また、「子の日」は特に正月の最初の子の日のことを指して言うことが多く、野に出て若菜を摘み千代を祝うなどの儀式を行いました。

（※）　他にも、自分が生まれた年の干支によって忌《い》むべき方角を避ける「方違《かたたが》え」、「庚申《こうしん》」の日には眠らずに夜を明かす「庚申《こうしん》待ち」など様々な信仰や風習と結びついた決まり・行事がありました。

二　次の文章を読んで、あとの問いに答えなさい。

「子・丑・寅・卯」の字は動物を指していない

動物の「イヌ」を表す漢字には「犬」や「狗」などがありますが、「戌年」の「戌」という漢字自体にはもともと「イヌ」という意味はありません。

漢和辞典で「戌」という字を引いてみると、

戌：［X］。小さな戉《まさかり》の形にかたどる。借りて、十二支の十一番目に用いる。

とあり、もとは武器のまさかりの形から作られた［X］文字であったことがわかります。「戌」だけでなく、「子」「丑」など他の十二支を表す漢字にも「ネズミ」「ウシ」といった動物を表す意味はありませんでした。

そもそも「十二支」とは何でしょうか。私たちはよく「今年の干支《えと》はイヌだ」というような言い方をしますが、「干支」というのは本来「十干《じっかん》」と「十二支」を組み合わせたもののことです。その歴史は古く、古代中国の王朝「殷《いん》」の時代には使用されていました。「十干」は「甲《こう》・乙《おつ》・丙《へい》・丁《てい》・戊《ぼ》・己《き》・庚《こう》・辛《しん》・壬《じん》・癸《き》」、「十二支」は「子《し》・丑《ちゅう》・寅《いん》・卯《ぼう》・辰《しん》・巳《し》・午《ご》・未《び》・申《しん》・酉《ゆう》・戌《じゅつ》・亥《がい》」から成り、天体の運行などに基づいて月日・方位などを定めるのに使っていたと考えられています。

中国ではこの「十干十二支」と、万物は「木・火・土・金・水」の5つの元素から成るという「五行説」、陰と陽の2つの気が調和することで自然界の秩序が保たれるという「陰陽説」とを結びつけて考えるようになります。日本でもこの考え方に基づいて、5つの元素それぞれに「陽＝兄《え》」「陰＝弟《と》」を付けて、十干を「甲＝木の兄（きのえ）、乙＝木の弟（きのと）、丙＝火の兄（ひのえ）、丁＝火の弟（ひのと）……」と呼ぶようになりました。「干支」を「えと」というのもこの「兄・弟」という言い方から来ています。

十二支は月日などの順序を表す記号のように用いられていたものであり、動物とは関わりがありませんでした。私たちが知っている十二支の動物名は、もともとあった十二支に後から割り当てられたものなのです。十二支に動物名を割り当てたことを明確に示す最も古い記録は、古代中国の後漢時代に著された『論衡《ろんこう》』という書物に残っています。

問四　次の傍線部の言葉を最も適する用法で使っているのはどの文か。それぞれ次から選び、記号で答えなさい。

①
- ア　通学の途中でぬかるみに足をすくわれてしまい、制服が汚れてしまった。
- イ　絶対に勝てると思っていた相手に足をすくわれてしまい、試合に負けてしまった。
- ウ　急いで待ち合わせ場所に向かっていたら足をすくわれてしまい、時間に遅れてしまった。

②
- ア　あの人は気が置けないから、注意をして付き合っていった方がいいと思うよ。
- イ　学校や職場では気が置けないこともあるから、疲れてしまう日だってあるよね。
- ウ　今回は気が置けない人同士のミーティングだから、そんなに緊張しなくても大丈夫だよ。

③
- ア　美味しそうな料理の話をしている時、いい匂いがすると鼻につく。
- イ　高校に入学して一か月、ようやく制服姿が鼻につくようになった。
- ウ　話の輪に入りたいのはわかるけど、知ったかぶりをするのが鼻につく。

問　三　次の各文のことわざとして、最も適するものを次のア〜コから選び、それぞれ記号で答えなさい。

① 本当は露呈しているのに、本人は秘密にできていると思っていること

② 心配しすぎるよりも、実際に行動してみる方が意外とうまくいくことが多い

③ 二つのものが一見似ているように見えても、実際にはその違いが非常に大きい

④ 確定していない物事をあてにして、さまざまな計画を立てること

⑤ 力がある人や組織には逆らわない方が良い

ア　とらぬ狸の皮算用

イ　水と油

ウ　お山の大将

エ　長いものには巻かれろ

オ　月とすっぽん

カ　案ずるより産むが易し

キ　嘘から出た実

ク　火中の栗を拾う

ケ　泣き面に蜂

コ　頭隠して尻隠さず

問二　次の会話は、保善高校の生徒である佐藤さんと、彼が職業体験をする予定の高橋スポーツショップの店員（鈴木さん）との、電話でのやりとりです。①～③に当てはまる言い方として最も適するものを、それぞれア～ウから選び、記号で答えなさい。

【鈴木】はい。こちら高橋スポーツショップでございます。

【佐藤】わたくし、今度職業体験でお世話になります、保善高校の佐藤と申します。
お忙しいところ恐れ入りますが、（　①　）をお願いいたします。

【鈴木】高橋ですね。少々（　②　）。

【佐藤】はい。お願いします。

【鈴木】お待たせしました。
申し訳ありません、高橋は明後日まで不在です。よろしければ、わたくしがご用件を（　③　）。

【佐藤】はい。それでは……。

①　ア　高橋店長さん　イ　高橋店長殿　ウ　店長の高橋様

②　ア　お待ちください　イ　お待ちしてください　ウ　お待ちになられてください

③　ア　聞いてあげますが　イ　お聞きしますが　ウ　お聞きになりますが

二〇二四年度
保善高等学校（推薦）

【国　語】（四五分）〈満点：一〇〇点〉

一　次の設問に答えなさい。

問一　次の1～10の傍線部について、漢字の読みをひらがなで答えなさい。また、カタカナを漢字に直しなさい。

1　冷たい水で米を研ぐ。

2　既製服ではサイズが合わない。

3　大会で優勝し、愉悦を覚えた。

4　勝手に場所を占拠する。

5　友人の門出を祝う。

6　食品テンカ物の表示を読む。

7　経済がスイタイする。

8　初対面の人とアクシュを交わす。

9　チームのため、孤軍フントウする。

10　安全をキガンする。

英語解答

1 A 1 prac・tice 2 a・broad
3 ad・ven・ture
4 cal・en・dar
5 in・ter・view
6 tra・di・tion・al
B 1 lives 2 best 3 taught
4 short 5 Germany
6 tonight
C 1 December 2 money
3 grandfather 4 umbrella
5 kitchen

2 A 1 was〔is〕 2 make 3 on
4 to 5 fishing 6 would
B 1 the fields are covered with flowers
2 have lived in Yokohama for
3 was too busy to eat
4 want me to study hard
5 man running over there is

3 1 ア 2 ウ 3 エ 4 イ
5 イ，キ

4 問1 エ
問2 (例)太平洋を，日本から遠く離れたところまで行ける(22字)
問3 1…エ 2…エ 3…ア 4…イ
5…ア
問4 1…× 2…× 3…○ 4…○
5…×

数学解答

1 (1) $\frac{1}{2}$ (2) 13 (3) $6\sqrt{2}$
(4) $x=\frac{75}{2}$ (5) $x=\frac{3}{5}$，$y=\frac{8}{5}$
(6) $x=-8$，6 (7) 57°
(8) $\frac{5}{18}$ (9) 右図

2 (1) $\frac{1}{2}$ (2) 8 (3) $y=x+4$
(4) 12cm^2 (5) (2，2)

3 (1) 216° (2) $216\pi\text{cm}^2$
(3) $324\pi\text{cm}^3$

4 (1) 75° (2) $4\sqrt{6}$cm
(3) $48\sqrt{2}\text{cm}^2$ (4) (ウ)

(例)

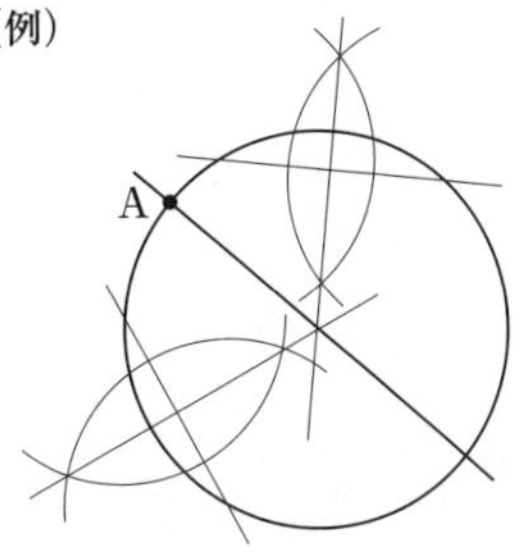

国語解答

一　問一　1　と　2　きせい　3　ゆえつ
4　せんきょ　5　かどで
6　添加　7　衰退　8　握手
9　奮闘　10　祈願

問二　①…ウ　②…ア　③…イ

問三　①…コ　②…カ　③…オ　④…ア
⑤…エ

問四　①…イ　②…ウ　③…ウ

二　問一　エ

問二　1　たまう　2　ようよう
3　うじ

問三　A…ウ　B…イ　問四　エ

問五　Ⅰ…ア　Ⅱ…ウ　問六　ア

三　問一　3…エ　5…ウ　6…ア

問二　イ

問三　A…イ　B…エ　C…ウ

問四　ア

問五　a　距離　b　読書の時間
c　郊外

問六　イ

問七　さまざまな本からノートに書き写したもの

問八　好奇心

問九　目だけで字を追って頭に入れようとすることよりも，目と同時に手も使って書き写す過程を経た方が，記憶の定着率が高いことが証明されているから。また，そのノートなどを読み返すと，過去の自分を振り返ることができるから。

2023年度 保善高等学校

【英　語】（50分）〈満点：100点〉

〈編集部注：実物の入試問題では，大問１のＢのイラストと表，大問４のフライト情報はカラー印刷です。〉

1 リスニング問題（放送の指示に従って答えなさい。）

リスニングテストの音声は，当社ホームページで聴くことができます。（実際の入試で使用された音声です）
再生に必要なユーザー名とアクセスコードは「収録内容一覧」のページに掲載しています。

A.　対話とその内容に関する２つの質問が放送されます。質問に対する答えを［A］～［D］から１つ選び、記号で答えなさい。

Question 1

[A]　Because he caught a cold.

[B]　Because he didn’t have breakfast.

[C]　Because he was in a hurry to do his homework.

[D]　Because he couldn’t sleep well.

Question 2

[A]　Kenji has to finish his breakfast.

[B]　Kenji has to finish getting up late.

[C]　Kenji has to finish his science report.

[D]　Kenji has to finish staying up late.

B.　イラストや表の内容を表す文として最も適切なものを１つ選び、記号で答えなさい。

例題

答え：　[B]

問１

問２

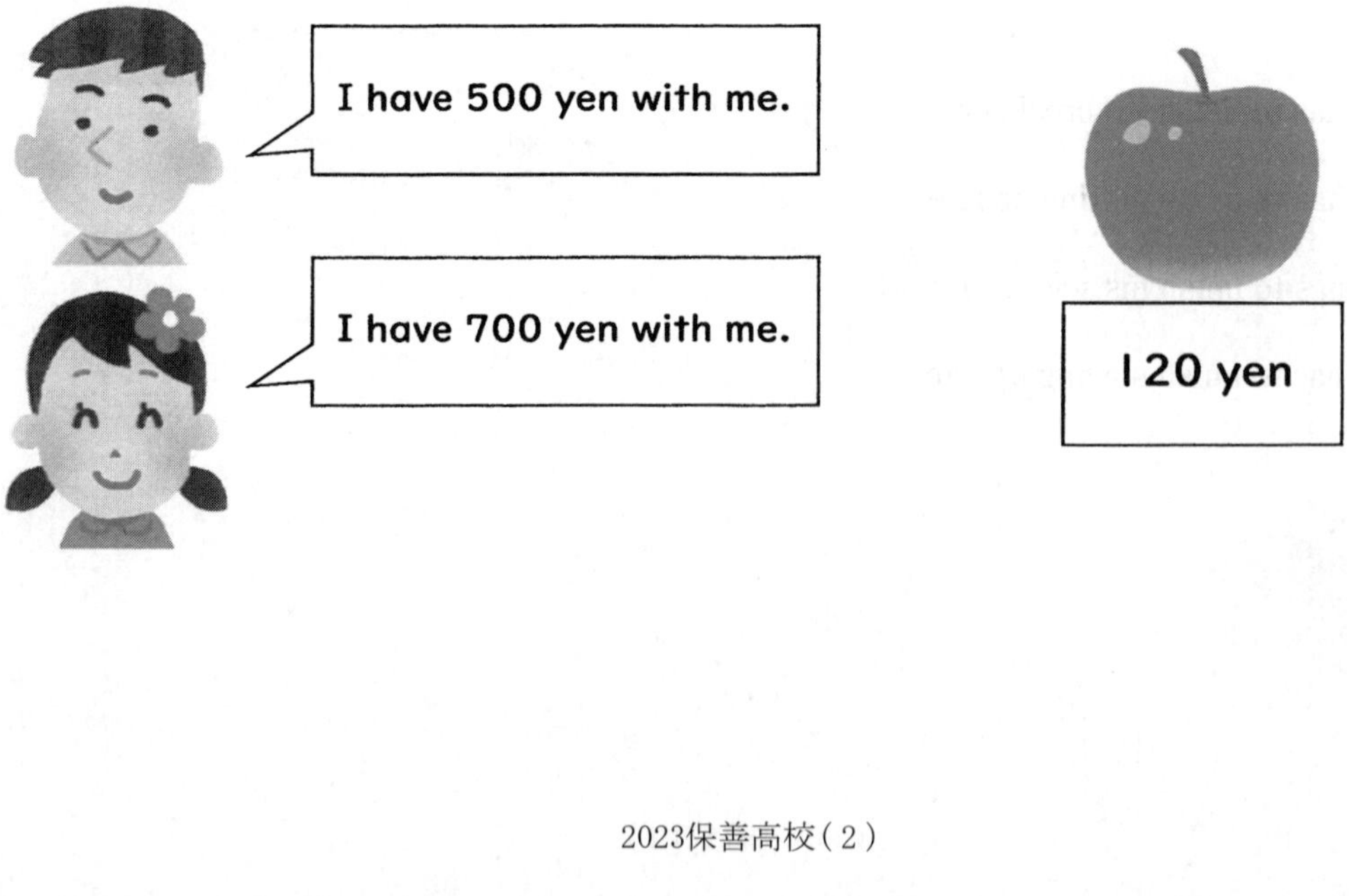

問3

《カレーの材料》

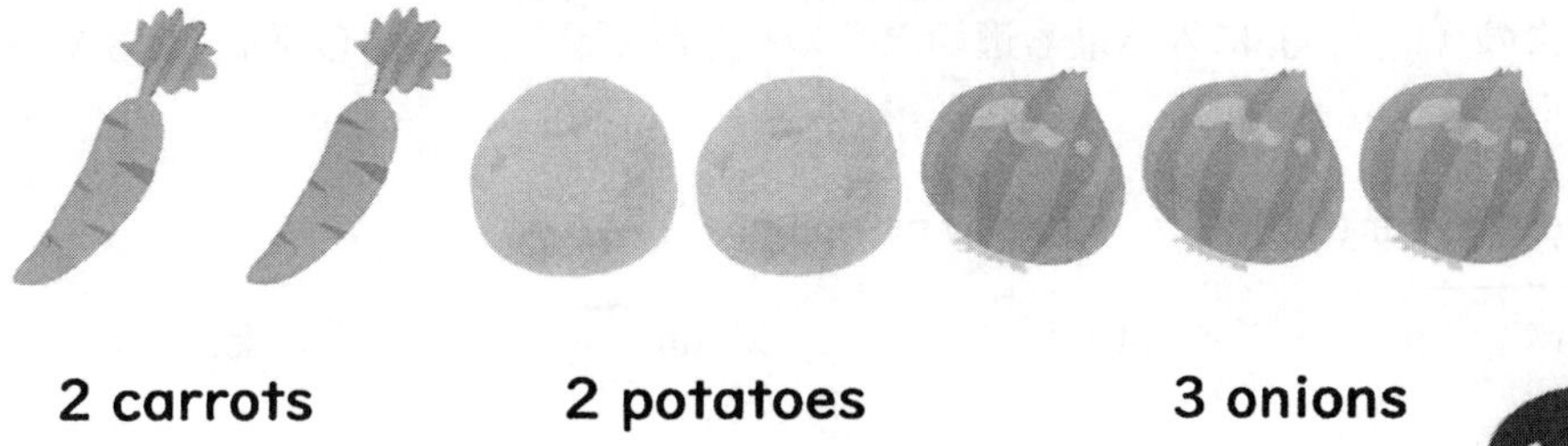
2 carrots
2 potatoes
3 onions

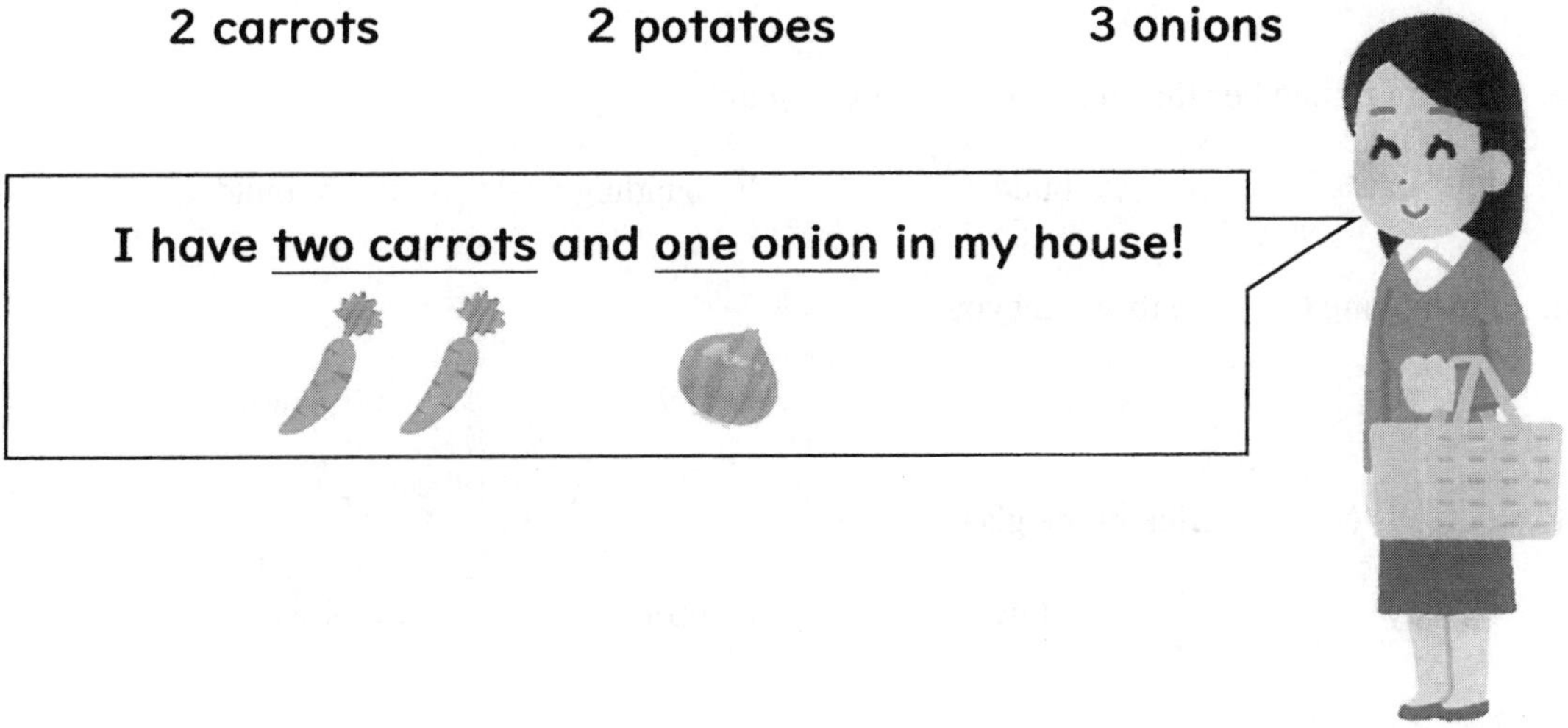
I have two carrots and one onion in my house!

問4

2月						
月曜日	火曜日	水曜日	木曜日	金曜日	土曜日	日曜日
		1	2 発熱と頭痛 早退	3 発熱と頭痛 出席停止 →	4 発熱と頭痛	5 頭痛 →
6 (きょう) 頭痛 出席停止 →	7	8	9 →	10	11	12

これでリスニング問題は終わりです。**2** 以降の問題に答えなさい。

※　リスニング問題放送文は，英語の問題の終わりに付けてあります。

2

A.　次の各文の（　　　）に入る最も適切なものをそれぞれア～エから選び、記号で答えなさい。

1.　We went on our trip (　　　) Sunday morning.

ア　in　　イ　at　　ウ　on　　エ　for

2.　Do you remember the church (　　　) last year?

ア　built　　イ　build　　ウ　building　　エ　to build

3.　I'm looking (　　　) to seeing you.

ア　up　　イ　on　　ウ　over　　エ　forward

4.　There is (　　　) milk in the glass.

ア　any　　イ　a few　　ウ　little　　エ　few

B.　次の英語で説明されている英単語を答えなさい。なお、（　　　）内に与えられた文字で始めること。

1.　the warmest season of the year, coming between spring and autumn　　(s　　)

2.　a small animal with long ears and a short tail; it lives in a hole in the ground　　(r　　)

3.　a thing that you give to somebody as a gift　　(p　　)

3

A. 日本文の意味になるように、(　　　) に入る最も適切な語をそれぞれ答えなさい。

1. 私にとって英語を理解することは簡単ではありません。

It is not easy (　　　) (　　　) to understand English.

2. ここから駅まで歩いて5分かかります。

(　　　) (　　　) five minutes from here to the station on foot.

3. 壁にかかっている絵は私の兄が描きました。

The pictures (　　　) the (　　　) were painted by my brother.

B. 日本文の意味になるように、[　　] 内の語を並べかえて正しい英文を完成させなさい。

1. 水が欲しいなら、少しあげるよ。

If you want water, [give / I / some / will / you].

2. 君がどこに住んでいるか、彼女に伝えてもいいかい。

Can I [her / live / tell / where / you]?

3. 地上で一番速く走る動物は、チーターです。

[the / the / animal / fastest / runs / which] on land is the cheetah.

C. 次の各文を英語に訳しなさい。解答用紙に与えられている語で書き始めること。

1. お会いできてうれしいです。

2. 柔道は世界中の多くの人々によって楽しまれています。

3. マサシはトムより2歳若い。

4 次に示しているのは、ある空港のホームページに掲載されているフライト情報の一部です。これについて後に続く問いに答えなさい。

Flight Information (Departure)

Flights Today	Feb. 12, 2023
Time Zone	15:00~18:00

Departure Time	New Time	Destination	Flight No.	Check-In Counter	Gate	Status	Flight Time
15:00		Seoul / SOUTH KOREA	KAL368	A	3	ON TIME	3hr40mn
15:10		Beijing / CHINA	CNA531	B	15	ON TIME	3hr00mn
15:30	**15:40**	Vancouver / CANADA	CA2504	C	6	**NEW TIME**	14hr40mn
15:50		Doha / QATAR	QA21	D	2	ON TIME	6hr20mn
16:00		Narita / JAPAN	JNA126	E	18	ON TIME	4hr00mn
16:20	**17:10**	Singapore / SINGAPORE	SGA381	F	7	**NEW TIME**	2hr10mn
16:40		Hanoi / VIETNAM	VNAL837	G	11	ON TIME	1hr50mn
17:00		San Fransisco / USA	PAL964	A	9	ON TIME	12hr20mn
17:10	**CANCELED**	Mexico City / MEXICO	MA406	B	17	**CANCELED**	11hr40mn
17:30	**18:00**	Madrid / SPAIN	SSL309	C	5	**NEW TIME**	9hr30mn
17:50		Sydney / AUSTRALIA	AGL782	D	10	ON TIME	5hr10mn
18:00	**18:40**	Bangkok / THAILAND	THA309	E	1	**NEW TIME**	2hr30mn

*hr: hour(s) / mn: minute(s)

Boarding Process

1. When you get to the airport for your departure, please go to the check-in counter on the 4th floor.
2. Please show your passport and airline ticket at the check-in counter and receive your boarding pass.
3. Please go through the security check: pass all your bags through the check machine and pass through the body scanner for a body check.
4. After the security check, please go to your boarding gate on the 3rd floor.
5. When you arrive at the boarding gate, please show your boarding pass to the staff.
6. The boarding gate closes 15 minutes before the departure time.

問１　この空港で飛行機に乗るための手続きを次のように述べる場合、(　　　)内に適する日本語または数字をそれぞれ答えなさい。

最初に（　①　）階のチェックイン（　②　）へ行き、（　③　）と航空券を見せて搭乗券を受け取る。セキュリティチェックを受け終えたら、（　④　）階の搭乗（　⑤　）へ行く。

問２　次の４つの行き先を、この空港からの飛行時間の長い順に記号で答えなさい。

ア　バンクーバー　　イ　北京　　ウ　ドーハ　　エ　シドニー

問３　次の1～5の英語の質問に答えなさい。

1. Which of the following flights was canceled?　Write the symbol (ア～エ).

　ア　KAL368　　イ　SGA381　　ウ　MA406　　エ　THA309

2. If you want to take the flight to Singapore, which check-in counter should you visit?　Write the counter symbol (A～G).

3. How many flights have changed their departure times in this time zone in total?　Write the number.

4. What time does the boarding gate for the flight to Narita close?　Write the time in the form of "○○：○○".

5. What time is THA309 going to arrive at Bangkok in this airport time?　Write the time in the form of "○○：○○".

5 次の英文を読んで、後の問いに答えなさい。*印のついている語(句)には注があります。

William Hoy was born in *Houcktown, Ohio, on May 23, 1862. His parents had a farm in that town. He had three brothers and one sister. When he was three years old, he caught a serious disease called *meningitis. Because of that, William was not able to hear or speak. He used gestures and wrote notes to communicate with other people.

William entered *the Ohio School for the Deaf in 1872. He liked baseball very much, so he joined the school baseball team. He did well in both his studies and club activities. One day, the captain of the team said to him, "You are a good player but you are very short, so ...." William didn't care about ①those words and practiced baseball almost every day to become a *regular player on the team. However, he wasn't able to do that. He was very clever and *hard-working, so he graduated as *valedictorian of his high school class in 1879.

In those days, ②[a hearing disability / had / became / who / many people] shoemakers or *shoe repairers. After William graduated, he began to work as a shoe repairer in a shoe shop. When he was *in his twenties, he opened his own shoe shop. He often played ball outside his shop with the local children.

One day a man saw William playing ball. He was impressed with his play, but when he found out that he was not able to hear, he *moved on. However, the man (③) the next day and wrote him a note, it said "Are you interested in playing on a professional baseball team?" William accepted the invitation.

He joined a *minor league baseball team in *Oshkosh, Wisconsin, in 1886. One time during a game, he was standing in the batter's box. The pitcher threw the ball, and the *umpire called, "Strike!" In those days, umpires only called "Strike" or "Ball" without a gesture. William couldn't hear the umpire's voice, and that *bothered him.

He then decided to give the umpires ④an idea by drawing pictures. They showed that umpires could raise their right hand when they called "Strike" and raise their left hand when they called "Ball". If umpires would make such gestures, players who are not able to hear could easily understand *whether the *pitch was a strike or ball. The umpires were very interested in his idea. After that, they made hand gestures for strike and ball, and also safe and out.

In 1888, William joined the Washington Nationals in Washington D.C. and began his major league career. He played as a major leaguer on various famous teams until 1902. He was one of the greatest major league ball players.

Thanks to William Hoy, we can now enjoy not only the baseball players *as they play but also umpires' gestures.

注：Houcktown, Ohio オハイオ州ハンコック郡(地名)　meningitis 髄膜炎《ずいまくえん》
the Ohio School for the Deaf オハイオ州立ろう学校　regular レギュラーの　hard-working 勤勉な
valedictorian 卒業生総代　shoe repairers 靴修理職人　in his twenties 20代で　moved on そのまま行ってしまった
minor league マイナーリーグの　Oshkosh, Wisconsin ウィスコンシン州オシュコシュ(地名)　umpire 野球の審判
bothered 困らせた　whether ～ ～かどうか　pitch 投球　as ～ ～する時の

問1　下線部①は何を指していますか。文中の4語で答えなさい。

問2　下線部②が意味の通る英文になるように、[　　　] 内の語句を並べかえなさい。

問3　(　③　) に入る最も適切な語句を次のア～エから選び、記号で答えなさい。

ア　played with　　イ　came back　　ウ　got away　　エ　went down

問4　下線部④の内容を次のような日本語で説明した場合、下線部(a)と(b)のそれぞれに適する6文字以内の日本語を答えなさい。

審判は、「ストライク」とコールする時は＿＿(a)＿＿、「ボール」とコールする時は＿＿(b)＿＿という考え。

問5　次の1～5が本文の内容と合うように、それぞれの ＿＿＿ に入る適切な1語を答えなさい。数字の場合は算用数字で答えても構いません。

1. Why wasn't William Hoy able to hear or speak?
--- ＿＿＿＿ he ＿＿＿＿ a ＿＿＿＿ ＿＿＿＿.

2. Did William Hoy become a regular player on his school baseball team?
--- ＿＿＿＿, he ＿＿＿＿.

3. What did William Hoy do when he was in his twenties?
--- He ＿＿＿＿ ＿＿＿＿ own ＿＿＿＿ ＿＿＿＿.

4. How long did William Hoy play baseball as a major leaguer?
--- He played baseball as a major leaguer ＿＿＿＿ ＿＿＿＿ ＿＿＿＿.

5. What can we enjoy because of William Hoy's idea?
--- We can enjoy ＿＿＿＿ ＿＿＿＿.

＜リスニング問題放送文＞

これからリスニングテストを行います。問題用紙の１ページを見てください。リスニングテストは、すべて放送による指示で行います。リスニングテストの問題には、問題Aと問題Bの２つがあります。

英文を聞き、問題用紙の余白にメモをとってもかまいません。答えはすべて解答用紙に書きなさい。

（２秒の間）

では、始めます。

問題A

問題Aは、英語による対話を聞いて英語の質問に答えるものです。ここでは対話とその内容に関する質問が２つ出題されます。対話と質問は全体を通して２回繰り返されます。質問に対する答えをそれぞれの選択肢から選び、その記号を書きなさい。

では始めます。

（３秒の間）

Ryoko： Hi, Kenji. You don't look well. Are you feeling all right?

Kenji： Yes, I'm all right. I'm just hungry. I didn't eat anything this morning.

Ryoko： Oh, really? Why?

Kenji： Well, I got up late this morning and had no time to eat breakfast.

Ryoko： Was it hard to get out of bed?

Kenji： Yes, I'm so busy these days. I have to finish my science report by this weekend. So, I stayed up late last night to work on it.

（３秒の間）

Question No.1. Why is Kenji hungry?

（５秒の間）

Question No.2. What does Kenji have to finish by this weekend?

（５秒の間）

繰り返します

（２秒の間）

Ryoko： Hi, Kenji. You don't look well. Are you feeling all right?

Kenji： Yes, I'm all right. I'm just hungry. I didn't eat anything this morning.

Ryoko： Oh, really? Why?

Kenji： Well, I got up late this morning and had no time to eat breakfast.

Ryoko： Was it hard to get out of bed?

Kenji： Yes, I'm so busy these days. I have to finish my science report by this weekend. So, I stayed up late last night to work on it.

（３秒の間）

Question No.1. Why is Kenji hungry?

（５秒の間）

Question No.2. What does Kenji have to finish by this weekend?

（５秒の間）

これで問題Ａを終わります。次に問題Ｂを始めます。

問題Ｂ

問題Ｂは、イラストや表を見て、その内容を表す英文を選ぶものです。ここでは問題は４題出題され、それぞれに[A]～[C]の３つの英文が全体を通して１回ずつ読まれます。[A]～[C]で読まれた英文の中から、イラストや表に対応するものとして最も適切なものを１つずつ選び、その記号を書きなさい。

（２秒の間）

例題のイラストを見てください。５秒後にそのイラストに関する英文[A]～[C]が放送されます。

（５秒の間）

[A] There are three cars in the picture.

（２秒の間）

[B] There are four cars in the picture.

（２秒の間）

[C] There are five cars in the picture.

（２秒の間）

ここではイラストの内容に当てはまるのはＢの英文ですので、Ｂと解答します。
（２秒の間）

では問題を始めます。

問１のイラストを見てください。
（５秒の間）
[A] The cat is sitting on the table.
（２秒の間）
[B] The cat is sitting under the table.
（２秒の間）
[C] The cat is sitting beside the table.
（５秒の間）

問２のイラストを見てください。
（５秒の間）
[A] The girl can buy 5 apples, and the boy can buy 5 apples, too.
（２秒の間）
[B] The girl can buy 7 apples, but the boy can't buy 7 apples.
（２秒の間）
[C] The girl can buy 5 apples, but the boy can't buy 5 apples.
（５秒の間）

問３のイラストを見てください。
（５秒の間）
[A] The woman is going to buy 2 potatoes and 2 onions.
（２秒の間）
[B] The woman is going to buy 1 potato and 3 onions.
（２秒の間）
[C] The woman is going to buy 2 potatoes and 1 onion.
（５秒の間）

問４の表を見てください。
（５秒の間）
[A] The boy has been sick for 5 days.
（２秒の間）
[B] The boy was absent from school on February 2nd.

（２秒の間）
[C] The boy has had a headache for a week.
（５秒の間）
以上で、リスニングテストを終わります。

【数　学】（50分）〈満点：100点〉

注意

・解答に単位が必要なときは，明記して下さい。
・解答が分数になるときは，これ以上約分できない形で表して下さい。
・解答に根号を用いるときは，$\sqrt{\ }$の中を最小の正の整数にして下さい。
・作図の問題について，作図に用いた線は消さずに残して下さい。

1　次の問いに答えなさい。

（1）　$\dfrac{42}{35}-\dfrac{56}{49}$ を計算しなさい。

（2）　$\dfrac{10}{\sqrt{5}}-\sqrt{45}+2\sqrt{5}$ を計算しなさい。

（3）　$(a+2)^2-(a+1)^2$ を計算しなさい。

（4）　$x^2+8x-20$ を因数分解しなさい。

（5）　1次方程式 $-8x+15=3(x-5)-3$ を解きなさい。

（6）　連立方程式 $\begin{cases} 20x-23y=11 \\ 3x+y=15 \end{cases}$ を解きなさい。

（7）　2次方程式 $2x^2-3x-4=0$ を解きなさい。

（8）　時速 x km で走る自動車と時速 $(2x+5)$ km で走る自動車の2台が同じ道路を同じ向きで走ります。2台が同じ場所から同時に走り始めて1時間後，2台の走行距離の差が35 km ありました。正の値 x を求めなさい。

(9)　表裏のある 3 枚の硬貨を同時に投げるとき，表の枚数が裏の枚数より多く出る確率を求めなさい。

(10)　次のデータは，10 人の生徒の小テストの得点です。

7，3，6，7，1，4，7，8，6，1（単位　点）

このデータの箱ひげ図をかきなさい。ただし，平均値を表す「＋」の記号は書かないこととします。

(11)　解答用紙の円について，円の中心 A の位置を作図によって示しなさい。ただし，中心となる点のそばには「A」と書き，作図の際に用いた線は消さずに残しておきなさい。

下書き用

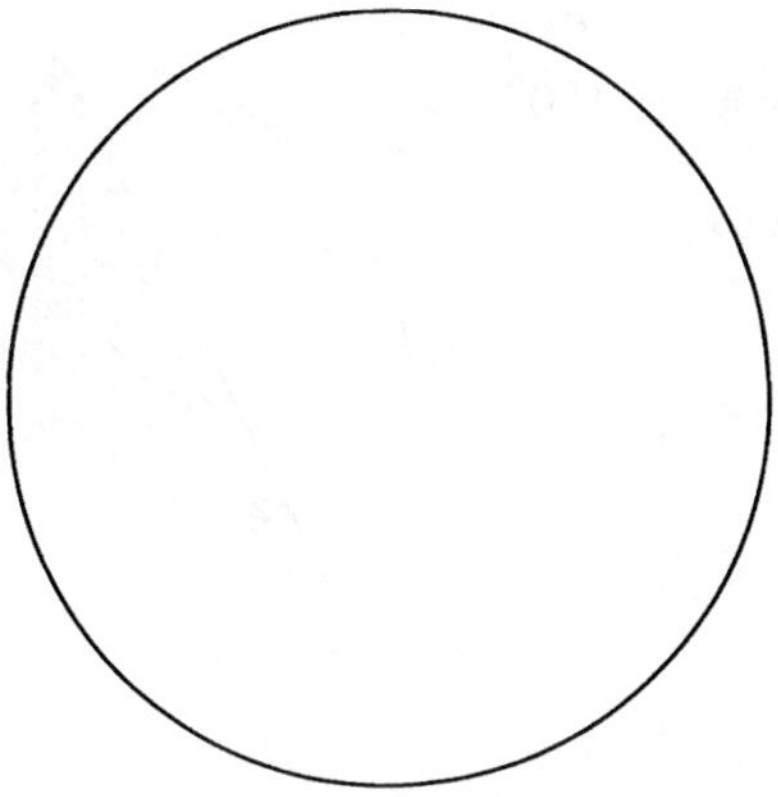

2 関数 $y=x^2$ のグラフ上に 2 点 A, B があります。点 A の x 座標は 2，点 B の y 座標は 9，直線 AB の傾きは負の値です。次の問いに答えなさい。

(1) 点 A の y 座標の値を求めなさい。

(2) 点 B の x 座標の値を求めなさい。

(3) 直線 AB を表す式を求めなさい。

3 右の図のような円 O の周上に，3 点 A, B, C があります。ただし，$\angle BAC < 90^\circ$ とします。円 O の半径の長さは 6 cm で，AB = AC，$\angle BOC = 120^\circ$ であるとき，次の問いに答えなさい。

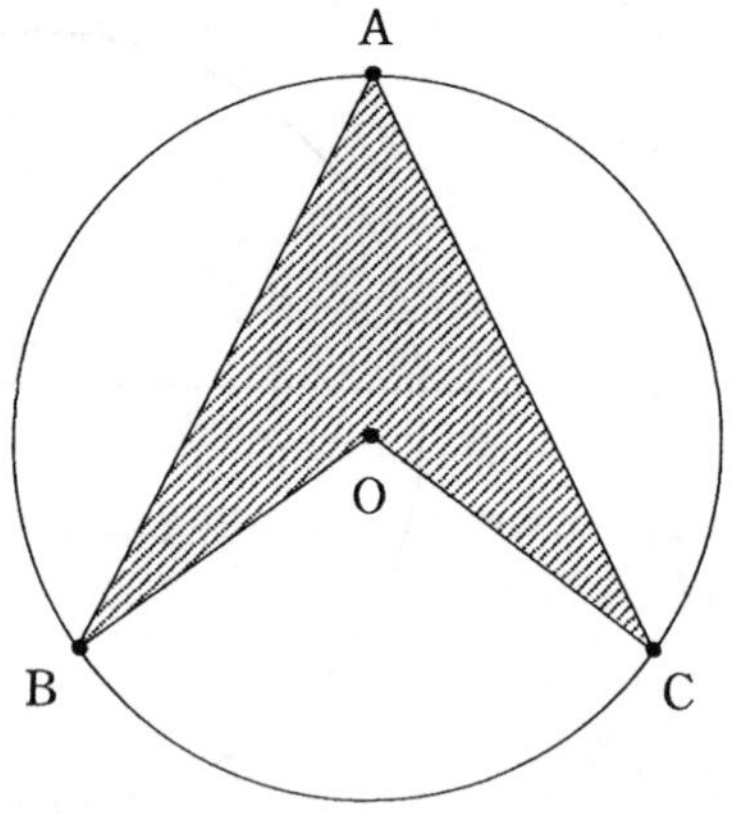

(1) $\angle ABO$ の大きさを求めなさい。

(2) 弦 AB の長さを求めなさい。

(3) 図の斜線部の面積を求めなさい。

4 　下の図のように，点 C を共有する正三角形 ACD と正三角形 CBE をかきます。点 A と E ，点 D と B を結ぶとき，△ACE と△DCB が合同であることを証明しなさい。

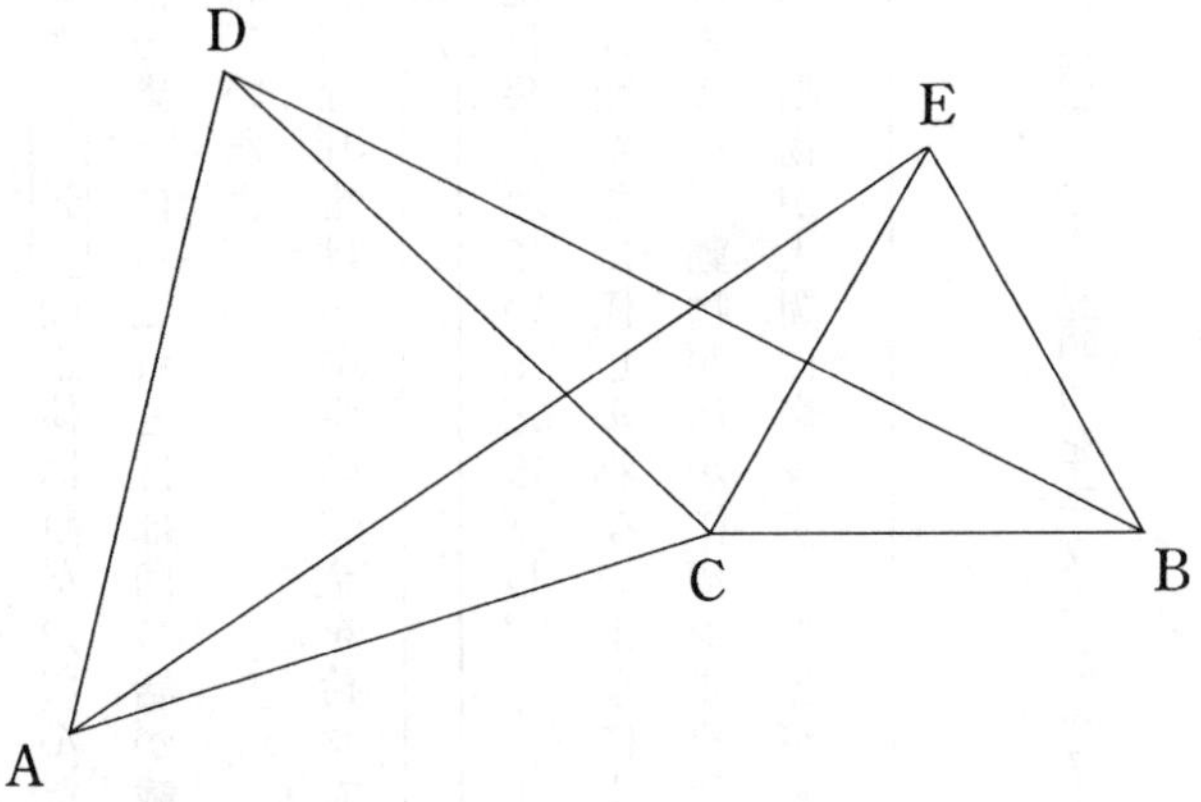

5 　よしお君は，今日から 250 ページの本を読み始めることにしました。よしお君は，本を読むページ数を前日読んだページ数より 3 ページ多く読むというルールを定め，今日は 7 ページ読みました。今日を 1 日目とするとき，よしお君がこの本を読み終えるのは何日目ですか。整数で答えなさい。

問五　次の文章は、本文を読んだ生徒の会話である。これを読んで、(1)～(3)の設問に答えなさい。

生徒A　親のもとにお金を持ってきた［X］って、一体誰なんだろう。
生徒B　この人たちが持ってきたお金が濡れていたのも何でだろうね。
生徒C　このお話の結末を読むと、親のもとにお金を持ってきたのは亀だったんだね。
生徒A　そうすると、［X］の正体は亀だったんだ。じゃあ子供が買った亀は全部で五匹だったのかなあ。
生徒C　『今昔物語集』にもこれとほぼ同じ話が載ってるって先生が言っていたから見つけて読んでみたけど、そこでは亀は五匹って書かれていたよ。
生徒A　ところで、なぜ亀は川の中のお金を拾って持ってきたんだろう。
生徒B　それは亀が［　　　Y　　　］したかったからじゃないかな。子供が「亀売りつる人」から亀を買わなければ、亀は殺されていただろうし。
生徒C　そして、人間たちに怪しまれないようにするために、人間に変身して来たんだね。
生徒A　この話のように、動物が何かに変身する話は、昔話にもよくあるよね。例えば、［Z］とか。
生徒B　昔の人は、動物が人間に変身することがあるって信じている人が多かったのかもしれないね。

(1)　空欄［X］に当てはまる語句を本文中から7字で書き抜きなさい。

(2)　空欄［Y］に当てはまる内容を考えて答えなさい。

(3)　空欄［Z］に当てはまる昔話を次から選び、記号で答えなさい。

ア　浦島太郎　　イ　さるかに合戦（さるかにばなし）　　ウ　舌切りすずめ　　エ　鶴の恩返し

3　「やみぬれば」

ア　逃がしてしまったのだから　　イ　使い果たしてしまったのだから
ウ　病気になってしまったのだから　　エ　商売を辞めさせてしまったのだから

問　三　傍線部4「ゐて」、5「いふやう」の読み方を現代仮名づかいで答えなさい。

問　四　傍線部6「さる事」とはどのようなことか。その内容として適するものを次から選び、記号で答えなさい。

ア　親から預かったお金をそのまま家に送り返したこと。
イ　宝を買わないで親に言い訳をしようと考えていたこと。
ウ　舟に乗せられている亀を買い取って川に逃がしたこと。
エ　お使いの道中で黒い服を着た人たちにお金を渡したこと。

きたる人、同じやうなるが五人、おのおの《それぞれ》十貫づつ持ちて来たりつる。これ、そなる《これが、そうだ》」とて7見せければ、この銭いまだ濡れながらあり《まだ濡れたままである》。

はや《なんと》、買ひて放しつる亀の、その銭川に落ち入るを見て、取り持ちて、親のもとに子の帰らぬさきに《子供が帰るよりも前に》やりけるなり。

（『宇治拾遺物語』による）

※天竺（てんぢく）……インドの古称。

問一　傍線部1「問へ」、7「見せ」の主語として適するものをそれぞれ次から選び、記号で答えなさい。

ア　親　イ　亀　ウ　子　エ　亀売りつる人

問二　傍線部2「あながちに手を摺りて」、3「やみぬれば」の内容として適するものをそれぞれ選び、記号で答えなさい。

2　「あながちに手を摺りて」

ア　地道に何日も通って　イ　一生懸命に頼み込んで

ウ　強引に亀を奪い取って　エ　無理やりにお金を渡して

四 次の文章を読んで、あとの問いに答えなさい。

昔、天竺※の人、宝を買はんために、銭五十貫を子に持たせてやる。（宝を買うために銭五十貫を子に持たせてやった。）大きなる川の端を行くに、舟に乗りたる人あり。（その子が大きな川のほとりを通っていくと、舟に乗っている人がいる）舟の方を見やれば、舟より亀、首をさし出だしたり。（首を差し出している）銭持ちたる人立ち止《どま》りて、この亀をば、「何の料《れう》ぞ」（どうするのですか）と[1]問へば、「殺して物にせんずる」（あることに使おうとしているのだ）といふ。「その亀買はん」といへば、この舟の人曰《いは》く、いみじき大切の事ありて設けたる亀なれば、（とても大事なことがあって用意した亀だから）いみじき価《あたひ》なりとも（どんなに高い値段でも）売るまじき由《よし》をいへば、なほ[2]あながちに手を摺《す》りて、この五十貫の銭にて亀を買ひ取りて放ちつ。

心に思ふやう、「親の、宝買ひに隣の国へやりつる銭を、亀にかへて[3]やみぬれば、親、いかに腹立ち給はんずらん」（どれほどお怒りになるだろう）。さりとてまた、（かといって）親のもとへ行かであるべきにあらねば、（行かないわけにはいかないので）親のもとへ帰り行くに、道に人の[4]ゐていふやう、「ここに亀売りつる人は、この下の渡《わたり》にて舟打ち返して死ぬ」（ここで亀を売っていた人は、この下流の渡し場で舟がひっくり返って死んだ）と語るを聞きて、親の家に帰り行きて、銭は亀にかへつる由語らんと思ふ程に、親の[5]いふやう、「何とて（どうして）この銭をば返しおこせたるぞ」と問へば、子のいふ、「[6]さる事（そのようなこと）なし。その銭にては、しかじか亀にかへてゆるしつれば、（放したので）その由を申さんとて参りつるなり」といへば、親のいふやう、「黒き衣

問　三　傍線部３「無菌室」とあるが、この表現に関する説明として適するものを次から選び、記号で答えなさい。

ア　清潔で安全だが、学生ではない人たちと関わる機会の乏しい環境を表した直喩（明喩）。
イ　近代的で衛生的だが、さまざまな病気への免疫がつきにくい環境を表した直喩（明喩）。
ウ　理想的な学びの場だが、高齢者たちの現実を知ることはほとんどない環境を表した隠喩（暗喩）。
エ　トラブルに巻き込まれることは少ないが、人と深く関わる経験も少ない環境を表した隠喩（暗喩）。

問　四　傍線部４「わたしたちは急速に打ち解けていった」とあるが、このときの「わたし」の気持ちの説明として適するものを次から選び、記号で答えなさい。

ア　自分と同じように地方からきた「女の子」たちが、相手に気まずい思いをさせまいとしていることを知って安心するとともに、親友になれそうな人と出会えて嬉しく思う気持ち。
イ　自分と同じようにこの大学に入る意志の強い「女の子」たちが、実は不安に打ち勝とうとしていることを知って安心するとともに、優しい人たちとつながれたことを嬉しく思う気持ち。
ウ　自分と同じように初めての入試に緊張していた「女の子」たちが、エレガントに問題を解けたことを知って安心するとともに、数学を究めようとする同志に出会えて嬉しく思う気持ち。
エ　自分と同じように理系の学部を受験した「女の子」たちが、お互いに気をつかっていたことを知って安心するとともに、初めて出会った他者とすぐにつながれたことを嬉しく思う気持ち。

問　五　傍線部５「似たような光景」とあるが、どのような「光景」か、説明しなさい。

囲の男の子たちの顰蹙《ひんしゅく》をかった。

わたしたちの緊張が解けても、外では雪がまだちらついていた。曇った窓を手でこすると指がぐっしょり濡れて水が手首まで滴《したた》る。小さく拭《ぬぐ》った穴の向こうに象牙《ぞうげ》色の建物が見える。そこでも曇った窓硝子《ガラス》の向こうに、多分受ける学部が違うのだろうが、似たような光景があるのだろう。

　向いの棟との間には何があるのか何もないのか、雪が一面に積もっていて見えなかった。足跡で荒らされていないところを見ると試験が始まってからさらに積もったのだ。銀世界というには足りないその空間にひとりぽつんと立っているひとがあった。毛糸の帽子をかぶり、膝ぐらいまである白いセーターをだぶっと着ている。おそろしく細身のジーンズを穿《は》いた性別の知れない人影はじっと動かなかった。淋《さび》しそうだ、とわたしは思った。

（松村栄子『僕はかぐや姫／至高聖所《アバトーン》』による）

問一　傍線部１「この町」とあるが、どのような特徴を持った「町」か。本文中から15字で書き抜きなさい。

問二　傍線部２「皆ぎょっとして振り返ったものだ」とあるが、その理由として適するものを次から選び、記号で答えなさい。

ア　この町に響く大きな声は老人たちのものばかりなので、その孫の声がするとは誰も思っていないから。

イ　この町の住人の多くが若い学生たちなので、小さな赤ん坊の泣き声を聞くことに誰も慣れていないから。

ウ　この町の住人のほとんどが学生と老人たちなので、町のなかに赤ん坊がいるとは誰も思っていないから。

エ　この町で聞こえるのは学生たちの元気な声ばかりなので、泣き声を耳にすることに誰も慣れていないから。

どれだけの青年が棲息《せいそく》しているのかは知らないが、新陳代謝の活発な彼らの体臭も汗も、遮《さえぎ》るもののないこの広い空間ではたちどころに乾いた風が吹きさらっていく。3無菌室と揶揄《やゆ》されることもしばしばで、しごくもっともな命名だとわたしは思う。

受験のためにここへやってくるまで、わたしにはとりたてて志望校というようなものはなかった。進学しない予定だったので、日本のどこにどういう大学がありそれぞれにどのような特徴があるのか、そういったことに無知だった。そのころのわたしには東京六大学をあげることもできなかったろう。状況が急に変わってにわかに受験生になったとき、志望校は第一希望から第三希望まで偏差値に従って先生が決めてくれた。ここは新構想大学なのだそうだが、古い構想を知らないわたしにはどうでもいいことだった。

けれども、すべてを白紙に返してしまうような真っ白な雪の積もった日、初めてここを訪れたわたしは突然どうしてもここで暮らしたくなった。四年間と言わず一生ここにいてもいいと思った。それほどにわたしを惹きつけた魅力とはいったい何だったのだろう。真っ白な雪の積もった日だった。さらさらと答案用紙の上を滑る鉛筆の音がとてもよく似合うしんとした雪の日だった。

理系の学部だったせいか、受験生は真面目そうな男子ばかりで、Ｆ２２５という教室にはわたし以外に女の子がふたりしかいなかった。数学の試験が終って昼食の時間になったとき、そのふたりがやってきて一緒にお弁当を食べましょうと誘った。苦手な証明問題がいつになくエレガントに解けて気をよくしていたわたしは、かなり愛想のよい返事をしたと思う。北海道から来た色白で細面《ほそおもて》の子と鹿児島から来た眉の濃いふっくらとした子だ。なるほど風土というのはこのように人間の造形に関与するものなのだと思いながらわたしも同じように自己紹介をした。

椅子《いす》を寄せ合ってわたしたちはおのおの昼食の包みを開き、ぎこちない笑みを浮かべながら他愛《たあい》ない話をした。とりあえずこの場だけあたりさわりのない話で時間が過ぎればそれでいい。将来にかける意気込みなどを聞いたあとでその子が落ちれば気まずいだけだ。互いにそんな気持ちだったと思う。互いにそうだったから、そうとわかった時点で4わたしたちは急速に打ち解けていった。

鹿児島の子が今朝《けさ》寝坊をして送迎バスの発車を遅らせた話をし、北海道の子はウェットティッシュで手を拭《ふ》きながらホテルの奇妙なフロントマンの物まねをしてみせた。なぜそんなにおかしかったのかわからないが、わたしたちは昼休みの間中発作《ほっさ》のように笑い転げて周

三 次の文章は松村栄子氏の小説「至高聖所《アバトーン》」の冒頭部分である。これを読んで、あとの問いに答えなさい。

たとえばある町がひとつの巨大企業によって作られてしまうように、ひとつの大学によって作られた町もある。走るものといえばトラクターと軽四輪しかない農村に、あるとき突然片側三車線の道路が敷かれ、近代的な建物がぽつんと出現する。ゴルフ場やレジャーランドならともかく、国の未来を担う教育や研究機関が造られるのなら文句を言う筋合いではない。農家の人々は田畑を削り、今に若者が大挙してやってきてこの村も活気づくだろうと笑いながら、残された土地を耕して待っている。

やがて学生たちがやってくる。まだまだ幼いはずのわが子をいきなりあの派手で危険な東京にひとりではやりたくない親たちは、素朴な土地のイメージと先進的な施設に惹《ひ》かれ喜んで息子や娘を1この町に送り出す。学生が来れば彼らの生活に必要な店ができる。建築家たちは面白がって奇矯《ききょう》な建物を勝手気儘《きまま》に建てていく。何年か前にこの町もそうやってできた。

こういった町では行政区分というものはあまり意味を持たない。できあがったのは町でもなく村でもなくひとつのコロニーだった。ここには一定の年齢層の人間しか住んでいない。学生と老人。人生の中心となる時期を生きているひとは誰もいない。強《し》いて言えば、教員、事務員といった人々がいるにはいた。だが彼らは俗世を逃れてここへやってきた隠士のようにひっそりと暮らしていて、生々しい臭いを放つことは決してなかった。

老人たちは学内の清掃、管理のために地元から雇われた人々で、無視するには数の上で多すぎたし常に集団で存在していた。第一その真面目《まじめ》な仕事ぶりのおかげで学内は常に清潔だったから、ゴミの不在すら彼らの存在証明だ。しかし学生と老人たちは共棲《きょうせい》しているわけではない。棲《す》み分けている。同じ空間にいてもやはり棲み分けている。

老人たちはいつも学生たちには聞き取りにくい言語でたがいにぼそぼそと語り合っていた。ときおり何かの加減で怒鳴っている老人もいる。その言葉は学生たちの言語とは決して噛《か》み合わず触れ合うことなくすれ違う。何か大きな音がしたといった反応しか学生は示さない。むしろ、何かの間違いで赤ん坊の泣き声などがすると、2皆ぎょっとして振り返ったものだ。宇宙人に出くわすほうがまだ驚きも少なかった。

問三　空欄Xに当てはまる語句を、〈文章Ⅰ〉中から12字で書き抜きなさい。句読点や記号も字数に含む。

問四　傍線部3「これが、ものを作る醍醐味でもある」の説明として適するものを次から選び、記号で答えなさい。

ア　対象物の姿形を立体的にとらえることが、ものを作る上では重要であるということ。
イ　対象物の特徴や仕組みなどを理解することが、ものを作る面白さであるということ。
ウ　対象物の小さな欠点にも気がつけることが、ものを作る上では大切であるということ。
エ　対象物の外からは見えない内側を予想することが、ものを作る楽しさであるということ。

問五　空欄A・B・C・D・Eに当てはまる語句をそれぞれ次から選び、記号で答えなさい。同じ記号を何度用いてもよい。

ア　「オリジナリティ」　　イ　「アウトプット」　　ウ　「インプット」

問六　傍線部4「写真を撮ることも、一種の『作る』行為である」を説明した次の文の空欄に適する内容を指定された字数内で解答欄に答えなさい。

写真を撮影するときは、シャッタを押すまでに、まず、何を［㋐　5字以上～10字以内］。その後も出来上がった写真を想像しながら［㋑　15字以上～20字以内］を撮るために試行錯誤する。以上の点で写真撮影も「作る」行為であると言える。

問七　傍線部5「作ることで得られる貴重なセンスの一つ」とは、この場合どういうことを言っているのか。解答欄に合うように説明しなさい。

れを経験しているからだ。

どんな工作であっても、大切なのは、それを「楽しむ」ことであり、そのプロセスで自分自身の変化を「喜ぶ」ことだと思う。出来上がっていくものが素晴らしい自信作になりそうなときも、あるいは失敗作に近いぎりぎりのものであっても、楽しむことでは、自分が得るものでは、大差がないと考えるべきである。

そう考えられるようになることこそがまた、5作ることで得られる貴重なセンスの一つでもある。

※ペーパ・クラフト……「ペーパー・クラフト」。紙で作った立体模型のこと。
※シャッタ…………カメラの「シャッター」のこと。
※ファインダ…………「ファインダー」。カメラに取り付けられているのぞき窓のこと。

問一　傍線部1「これ」が指し示す内容を、35字程度で答えなさい。

問二　傍線部2「何かと注文をつけ（る）」とはどういうことか。適するものを次から選び、記号で答えなさい。

ア　常に反する意見を突きつけてくること。
イ　納得するまで何度も質問してくること。
ウ　あれこれと自分の望みを言ってくること。
エ　どのような要望も聞き入れてくれること。

そして、作り手のオリジナリティは、この処理体験の蓄積でさらに成長するのである。

◇工作のセンスの広がり

「ものを作る」ことが、けっして狭い範囲ではないことをもう一度確認しておきたい。たとえば、4写真を撮《と》ることも、一種の「作る」行為である。カメラという道具を使って、現実から切り取られた「静止画」を作っている。※シャッタを押すまえに、何を撮ろうかと探しているし、対象が決まったあとも、完成品を想定し、少しでも絵になるものを、わかりやすいものを、綺麗《きれい》なものを、という処理をして※ファインダを覗《のぞ》く。手を動かすという意味での作業量が非常に少ないだけだ。作業は、カメラを構えシャッタを指で押すだけ、ほんの一瞬で終わってしまう。これは、「工作」と呼ぶにはいかにも相応《ふさわ》しくない、と思われるかもしれない。しかし、このような自動化は、工具の進歩によって既に広い分野で起こっている。

労力をかけた方が良い、とは必ずしも考えていない。作業が楽になることは、技術者にとって素直に嬉しい。自分の意志のとおりに作業ができることが重要であり、完全な自動化では人が作る意味がなくなってしまうけれど、多くの場合、必ず操作（あるいは選択）が可能なようにできているものだ。

料理を作ることも工作だと思う。完成作品はたちまち消費されてしまう、という点が少々特異なだけである。ファッションも、工作的な要素が多分にある。組合せを選んでいるだけではパソコンの自作に近いけれど、たとえば、本来とは違った使用法（帽子を鞄に使うとか）など、ユニークなアイデアは工作に近いだろう。

ガーデニングや家庭菜園も工作の一種だと考えることができる。これは、植物が対象になる。であれば、動物ならばどうか。ペットを育てることは工作だろうか。もしそれが工作なら、人間の子供の場合はどうか。子育ても工作だろうか。さらには、会社などで人を育てることも工作だろうか。

このように、どんどん思考が飛躍する。こういった飛躍は歓迎すべきである。工作かどうかを決める必要はない。べつに工作の定義をすることが目的ではないし、しても意味はないだろう。ただ、工作のセンスが、いろいろなものに活かせることは、大いにありえる。僕自身、そ

っても、一番早くゴールした人間が勝つ。気持ち良く走れたかどうかは、個人の趣味の問題であって、記録には無関係だ。

一般に、仕事というのは、頼みやすい人へ流れる傾向にある。個々の部署の担当者の多くは、総合的な品質に対する責任感が薄いので、自分が頼みやすい人に仕事を割り振ってしまう。文句を言う人間を敬遠する。文句を言う人が高い技術を持っていても、それを評価しない。

技術者の場合、文句を言う「難しい人」は、仕事に対して真剣な人である場合が多い。事実簡単ではないから、難しくなる。単純ではないから、注文（確認事項）が多くなるのである。ここにも、「[X]」という教訓がある。

〈文章Ⅱ〉

「とにかく作りなさい」ということだけが本書の主張である。まず、作る決心をすること。それから、何を作るのかを考えること。具体例を挙げるなら、技術的に簡単なのは、紙を切ってボンドで接着するだけの工作である。もちろん、それで何を作るのかは、自分で決めなければならない。※ペーパ・クラフトの本や、あるいは切り抜きになっているキット本を購入しても良いけれど、それはあくまでも練習であって、オリジナルのものを一から作ることに比べると、得られるものははるかに少ない。比率でいえば100分の1にもならないだろう。

自分でなにかを作ろうと考えると、その対象に向かう観察眼が芽生《めば》える。作るためのプロセスを頭に描くようになる。これらは、作ることがない生活では、ほとんど死んでいたセンスである。ものを見ているようで見ていなかったことに、きっと気づくはずだ。このことは、絵を描く習慣のある人ならば知っているかもしれない。しかし、絵は一視点からの映像である。実物は立体であり、あるものは動く。すべてのものは変化する。どう変化するのかを知らなければ、それを作ることはできない。3これが、ものを作る醍醐味《だいごみ》でもある。

組立て説明書や設計図がさきにあって、それに基づいて作らされている状態では、まず情報が頭の中に入ってくる。これは[A]だ。ところが、作ることは、自分の頭の中にあるものを外へ出すアウトプットである。キットの組立てというのは、一度[B]したものを[C]する作業になる。また、オリジナルのものを作る場合には、[D]とアウトプットとの間に、膨大《ぼうだい》な処理が必要であるし、そもそもインプットするものを探し、選び、そして整理することから必要になる。これを処理する過程で、作り手の[E]が表れ、作られたものの価値が生まれる。

二　次の文章Ⅰ・Ⅱはともに、森博嗣氏の『創るセンス 工作の思考』の文章である。これを読んで、あとの問いに答えなさい。

〈文章Ⅰ〉

◇単純化しない

どうすれば、技術のセンスが育てられるか。子供に対すること、つまり将来の日本といった観点からは離れ、自分自身に目を向けて、もう少し考えてみたい。

表面的な話をすれば、とにかく作る時間を持つことが一番大切である。実は、あらゆる環境条件の中で、時間が最も手に入りにくい。ただ、時間が確保できても、単なるルーチンワークになってしまっては意味がない。短い時間を有効に使うために、「毎日が新しい挑戦である」といった姿勢でいることが必要だ。大袈裟《おおげさ》かもしれないが、そういう気持ちで臨むと効果がある。頭ではわかっていても、1これはなかなかに難しい。自分をどうやって鼓舞《こぶ》すれば良いか、という問題は、いろいろな方面で「人の生き方」「成功の方法」といったタイトルになって語られ続けているテーマだ。

抽象的な言葉なら書いたり話したりできる。感動的な言葉を並べることだって簡単だ。しかし、現実の人生も、現実の工作も、はるかに多種で、複雑で、言葉とはまったく反対といっても良いくらいである。結局、「言葉にまとめられるもの」ではない。そんな単純なものではない。言葉にして納得することは、諦めるよりは多少ましかもしれないけれど、ほとんど同じだといっても過言ではない。それこそ、委員会がまとめる報告書がその典型である。だから逆に、自分に常に言い聞かせる必要がある、「まとめるな、単純化するな」と。

そういった意味で連想することがある。よく「あの人は難しいから」と言われて敬遠される人物がいる。2なにかと注文をつけたりして簡単に動いてくれない、そういう人にはものを頼みにくい。「はいはい、いいですよ」と笑顔で引き受けてくれる人は、いわゆる「良い人」っぽく見えるから、商売ならこういう「良い人」が贔屓《ひいき》にされるだろう。営業の人たちは文系が多いからなのか、このように「気持ち良く頼める」関係を大事にしているようだ。ときには、それが最優先になっている。

ところが、技術系のフィールドでは、明らかにそうではない。接する人間がどんな表情でいるかは問題ではない。作られるものの品質こそが評価の対象だ。そうなるのは、そこに明らかな価値の差が表れる世界だからである。スポーツにたとえても良いだろう。どんな顔をして走

問二　次の1～3には間違って使われている同じ読みの漢字が一字ある。誤っている漢字を指摘し、正しい漢字に改めなさい。

1　誕生日会の創飾に趣向を凝らす。
2　会議で非難訓練の実施日を検討する。
3　入社式で社長の構話を聞いて労働意欲が増した。

問三　次の1～5の熟語の構成を正しく説明したものを、あとの選択肢から選び、記号で答えなさい。

1　美人　　2　壮大　　3　未満　　4　挑戦　　5　断続

ア　同じような意味の漢字を重ねたもの
イ　反対または対応の意味を表す字を重ねたもの
ウ　上の字が下の字を修飾しているもの
エ　下の字が上の字の目的語・補語になっているもの
オ　上の字が下の字の意味を打ち消しているもの

二〇二三年度 保善高等学校

【国 語】（五〇分）〈満点：一〇〇点〉

一 次の設問に答えなさい。

問 一 次の1～10の傍線部について、漢字の読みをひらがなで答えなさい。また、カタカナを漢字に直しなさい。

1 神社の境内で待ち合わせる。

2 昨年の大会の雪辱を果たす。

3 稚拙な表現を指摘される。

4 子どもの笑顔を見て和む。

5 会場に荷物をハンニュウする。

6 電子メールに写真をテンプする。

7 湖面にキリがかかる。

8 シンセイ書類に必要事項を記入する。

9 危機イッパツで難を逃れた。

10 スマートフォンのフキュウ率は非常に高い。

英語解答

1 A　Q1…B　Q2…C
B　問1…B　問2…C　問3…A
問4…A

2 A　1…ウ　2…ア　3…エ　4…ウ
B　1　summer　2　rabbit
3　present

3 A　1　for me　2　It takes
3　on, wall
B　1　I will give you some
2　tell her where you live
3　The animal which runs the fastest
C　1　am glad to see you
2　is enjoyed by many people in the world
3　is two years younger than Tom

4 問1　①…4　②　カウンター
③　パスポート　④…3
⑤　ゲート
問2　ア→ウ→エ→イ
問3　1…ウ　2…F　3…4
4　15：45　5　21：10

5 問1　you are very short
問2　many people who had a hearing disability became
問3　イ
問4　(a)　右手を挙げて
(b)　左手を挙げる
問5　1　Because, caught serious disease
2　No, didn't
3　opened his, shoe shop
4　for fifteen years
5　umpires' gestures

1〔放送問題〕解説省略

2〔文法総合〕

A＜適語(句)選択・語形変化＞1．'特定の日の朝，昼，夜'などにつく前置詞はon。　「私たちは日曜日の朝に旅行に行った」　2．the church以下が「昨年建てられた教会」となればよい。「～された」を表すのは過去分詞。built last yearが前の名詞the churchを修飾する過去分詞の形容詞的用法。　build－built－built　「あなたは昨年建てられた教会を覚えていますか」　3．look forward to ～ing「～するのを楽しみに待つ」　「あなたに会えるのを楽しみにしています」　4．milkは'数えられない名詞'。a fewとfewは'数えられる名詞'に使うので不適。また，肯定文で使われるanyは「どんな～でも」という意味になるので，これも不適。ここでのlittleは「(量が)ほとんどない」という意味。　「グラスには牛乳はほとんど入っていない」

B＜単語の定義＞1．「一年で最も暖かく，春と秋の間に来る季節」－「夏」　2．「長い耳と短い尾を持つ小動物で，地中の穴の中に住んでいる」－「ウサギ」　3．「誰かに贈り物としてあげる物」－「プレゼント」

3〔作文総合〕

A＜和文英訳―適語補充＞1．'It is ～ for … to ―'「…が〔…にとって〕―するのは～だ」の文。「私にとって」をfor meと表す。　2．'It takes＋時間＋from ～ to …'「～から…まで〈時間〉がかかる」の形にする。　3.「壁にかかっている」は，物に接していることを表す前置詞の on を使って on the wall と表せる。

B＜**整序結合**＞1.「少しあげる」は，‘give＋人＋物’の形で表す。I will give で始め，‘人’は you，‘物’は some「少し(の水)」とする。　2.「彼女に伝える」は‘tell＋人＋物事’「〈人〉に〈物事〉を伝える」の形で表せる。Can I tell の後に‘人’(＝her)を置く。‘物事’に当たる「君がどこに住んでいるか」は間接疑問‘疑問詞＋主語＋動詞’の形で表す。‘疑問詞’は where，‘主語’は you，‘動詞’は live となる。　3.「動物は，チーターです」→The animal is the cheetah. が文の骨組み。「地上で一番速く走る」は，which を主格の関係代名詞として用いて which runs the fastest on land と表して animal の直後に置く。

C＜**和文英訳―完全記述**＞1.「うれしいです」は I am glad と表せる。「お会いできて」は‘感情の原因’を表す to不定詞を用いて to see you と表せばよい。　2.「柔道は楽しまれています」は‘be動詞＋過去分詞’の受け身形で Judo is enjoyed と表せる。「世界中の多くの人によって」は by を「～によって」の意味の前置詞として用いて by many people in the world とする。「多くの」は a lot of，「世界中の」は around the world などでもよい。　3.比較級の文で，具体的な‘差’を示すときには比較級の前に置いて表すので，「～より2歳若い」は is two years younger than ～ と表せる。または，‘差’を表す前置詞の by ～ を文末に置いて is younger than Tom by two years としてもよい。

4〔**読解総合―表を見て答える問題**〕

≪**全訳**≫フライト情報(出発)／本日便：2023年2月12日／時間帯：15時～18時

出発時刻	時間変更	目的地	便名	チェックインカウンター	ゲート	状況	飛行時間
15時		ソウル／韓国	KAL368	A	3	定刻	3時間40分
15時10分		北京／中国	CNA531	B	15	定刻	3時間00分
15時30分	15時40分	バンクーバー／カナダ	CA2504	C	6	時間変更	14時間40分
15時50分		ドーハ／カタール	QA21	D	2	定刻	6時間20分
16時		成田／日本	JNA126	E	18	定刻	4時間00分
16時20分	17時10分	シンガポール／シンガポール	SGA381	F	7	時間変更	2時間10分
16時40分		ハノイ／ベトナム	VNAL837	G	11	定刻	1時間50分
17時		サンフランシスコ／アメリカ合衆国	PAL964	A	9	定刻	12時間20分
17時10分	欠航	メキシコシティ／メキシコ	MA406	B	17	欠航	11時間40分
17時30分	18時	マドリード／スペイン	SSL309	C	5	時間変更	9時間30分
17時50分		シドニー／オーストラリア	AGL782	D	10	定刻	5時間10分
18時	18時40分	バンコク／タイ	THA309	E	1	時間変更	2時間30分

搭乗手続き／1．ご出発のために空港に到着したら，4階のチェックインカウンターまでお越しください。／2．チェックインカウンターでパスポートと航空券をご提示の上，搭乗券をお受け取りください。／3．セキュリティチェックをお受けください：全ての手荷物を検査機に通し，ボディーチェックのためボディースキャナーを通過してください。／4．セキュリティチェックの後，3階の搭乗

ゲートまでお越しください。／5．搭乗ゲートに着きましたら，係員に搭乗券をお見せください。／6．搭乗ゲートは出発時刻の15分前に閉まります。

問1＜要旨把握＞①・②「搭乗手続き」の1参照。　counter「カウンター」　③「搭乗手続き」の2参照。　passport「パスポート」　④・⑤「搭乗手続き」の4参照。　gate「ゲート」

問2＜要旨把握＞表の Destination「目的地」と Flights Time「飛行時間」の欄参照。Vancouver「バンクーバー」は14時間40分，Beijing「北京」は3時間00分，Doha「ドーハ」は6時間20分，Sydney「シドニー」は5時間10分である。

問3＜英問英答＞1．「以下の便のうち欠航になったものはどれか。記号(ア～エ)を書きなさい」―ウ．「MA406」　cancel「～を取り消す，～を中止する」　**2**．「シンガポール行きの便に乗りたい場合，どのチェックインカウンターに行けばよいか。カウンターの記号(A～G)を書きなさい」―「F」　表の Singapore「シンガポール」の Check-In Counter「チェックインカウンター」の欄参照。　**3**．「この時間帯で出発時刻が変更になった便は全部でいくつあるか。数字を書きなさい」―「4」　表の Status「状況」の欄が NEW TIME「時間変更」となっている便は全部で4つある。　**4**．「成田行きの便の搭乗ゲートが閉まるのは何時か。『○○：○○』の形で時刻を書きなさい」―「15：45」　表によると成田行きの便の出発時刻は16時00分。「搭乗手続き」の6に，搭乗ゲートは出発時刻の15分前に閉まるとある。　**5**．「THA309便がバンコクに着くのはこの空港の時間で何時になるか。『○○：○○』の形で時刻を書きなさい」―「21：10」　表によると，バンコク行きの便の変更後の出発時間は18時40分で，フライト時間は2時間30分である。

5〔長文読解総合―伝記〕

≪全訳≫❶ウィリアム・ホイは1862年5月23日にオハイオ州ハンコック群で生まれた。彼の両親はその町に農場を持っていた。彼には3人の兄弟と1人の姉妹がいた。3歳のとき，彼は髄膜炎という重病にかかった。そのせいで，ウィリアムは耳が聞こえず，話すこともできなかった。彼はジェスチャーを用いたりメモを書いたりして他の人たちと意思疎通した。**❷**ウィリアムは1872年にオハイオ州立ろう学校に入学した。彼は野球が大好きだったので，学校の野球部に入部した。彼は学業でもクラブ活動でも成績がよかった。ある日，チームのキャプテンが彼に「君は優秀な選手なんだが，背がとても低いね，だから…」と言った。ウィリアムはそれらの言葉を気にせず，チームのレギュラー選手になるために，ほぼ毎日野球の練習をした。しかしながら，そうなることはできなかった。彼は非常に聡明で勤勉だったので，1879年には高等部の卒業生総代として卒業した。**❸**当時，聴覚障害を持つ人たちの多くは靴職人か靴修理職人になった。ウィリアムは卒業後，ある靴屋で靴修理職人として働き始めた。20代で，彼は自分の靴屋を開店した。彼はよく自分の店の外で地元の子どもたちと一緒に野球をした。**❹**ある日，ある男性がウィリアムが野球をしているところを見かけた。彼はウィリアムのプレーに感銘を受けたが，ウィリアムが耳が聞こえないということに気がつくと，その人はそのまま行ってしまった。ところが，その男性は翌日戻ってきてウィリアムにメモを書き，それには「プロの野球チームでプレーすることに興味はありますか」と書いてあった。ウィリアムはその誘いを受けた。**❺**彼は1886年にウィスコンシン州オシュコシュにあるマイナーリーグの野球チームに入った。あるとき試合中に，彼はバッターボックスに立っていた。ピッチャーがボールを投げ，審判が「ストライク！」と叫んだ。当時，審判はジェスチャーをせず，「ストライク」や「ボール」と叫ぶだけだった。ウィリアムは審判の声が聞こえず，それで彼は困ってしまった。❻そこで彼は絵を描いて審判たちにあるアイデアを提案することにした。それらの絵は，審判は「ストライク」と叫ぶときは右手を挙げ，「ボール」と叫ぶときは左手を挙げてはどうかということを示していた。審判がそういうジェスチャーをすれば，耳の聞こえない選手はその投球がストライクなのかボールなのかをたやすく理解することができる。審判たちは彼のアイデアに大変興味を持った。その後，審判たちはストライクとボールをジェスチャーで示すようになり，さらにセーフとアウトを表す手のジェスチャーもするようになった。❼1888年に，ウィリアムはワシントンD.C.にあるワシントンナショナルズに入り，メジャーリーグでのキャリアが始まった。彼は1902年までさまざまな有名チームでメジャーリーガーとしてプレーした。彼は最も偉大なメジャーリーグの野球選手の１人である。❽ウィリアム・ホイのおかげで，現在我々はプレーするときの野球選手だけでなく，審判のジェスチャーも楽しむことができるのである。

問１＜指示語＞ウィリアムはそれらの言葉を気にせず練習に励んだとあるので，その言葉とはキャプテンから言われたyou are very short「君はとても背が低い」という自分の体格上の欠点を指摘する言葉だとわかる。　care about ～「～を気にかける」

問２＜整序結合＞この後，ウィリアムが靴修理職人になったとあることから，聴覚障害のある人の多くは靴職人や靴修理職人になった，という文意だと推測できる。many people became shoemakers or shoe repairers「多くの人々は靴職人か靴修理職人になった」を文の骨組みとする。残りはwho を主格の関係代名詞として用いて who had a hearing disability「聴覚障害を持った」とまとめ，many people の後ろに置いて修飾する。

問３＜適語句選択＞前日は見るだけで何もせずに立ち去ったが，この後に続く内容から，男は翌日に「戻ってきて」，ウィリアムにメモを渡したのだと考えらえる。　come back「戻る」

問４＜語句解釈＞この後に，ウィリアムが絵を描いて説明したアイデアの内容が述べられている。ストライクの場合には raise their right hand「右手を挙げ」，ボールの場合には raise their left hand「左手を挙げる」ことで，審判の声が聞こえない選手も判定を目で見てわかるようにするというアイデアである。

問５＜英問英答―適語(句)補充＞１．「なぜウィリアム・ホイは聞いたり話したりできなかったのか」―「重病にかかったから」　第１段落第４，５文参照。　because of ～「～が原因で」　２．「ウィリアム・ホイは学校の野球部でレギュラー選手になったか」―「いいえ，なっていない」　第２段落第５，６文参照。　３．「20代の頃，ウィリアム・ホイは何をしたか」―「自分の靴屋を開いた」　第３段落第３文参照。　４．「ウィリアム・ホイはどのくらいの間，メジャーリーガーとして野球をしたか」―「彼はメジャーリーガーとして15年間野球をした」　第７段落第１，２文参照。1888年から1902年までの15年間。　５．「ウィリアム・ホイのアイデアのおかげで，我々は何を楽しむことができるか」―「審判のジェスチャーを楽しむことができる」　最終段落参照。

数学解答

1 (1) $\frac{2}{35}$　(2) $\sqrt{5}$　(3) $2a+3$

(4) $(x+10)(x-2)$　(5) $x=3$

(6) $x=4$，$y=3$　(7) $x=\frac{3\pm\sqrt{41}}{4}$

(8) 30　(9) $\frac{1}{2}$

(10)

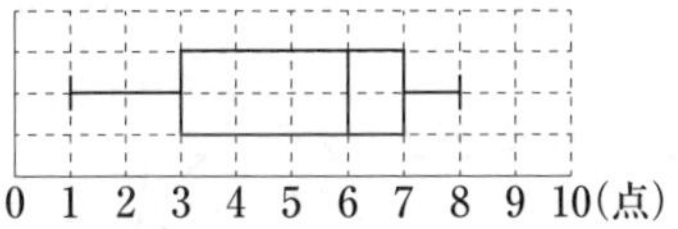

(11) (例)

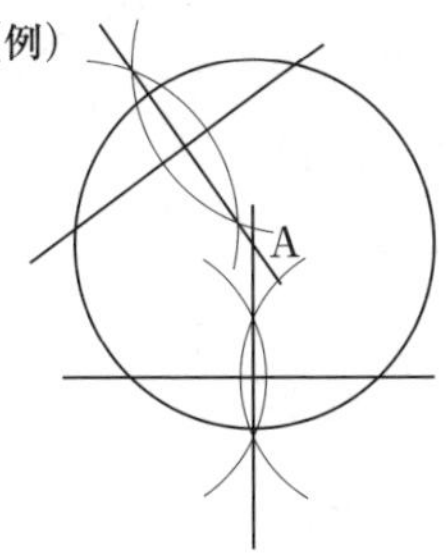

2 (1) 4　(2) -3

(3) $y=-x+6$

3 (1) 30°　(2) $6\sqrt{3}$cm

(3) $18\sqrt{3}\text{cm}^2$

4 (例)△ACEと△DCBにおいて，△ACDは正三角形だから，AC＝DC……①　△CBEは正三角形だから，CE＝CB……②　∠ACD＝∠BCE＝60°……③　③より，∠ACE＝∠ACD＋∠DCE＝60°＋∠DCE……④，∠DCB＝∠BCE＋∠DCE＝60°＋∠DCE……⑤　④，⑤より，∠ACE＝∠DCB……⑥　①，②，⑥より，2組の辺とその間の角がそれぞれ等しいので，△ACE≡△DCB

5 12日目

1 〔独立小問集合題〕

(1)＜数の計算＞与式＝$\frac{6}{5}-\frac{8}{7}=\frac{42}{35}-\frac{40}{35}=\frac{2}{35}$

(2)＜数の計算＞与式＝$\frac{10\times\sqrt{5}}{\sqrt{5}\times\sqrt{5}}-\sqrt{3^2\times5}+2\sqrt{5}=\frac{10\sqrt{5}}{5}-3\sqrt{5}+2\sqrt{5}=2\sqrt{5}-3\sqrt{5}+2\sqrt{5}=\sqrt{5}$

(3)＜式の計算＞与式＝$(a^2+4a+4)-(a^2+2a+1)=a^2+4a+4-a^2-2a-1=2a+3$

(4)＜式の計算―因数分解＞与式＝$x^2+\{10+(-2)\}x+10\times(-2)=(x+10)(x-2)$

(5)＜一次方程式＞$-8x+15=3x-15-3$，$-8x-3x=-15-3-15$，$-11x=-33$　$\therefore x=3$

(6)＜連立方程式＞$20x-23y=11$……①，$3x+y=15$……②とする。②×23より，$69x+23y=345$……②′　①＋②′より，$20x+69x=11+345$，$89x=356$　$\therefore x=4$　これを②に代入して，$3\times4+y=15$，$12+y=15$　$\therefore y=3$

(7)＜二次方程式＞解の公式より，$x=\frac{-(-3)\pm\sqrt{(-3)^2-4\times2\times(-4)}}{2\times2}=\frac{3\pm\sqrt{41}}{4}$となる。

(8)＜一次方程式の応用＞時速$x$kmで走る自動車は，1時間で$x$km走る。時速$2x+5$kmで走る自動車は，1時間で$2x+5$km走る。2台が同時に走り始めて1時間後の走行距離の差が35kmだから，$(2x+5)-x=35$が成り立つ。これを解くと，$2x+5-x=35$，$x=30$となる。

(9)＜確率―硬貨＞3枚の硬貨をA，B，Cとする。3枚の硬貨A，B，Cを同時に投げるとき，表，裏の出方は，それぞれ2通りより，全部で$2\times2\times2=8$(通り)ある。このうち，表の枚数が裏の枚数より多く出るのは，(A，B，C)＝(表，表，表)，(表，表，裏)，(表，裏，表)，(裏，表，表)の4通りある。よって，求める確率は$\frac{4}{8}=\frac{1}{2}$である。

(10)＜データの活用―箱ひげ図＞10人の生徒の小テストの得点を小さい順に並べると，1，1，3，4，

6，6，7，7，7，8となる。最小値は1点，最大値は8点である。また，中央値は5番目と6番目の値の平均値であり，5番目，6番目はともに6点だから，中央値は6点となる。第1四分位数は小さい方の5人の中央値だから，3番目の3点である。第3四分位数は大きい方の5人の中央値だから，5+3=8(番目)の7点である。解答参照。

(11)＜**平面図形―作図**＞右図で，円Aの周上に2点B，Cをとり，3点A，B，Cを結ぶと，△ABCはAB=ACの二等辺三角形となるから，点Aは，弦BCの垂直二等分線上の点となる。よって，点Aは，平行でない2つの弦の垂直二等分線の交点である。解答参照。

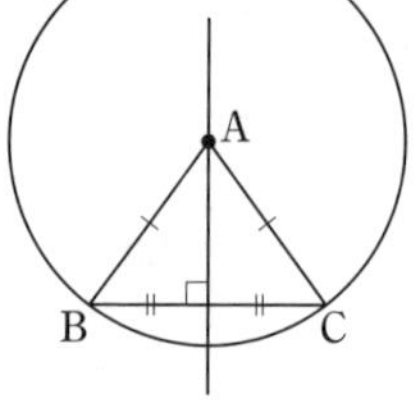

2 〔**関数―関数 $y=ax^2$ と一次関数のグラフ**〕

(1)＜**y 座標**＞右図で，点Aは関数 $y=x^2$ のグラフ上にあり，x 座標が2だから，y 座標は $y=2^2=4$ である。

(2)＜**x 座標**＞右図で，点Bは関数 $y=x^2$ のグラフ上にあり，y 座標が9だから，$9=x^2$ より，$x=\pm3$ となる。直線ABの傾きが負であることより，直線ABは右下がりの直線となるから，点Bの x 座標は負となる。よって，点Bの x 座標は -3 である。

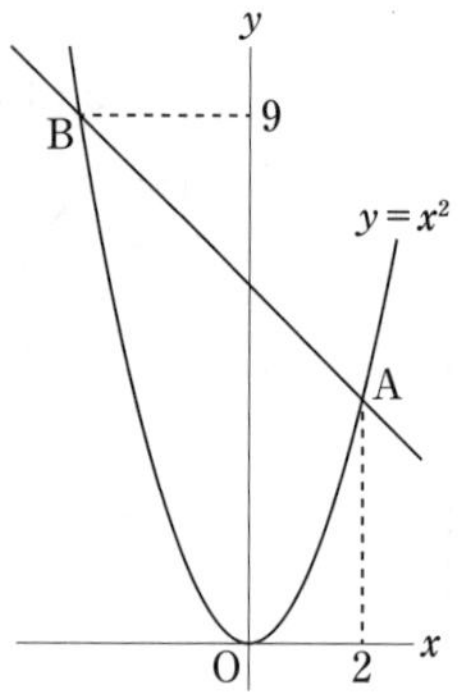

(3)＜**直線の式**＞右図で，(1)より A(2，4)，(2)より B(−3，9)である。これより，直線ABの傾きは $\frac{4-9}{2-(-3)}=-1$ だから，その式は $y=-x+b$ とおける。点Aを通るので，$4=-2+b$，$b=6$ となり，直線ABの式は $y=-x+6$ である。

3 〔**平面図形―円**〕

(1)＜**角度**＞右図で，2点O，Aを結ぶと，OA=OA，OB=OC，AB=ACより，△OAB≡△OACとなるので，$\angle BAO=\angle CAO=\frac{1}{2}\angle BAC$ である。$\overset{\frown}{BC}$ に対する円周角と中心角の関係より，$\angle BAC=\frac{1}{2}\angle BOC=\frac{1}{2}\times120°=60°$ だから，$\angle BAO=\frac{1}{2}\times60°=30°$ となる。△OABはOA=OBの二等辺三角形だから，$\angle ABO=\angle BAO=30°$ である。

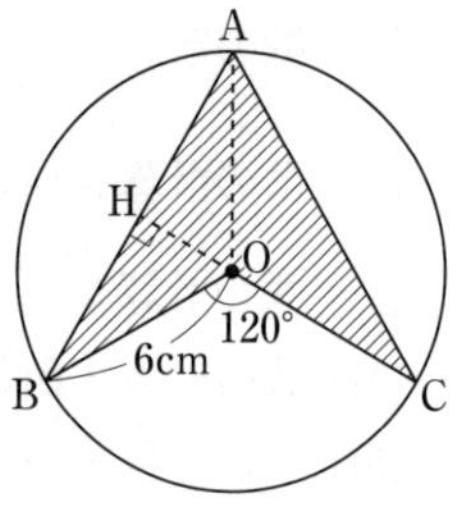

(2)＜**長さ**＞右上図で，点OからABに垂線OHを引くと，点Hは線分ABの中点となるから，AB=2AHである。(1)より $\angle BAO=30°$ だから，△OAHは3辺の比が $1:2:\sqrt{3}$ の直角三角形であり，$AH=\frac{\sqrt{3}}{2}OA=\frac{\sqrt{3}}{2}\times6=3\sqrt{3}$ となる。よって，$AB=2\times3\sqrt{3}=6\sqrt{3}$ (cm)である。

(3)＜**面積**＞右上図で，(2)より△OAHは3辺の比が $1:2:\sqrt{3}$ の直角三角形だから，$OH=\frac{1}{2}OA=\frac{1}{2}\times6=3$ である。(2)より，$AB=6\sqrt{3}$ だから，$\triangle OAB=\frac{1}{2}\times AB\times OH=\frac{1}{2}\times6\sqrt{3}\times3=9\sqrt{3}$ となる。(1)より，△OAB≡△OACだから，斜線部の面積は，$2\triangle OAB=2\times9\sqrt{3}=18\sqrt{3}$ (cm²)となる。

4 〔**平面図形―三角形―証明**〕

右図の△ACEと△DCBにおいて，△ACDと△CBEがともに正三角形より，AC=DC，CE=CBである。また，∠ACD=∠BCE=60°より，∠ACE=∠ACD+∠DCE=60°+∠DCE，∠DCB=∠BCE+∠DCE=60°+∠DCEとなる。解答参照。

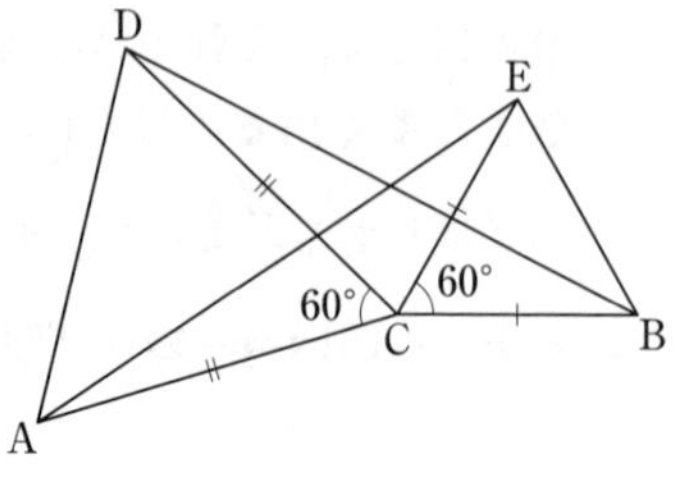

5 〔特殊・新傾向問題―規則性〕

1日目に7ページ読み，2日目以降は，前日読んだページ数よりも3ページ多く読むので，2日目は$7+3=10$(ページ)，3日目は$10+3=13$(ページ)，4日目は$13+3=16$(ページ)，……となり，x日目に読むページ数は，$7+3(x-1)=3x+4$(ページ)となる。このとき，$x-1$日目は$(3x+4)-3=3x+1$(ページ)，$x-2$日目は$(3x+1)-3=3x-2$(ページ)，……のように表せるので，x日目までに読むページ数の合計は，$7+10+13+\cdots\cdots+(3x-2)+(3x+1)+(3x+4)$となる。これと，項の順番を逆にした$(3x+4)+(3x+1)+(3x-2)+\cdots\cdots+13+10+7$の同じ順番にある項どうしをたすと，$7+(3x+4)=3x+11$，$10+(3x+1)=3x+11$，$13+(3x-2)=3x+11$，……より，全て$3x+11$となり，$3x+11$が$x$個現れる。よって，この2つの式の和は$x(3x+11)$となるので，$x$日目までに読むページ数の合計は，$7+10+13+\cdots\cdots+(3x-2)+(3x+1)+(3x+4)=\dfrac{x(3x+11)}{2}$(ページ)と表せる。$x=11$のとき$\dfrac{11\times(3\times11+11)}{2}=242$だから，11日目では250ページの本は読み終えない。$x=12$のとき$\dfrac{12\times(3\times12+11)}{2}=282$だから，12日目で読み終える。

＝読者へのメッセージ＝

5で，1日目から読むページ数は，7，10，13，16，19.……のように，3ずつ増える数の列となります。このように，一定の数ずつ変化する数の列を「等差数列」といいます。高校で学習します。

国語解答

一 問一 1 けいだい 2 せつじょく
3 ちせつ 4 なご 5 搬入
6 添付 7 霧 8 申請
9 一髪 10 普及

問二 1 創→装 2 非→避
3 構→講

問三 1…ウ 2…ア 3…オ 4…エ
5…イ

二 問一 短い時間を有効にするため，新しい発見があるという姿勢で臨むこと。(32字)

問二 ウ

問三 まとめるな，単純化するな

問四 イ

問五 A…ウ B…ウ C…イ D…ウ
E…ア

問六 ㋐ 撮るか探し，決める
㋑ 少しでもわかりやすく絵になり綺麗ないい物

問七 工作する中で失敗しても成功しても自分が変わっていくことを楽しめればいいと考えるよう[になるということ。]

三 問一 ひとつの大学によって作られた町

問二 ウ 問三 エ 問四 エ

問五 試験会場の教室で初めて出会った受験生どうしが仲良くなってはしゃいでいる一方で，周囲からはうるさくて迷惑に思われるような光景。

四 問一 1…ウ 7…ア

問二 2…イ 3…イ

問三 4 いて 5 いうよう

問四 ア

問五 (1) 黒き衣きたる人
(2) 命を助けてくれたお礼を
(3)…エ

一〔国語の知識〕

問一＜漢字＞1．「境内」は，神社や寺院の敷地内のこと。 2．「雪辱」は，恥を消し去り，名誉を回復すること。 3．「稚拙」は，幼稚で未熟なさま。 4．他の訓読みは「やわ(らぐ)」。音読みは「柔和」などの「ワ」。 5．「搬入」は，品物を運び入れること。 6．「添付」は，書類などに参考となるものをつけそえること。 7．音読みは「濃霧」などの「ム」。 8．「申請」は，承認や許可を得るために願い出ること。 9．「危機一髪」は，髪の毛一本ほどのわずかな差で危機に陥りそうな危ないせとぎわ。 10．「普及」は，広く行き渡ること。

問二＜漢字＞1．「装飾」と書く。飾ること。 2．「避難」と書く。災難を避けて他の場所へ立ちのくこと。 3．「講話」と書く。ある題目について，多くの人にわかりやすく説き聞かすこと。

問三＜熟語の構成＞1．「美人」は，美しい「人」のこと。 2．「壮大」は，「壮」も「大」も，大きくて立派だ，という意味。 3．「未満」は，未《いま》だ満たないこと。 4．「挑戦」は，戦いに挑むこと。 5．「断続」は，「断」は断つこと，「続」は続くこと。

二〔論説文の読解―芸術・文学・言語学的分野―芸術〕出典；森博嗣『創るセンス 工作の思考』。

≪本文の概要≫〈文章Ⅰ〉技術のセンスを育てるためには，つくる時間を持つことが最も大切であり，短い時間を有効に使うためにも「毎日が新しい挑戦である」という姿勢でいなければならない。しかし，現実の工作は，多種で複雑なものなので，言葉にまとめられるほど単純なものではないから，まとめて単純化してはいけないということを常に自分に言い聞かせる必要がある。／〈文章Ⅱ〉自分で何かをつくろうとすると，つくるためのプロセスを頭に描くようになり，対象物がどう変化するのかを理解することなども必要となる。インプットしたものをアウトプットするだけのキットの組み立てとは違い，オリジナルのものをつくる場合には，インプットとアウトプットの間における処理の過程で，つくり手のオリジナリティが表れる。そして，つくり手のオリジナリティは，この処理体験の蓄積でさらに成長するのである。また，写真を撮ることや料理をつくることなども工作の一種だと考えることができ，工作のセンスがいろいろなものに生かせることは，大いにありえる。どんな工作でも，大切なのは，それを楽しむことであり，そのプロセスで自分自身の変化を喜ぶことである。

問一＜指示語＞「短い時間を有効に使うため」に，「毎日が新しい挑戦である」というように新しい何かがあるという姿勢で臨むことは，「なかなかに難しい」ことである。

問二＜慣用句＞「注文をつける」は，自分の要望や条件を相手に言う，という意味。

問三＜文章内容＞現実の工作は，多種で，複雑なので，「言葉にまとめられる」ほど「単純なもの」ではない。また，一般に，文句を言う人は「敬遠」されがちであるが，技術者の場合，「難しい人」は，仕事に対して真剣な人である場合が多く，作業が「単純ではない」ので注文が多くなる。「難しい人」と仕事に取り組む場合も，工作と同じように「まとめるな，単純化するな」という教訓が生かされている。

問四＜文章内容＞「醍醐味」は，物事の本当のおもしろさのこと。絵は「一視点」から対象物をとらえるが，「実物は立体」であり，対象物がどう動くか，どう変化するかなどを理解することが，「ものを作る」ことの本当のおもしろさなのである。

問五＜文章内容＞「組立て説明書や設計図」が先にある場合は，「まず情報が頭の中に入ってくる」という「インプット」が行われるが(…A)，つくるということは「自分の頭の中にあるものを外へ出す」ので「アウトプット」である。だから「キットの組立て」は，一度「インプット」したものを(…B)，「アウトプット」する作業になる(…C)。一方，「オリジナルのものを作る場合」は，「インプット」と(…D)，「アウトプット」との間に「膨大な処理が必要」となり，その処理の過程において，つくり手の「オリジナリティ」が表れる(…E)。

問六＜文章内容＞写真を撮る場合，「シャッタを押す」前に，「何を撮ろうか」と撮影したいものを探し，撮る対象を決める(…㋐)。そして，対象が決まった後も，「完成品を想定」し，「少しでも絵になるもの」や「わかりやすいもの」や「綺麗なもの」にするための「処理」をしてファインダをのぞくので(…㋑)，写真を撮ることも「作る」行為といえる。

問七＜文章内容＞工作で大切なのは，つくることを「楽しむ」ことであり，完成までの過程における「自分自身の変化を『喜ぶ』」ことである。できあがっていくものが「素晴らしい自信作になりそうな」場合も「失敗作に近いぎりぎりのもの」である場合も，つくることを楽しみ，自分の変化を喜べればいいと考えられようになることは，「作ることで得られる貴重なセンスの一つ」である。

三〔小説の読解〕出典；松村栄子『至高聖所』。

問一＜文章内容＞まだまだ幼いはずの自分の子を，「派手で危険な東京」にいきなり「ひとりではやりたくない親たち」は，「素朴な土地のイメージ」がありながら「先進的な施設」のある「ひとつの大学によって作られた町」に送り出す。

問二＜文章内容＞「この町」には，「学生と老人」という「一定の年齢層の人間しか住んでいない」ので，聞こえるはずのない「赤ん坊の泣き声」がすると，誰もが驚くのである。

問三＜表現＞～ようだ，～みたいだ，などの語を用いずに，ある事物をほかのものにたとえる修辞法を「隠喩〔暗喩〕」という。学内は，「無菌室」のように良い影響も悪い影響も及ぼすもののない環境だったのである。

問四＜心情＞一緒に理系の学部を受験した女子二人が，「わたし」と同じように，「将来にかける意気込みなど」を聞いたら「あとでその子が落ちれば気まずい」と考え，「とりあえずこの場だけあたりさわりのない話で時間が過ぎればそれでいい」と思っていることがわかったので，「わたし」は，安心するとともに初めて出会った人とつながれたことをうれしく思った。

問五＜文章内容＞「わたし」は，二人の女の子と大騒ぎしていたことを思い返し，自分たちと同じように初対面の受験生どうしが笑い転げて，周囲から「顰蹙」をかうようなことが，学部の違うほかの校舎でもあるのだろうと想像した。

四〔古文の読解―説話〕出典；『宇治拾遺物語』巻第十三ノ四。

≪現代語訳≫昔，天竺の人が，宝を買うために，銭五十貫を子に持たせてやった。(その子が)大きな川のほとりを通っていくと，舟に乗っている人がいる。舟の方を見ると，舟から亀が，首をさし出している。銭を持った子は立ちどまって，この亀を，「どうするのですか」と尋ねると，(舟に乗っている人は)「殺してあることに使おうとしているのだ」と言う。(子が)「その亀を買いましょう」と言うと，この舟の人が言うには，とても大事なことがあって用意した亀だから，どんなに高い値段でも売ることができないということを言うので，(子は)それでも一生懸命に手をすって(頼み込んで)，この五十貫の銭で亀を買い取って放してやった。

(子が)心に思うのは，「親が，宝を買いに隣の国へやった(そのための)銭を，亀と交換して使い果たしてしまったのだから，親は，どれほどお怒りになるだろう」(ということである)。かといってまた，親の元へ行かないわけにはいかないので，親の元へ帰っていくと，(途中の)道に人がいて(その人が)言うには，「ここで亀を売っていた人は，この下流の渡し場で舟がひっくり返って死んだ」と語るのを聞いて，(子は)親の(いる)家に帰っていき，銭を亀と交換してしまったことを(正直に)語ろうと思っていたところ，親が言うには，「どうしてこの銭を返してよこしたのか」と尋ねるので，子が言うには，「そのようなことはありません。その銭で，これこれ(の事情で)亀と交換して放したので，そのことを申し上げようと(ここに帰って)参ったのです」と言うと，親が言うには，「黒い衣を着た人で，同じような格好の人が五人，それぞれ十貫ずつ持ってやってきた。これが，そうだ」と言って見せたところ，この銭はまだぬれたままである。

なんと，買って放した亀が，その銭が川に落ちるのを見て，取ってきて，親の元へ子が帰るよりも前に届けていたのである。

問一＜古文の内容理解＞1．舟から首を出している亀を見た子は，その亀をどうするのかと，舟に乗っている人に尋ねた。　7．親は，黒い衣を着た五人の人が持ってきた銭を，子に見せた。

問二＜古文の内容理解＞2．「あながちに」は，ひたすらに，いちずに，という意味。子は，手をすり合わせ，亀を売ってくれるよう一生懸命に頼み込んだのである。　3．「やむ」は，終わる，なくなる，という意味。子は，親から渡された銭を，亀と交換して使いきってしまったのである。

問三＜歴史的仮名遣い＞4．歴史的仮名遣いの「ゐ」は，現代仮名遣いでは「い」になる。　5．歴史的仮名遣いの語頭以外のハ行は，現代仮名遣いでは原則として「わいうえお」になる。また，歴史的仮名遣いの「au」は，現代仮名遣いでは「ou」になる。

問四＜古文の内容理解＞親が，どうして持たせたこの銭を返してよこしたのかと尋ねたので，子は，持たされた銭を送り返すようなことはしていないと答えた。

問五＜古文の内容理解＞(1)親が言うには，「黒き衣きたる人」が銭を持ってきた。親の元に返ってきた銭がぬれていたことからも，「黒き衣きたる人」の正体が亀だったと推測できる。　(2)舟に乗っている人が亀を「殺して物にせんずる」と言うのを聞いて，子が，亀を買って放した。亀は，自分を助けてくれて子に恩返しをするために，銭を川から拾って持ってきたと考えられる。　(3)「鶴の恩返し」では，鶴が人間の女性の姿になって，自分を助けてくれたことの恩返しをした。

2023年度 保善高等学校(推薦)

【英　語】（45分）〈満点：100点〉

〈編集部注：実物の入試問題では，大問３のチラシはカラー印刷です。〉

1　語彙についての問題A～Cに答えなさい。

A.　次の1～6の各語について、最も強く発音する位置を例にならって答えなさい。

（例）　af・ter・(noon)

1. mu・sic　(music)
2. to・day　(today)
3. choc・o・late　(chocolate)
4. Aus・tral・ia　(Australia)
5. bas・ket・ball　(basketball)
6. un・der・stand　(understand)

B.　CとDの関係がAとBの関係と同じになるように、(　　　) 内に適する語を入れなさい。

	A	B	C	D
1.	book	books	dictionary	(　　　)
2.	good	better	bad	(　　　)
3.	go	went	keep	(　　　)
4.	learn	learned	carry	(　　　)
5.	I	my	they	(　　　)
6.	safe	dangerous	thin	(　　　)

C.　英文の意味が通るよう (　　　) 内の下線部に１文字ずつ文字を入れ、語を完成させなさい。解答用紙には、与えられた文字も含めてすべて書くこと。

1. (F _ _ _ _ _ _ _) is the second month of the year.
2. (W _ _ _ _ _ day) is the fourth day of the week.
3. When the traffic light turns (g _ _ _ _) , you can go.
4. One (h _ _ _) has sixty minutes.
5. I had two pieces of (b _ _ _ _) and scrambled eggs this morning.

2 文法についての問題A・Bに答えなさい。

A. 日本文の意味になるように、英文の（　　　）内に適する語をそれぞれ答えなさい。

1. ケイコはもうここにいるが、ゴロウはまだ来ていない。

   Keiko is already here, but Goro (　　　) come yet.

2. あの人が昨日公園にいた男の人ですか。

   Is that the man (　　　) was in the park yesterday?

3. この本は４冊のなかで一番安い。

   This book is the cheapest (　　　) the four.

4. この部屋は通常昼食を食べる際に使用されます。

   This room is usually used for (　　　) lunch.

5. 写真を撮っているあの人は、このあたりではよく知られています。

   That man (　　　) pictures is popular around here.

6. 新しい体育館がここに建設される予定です。

   A new gym will (　　　) built here.

B. 日本文の意味になるように、[　] 内の語を並べかえて正しい英文を完成させなさい。

1. トムはその壁を赤く塗った。

   [painted / red / the / Tom / wall].

2. 彼がいつ帰ってくるかわかりません。

   I don't [back / come / when / will / know / he].

3. 彼は最善を尽くそうとした。

   He [his / do / to / best / tried].

4. あなたは今日何時に起きましたか。

   [up / did / get / you / time / what] today?

5. 君の家族の写真を何枚か送ってください。

   Please [of / me / send / some / pictures] your family.

3 次のチラシを見て、後の問いに答えなさい。

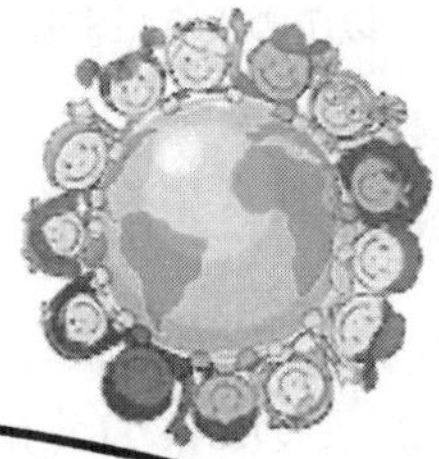

World Yummy Festival 2023

Enjoy the delicious dishes!

Dishes from...

Australia

France

India

Peru

South Korea

Spain

Thailand

Free conversation

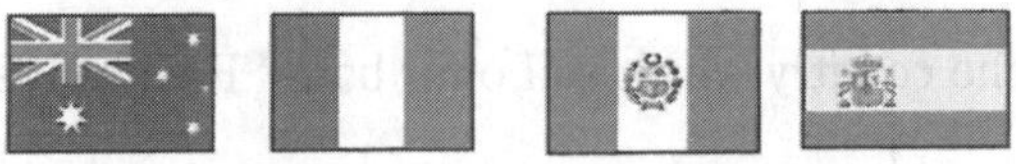

You can talk freely with international students from the above countries.
11:30 a.m. to 1:30 p.m.

Performances

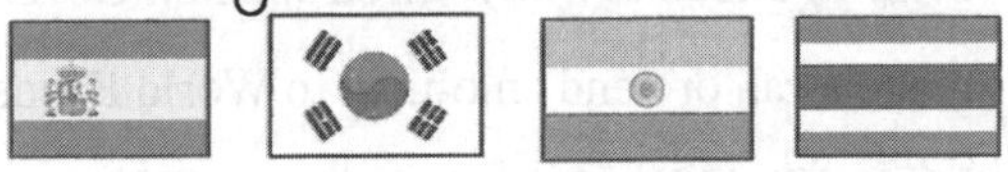

You can enjoy music and dances from the above countries.
3:00 p.m. to 5:00 p.m.

2023
Jan. 29 Sun　11:00 a.m. to 7:00 p.m.

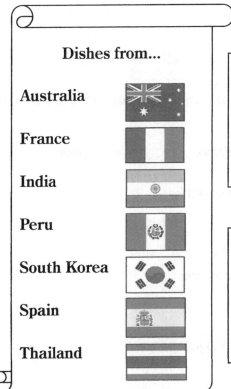

Place : Tokyo Central Park
(a 15-minute walk from Shinjuku Station)
Entrance fee : ¥500 (under 12 years old : ¥250)
Contact us here : World Foods Association
Tel : 03-1234-5678
e-mail : wyf@w****s.or.jp

Sponsored by
World Foods Association
Cosponsored by
Shinjuku Station
Supported by
Tokyo Metropolitan Government

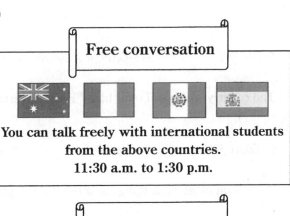

問１　東京セントラルパーク（Tokyo Central Park）は最寄り駅からどれぐらいのところにあるか。解答を以下のように記述した場合、＿＿＿＿ 内に入るものを日本語で答えなさい。

東京セントラルパークは、最寄り駅から ＿＿＿＿ で ＿＿＿＿ かかるところにある。

問２　このお祭りに、両親と中学２年生の子ども１人、小学２年生の子ども１人の４人家族が訪れようとしています。その際の入場料金は合計でいくらになりますか。次のア～エから１つ選び、記号で答えなさい。

ア　1,000円　　イ　1,250円　　ウ　1,500円　　エ　1,750円

問３　各英文の（　　）内に適するものをア～エから１つずつ選び、記号で答えなさい。

1. The country which will offer both "Free conversation" and "Performances" in this event is (　　).

ア　South Korea　　イ　Spain　　ウ　France　　エ　Thailand

2. If you want to ask something about the festival, you should (　　).

ア　contact people in Tokyo Central Park

イ　send an e-mail to Tokyo Metropolitan Government

ウ　make a call or send an e-mail to World Foods Association

エ　follow World Foods Association on SNS

3. If a man comes to the festival at noon and leaves at 2:30 p.m., he can (　　).

ア　enjoy Indian food and dances

イ　enjoy South Korean food and talk with South Korean students

ウ　eat Australian food and enjoy a conversation with French students

エ　enjoy talking with students from Peru but can't eat anything

4 次の英文を読んで、後の問いに答えなさい。*印のついた語句には注があります。

You are now taking the entrance exam for Hozen High School, but have you studied the history of this school for this exam? You would probably say, "No way!" Then, you may not know who *founded this school. The person who founded this school was a famous businessman of the Taisho era. His name was Zenjiro Yasuda. Here is a little story about him.

Zenjiro was born in Toyama as a son of a *lower-class samurai, and his childhood name was Iwajiro. His father would often tell him, "We do not do good things in order to be famous, but we improve our character by doing good things for others even if no one knows about it."

In 1858, Iwajiro moved to Tokyo with one of his *relatives and started to work at a *money exchange shop. After working as an *apprentice for a few years, he finally opened his own shop *Yasuda-Ya* and started to sell *commodities such as sugar and *dried bonito, while doing money exchange business. Around that time, he changed his name from Iwajiro to Zenjiro.

Zenjiro's business was doing well. He opened a bank, a *life-insurance company and a *real estate company. These companies remain even today under different names. He made a lot of money, and gave a large amount of it to the Japanese Government. This helped Japan develop into a strong nation.

In his later life, he used a lot of his wealth to improve society. A lot of buildings and schools were built from his *donations. *Yasuda Auditorium at the University of Tokyo and *Hibiya Public Hall are good examples. And in 1916, with a donation and support by Zenjiro, *Tokyo Colonization Trade Commerce Language Study School was opened in Kanda, Tokyo. This school would later become Hozen High School.

In spite of these social *contributions, his life ended *tragically. In 1921, a young man went to Zenjiro's house in *Oiso and killed him with a *sword. The killer later said, "Yasuda has made a lot of money but he did not use it for society. So I killed him in the name of God." In fact, people did not know about Zenjiro's large contributions to society. This is because he followed his father's words and made all of his donations *anonymously. Keep doing good things *secretly—this idea is at the heart of Hozen High School.

（注）
founded 創設した　lower-class samurai 下級武士　relatives 親戚　money exchange shop 両替商
apprentice 丁稚《でっち》（見習いとして働く少年）　commodities 日用品　dried bonito かつお節　life-insurance 生命保険
real estate 不動産　donation 寄付　Yasuda Auditorium 安田講堂（東京大学本郷キャンパス内にある講堂）
Hibiya Public Hall 日比谷公会堂　Tokyo Colonization Trade Commerce Language Study School 東京植民貿易語学校
contributions 貢献　tragically 悲劇的に　Oiso 大磯（神奈川県の地名）　sword 短刀　anonymously 匿名で
secretly ひそかに

問1　次の1～5の各英文が本文の内容に合うよう、(　　　　)に適する英語をア～エから1つずつ選び、記号で答えなさい。

1. Hozen high school was founded by (　　　　).

ア　a businessman who lived in the Taisho era
イ　a lower-class samurai who was born in Toyama
ウ　a man who studied the history of the school
エ　Zenjiro's son whose name was Iwajiro

2. Zenjiro's father (　　　　).

ア　was a lower-class samurai and his childhood name was Iwajiro
イ　often told Zenjiro to improve his character by doing good things for others
ウ　was born in Toyama and he went to Tokyo later in life
エ　sold commodities like sugar in Toyama

3. Zenjiro's business was doing well, and (　　　　).

ア　he gave all the money he made to the country
イ　he built Hozen High School in 1858
ウ　he gave some of his money to the country
エ　he started to sell commodities such as sugar and dried bonito around 1858

4. Hozen High School (　　　　).

ア　was opened in 1916, but its name was not Hozen High School then
イ　was founded in 1921 under the name Tokyo Colonization Trade Commerce Language Study School
ウ　was founded without any help from Zenjiro, but later got a large donation from him
エ　was opened in Kanda in 1916, but later moved to Oiso

5. A young man killed Zenjiro because (　　　　).

ア　he thought that Zenjiro was doing bad things with the money he made
イ　God appeared in his dream and told him to kill Zenjiro
ウ　Zenjiro built a house in Oiso without *permission from the town　　*permission 許可
エ　he thought that Zenjiro was doing nothing for society even though he made a lot of money

問2　二重下線部 this idea の指す内容を簡潔な日本語で答えなさい。

【数　学】 （45分） 〈満点：100点〉

注意
- ・解答に単位が必要なときは，明記して下さい。
- ・解答が分数になるときは，これ以上約分できない形で表して下さい。
- ・解答に根号を用いるときは，$\sqrt{}$の中を最小の正の整数にして下さい。
- ・作図の問題について，作図に用いた線は消さずに残して下さい。

1　次の問いに答えなさい。

（1）　$\frac{1}{2}-\frac{1}{3}+\frac{1}{6}-\frac{1}{12}$ を計算しなさい。

（2）　$\frac{4}{\sqrt{2}}-5\sqrt{2}$ を計算しなさい。

（3）　$(3m+2n)^2-(4m+n)(2m-3n)$ を計算しなさい。

（4）　$25x^2-64y^2$ を因数分解しなさい。

（5）　１次方程式 $5(3-2x)=-8x+7$ を解きなさい。

（6）　連立方程式 $\begin{cases} 2x-y=17 \\ -3x+2y=-14 \end{cases}$ を解きなさい。

（7）　２次方程式 $x^2-x-6=0$ を解きなさい。

（8）　大小２つのさいころを１回投げたとき，出た目の数の積が奇数になる確率を求めなさい。

（9）　A君が時速5km，B君が時速4kmで同じ距離を歩きました。2人の所要時間に30分の差ができました。2人は何km歩きましたか。

（10）　5%の食塩水100gと9%の食塩水300gを1つの容器に入れてよく混ぜると何%の食塩水ができますか。

（11）　下図の線分AB上に AP : BP = 3 : 1 となるように点Pを図示しなさい。

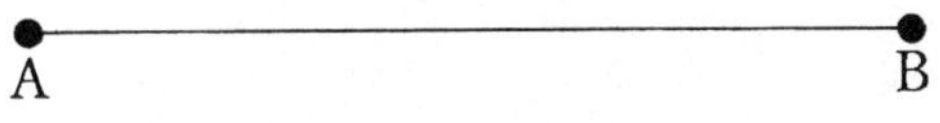

2　２次関数 $y=ax^2$ について，次の問いに答えなさい。

（１）　この関数のグラフが点 $(-2, 2)$ を通るとき，定数 a の値を求めなさい。

（２）　（１）の条件を満たすとき，この２次関数のグラフと関数 $y=-x+4$ のグラフとの交点の座標を求めなさい。

3　三角形 ABC の辺 AB の中点を D，辺 BC の中点を E，辺 CA の中点を F とします。三角形 ABC の面積は，三角形 DEF の面積の何倍になりますか。

4 右の図のように，半径 12cm の円 O の周上に 3 点 A，B，C があります。線分 BC は円 O の直径で，AB＝AC です。線分 OB の中点を D とし，直線 AD と円 O との交点のうち，A でないほうの点を E とします。このとき，次の問いに答えなさい。

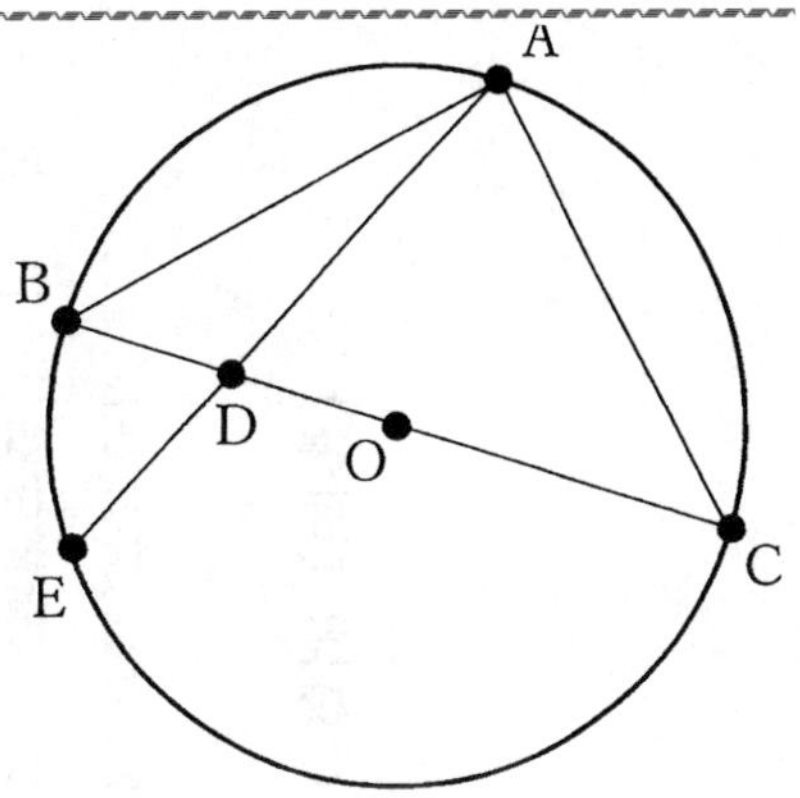

（1） ∠BAC の大きさは何度になりますか。

（2） 三角形 ACD の面積は何cm^2になりますか。

（3） 三角形 ACD と相似な三角形を，ア～オの中から 1 つ選び，記号で答えなさい。

ア 三角形ABC　　イ 三角形AEC　　ウ 三角形BEC

エ 三角形CEO　　オ 三角形DEC

5 大，中，小の大きさのさいころが 1 つずつあります。この 3 つのさいころを投げるとき，次の問いに答えなさい。

（1） 3 つのさいころの目の数の和が 7 になる目の出方は，何通りありますか。

（2） 3 つのさいころの目の数の積が 8 になる目の出方は，何通りありますか。

（3） 大と中のさいころの目の数の和に，小のさいころの目の数をかけた値が 12 になる目の出方は，何通りありますか。

問十一　傍線部17「自分が考えて導く他ないのです」とあるが、ここで言う「自分が考え(る)」の内容に最も近いものを次から選び、記号で答えなさい。

ア　自分の道徳性と普遍的な道徳性の相違点を他者と検証する。その際、他者の見解に耳を傾け、主観の排除を実現するよう努める。

イ　自分の行為原理とそれに則った行為が道徳的か否かを吟味する。その際、それまでの実体験から得た知識を、最大の判断材料とする。

ウ　自分がすべき行為とその裏付けとなる道徳法則を思案する。その際、他者もその法則を守って行動することが望ましいか否かについて、考えを巡らせる。

エ　自分がなすべきこととなすべきでないことを取捨選択する。その際、一般的な選択基準がどのようなものであるかをよく調べ、それに照らし合わせながら決定する。

問十二　傍線部18「それが道徳法則であるがためになされ(る)」とはどういうことか、答えなさい。

問十三　二重傍線部16「私たちには道徳的善をなすことが求められます」とあるが、あなたが次のような場面で「道徳的善をなす」ためには、どのような意識を持って行動すればよいか。問題文を読んで理解したことを踏まえて述べなさい。

〔場面〕登校して教室に入ったら、床にゴミが散らかっていた。

問八　傍線部12「具体」、13「普遍」の対義語をそれぞれ次から選び、記号で答えなさい。

ア　一般　　イ　特殊　　ウ　相対　　エ　抽象

問九　傍線部15から、「定言命法」とは「必ず無条件で実行するよう命令するもの」であると解釈できる。「先の引用文」の中で命令されている内容に**該当しないもの**を次から選び、記号で答えなさい。

ア　自分で考えて、道徳的な規則を設定すること。
イ　設定する規則は、誰もが進んで従う内容にすること。
ウ　自ら設定した規則に則って、道徳的な行為をすること。
エ　道徳法則をみんなで話し合い、望ましいと感じる内容にすること。

問十　空欄E～Hに適する語をそれぞれ次から選び、記号で答えなさい。

ア　なぜなら　　イ　そして　　ウ　すなわち　　エ　例えば

問五　傍線部6「功利主義者からすれば、だから彼らの行いは道徳的に善なのです」とあるが、「道徳的に善」だとされる理由を次のように説明したとき、空欄に共通する表現を本文中から十四字で抜き出して答えなさい。ただし、「幸福」という語を必ず含むこと。

功利主義者は［十四字］行いを道徳的善であると考えており、偉人の残した業績はまさしく［十四字］ものであったから。

問六　傍線部7「大」、9「頭」と同じ読み方を含む語句を次から二つずつ選び、記号で答えなさい。順序は問わない。

ア　大通り　イ　大成功　ウ　大使館　エ　大器晩成　オ　大盤振る舞い

カ　石頭　キ　頭寒足熱　ク　頭文字　ケ　竜頭蛇尾　コ　頭ごなし

問七　次の慣用句を使った文のうち、空欄に傍線部10「胸」、11「背中」があてはまるものを選び、それぞれ記号で答えなさい。

ア　試合の対戦相手はベテラン選手だ。□を借りるつもりで挑戦しよう。

イ　クラブ活動のキャプテンとして頑張ってきた。引退して□が軽くなった。

ウ　消防隊員の父が心配だ。常に危険と□合わせの任務に臨んでいる。

エ　僕の兄は意志が強い。一度□を決めたら最後までやり抜くタイプだ。

オ　学食のカレーライスが大好きだ。僕は辛いものに□がない。

カ　今は二人に話しかけないでおこう。話の□を折ってはいけない。

問一　傍線部２「支持」、14「妥当する」の意味として適するものをそれぞれ次から選び、記号で答えなさい。

２　支持

ア　他者を尊敬し、その教えを受けること
イ　他者に協力し、その見返りをもらうこと
ウ　他者の意見に賛成し、その後押しをすること
エ　他者に方法を示し、そのとおりにやらせること

14　妥当する

ア　広く知れ渡る
イ　よくあてはまる
ウ　充分に理解される
エ　いいかげんに扱われる

問二　傍線部３「著(しく)」、５「貢献」の読みを答えなさい。また、４「キヨ」、８「ナグサ(める)」を漢字に直しなさい。

問三　傍線部１「偉人伝に出てくるような人たちは『アレテー』を備えていた」とはどういうことか。適するものを次から選び、記号で答えなさい。

ア　偉人と呼ばれる人々は、誰からも尊敬されるほどの、立派な人格を持っていたということ。
イ　偉人と呼ばれる人々は、発明や政治、医学研究などの仕事に使命感を持っていたということ。
ウ　偉人と呼ばれる人々は、なんらかの分野で、群を抜いて優れた能力を持っていたということ。
エ　偉人と呼ばれる人々は、子どもに夢を与えるような、面白い逸話をたくさん持っていたということ。

問四　空欄Ａ～Ｄにあてはまる語句をそれぞれ次から選び、記号で答えなさい。

ア　その使い方について知っており
イ　それを動かしたり、車いすを押したりする力
ウ　運よくバスの前方にいたため
エ　バスを待っている車いすに座っているおじいさんに気づくことができ

為に分類されるのです。

他方で私たちは、否《いや》が応《おう》でも倫理的な問題として自覚せざるをえない事態に直面することがあります。[F]、散歩していて困っている人を目にしたのであれば、自分が何をすべきかということは倫理的問題として捉えざるをえないでしょう。

道徳性が問われている以上は、道徳的善をなすことが求められます。[G]、そのためには、道徳法則に則っている必要があります。道徳法則というのは、モーゼの十戒（※3）のように、すべきこと、または、すべきでないことが、どこかに明記されているわけではありません。誰かが決めてくれるわけではなく、17自分が考えて導く他ないのです。その導出に際して、万人が共通して導くはずであり、また、導くべきであるという意味での「正解」「不正解」はありません。それはどこまでいっても私にとっての道徳法則なのです。ただし「私」という主観のみからは、客観的である道徳法則は導かれえません。客観性を取り入れることを可能にする装置が、定言命法なのです。すなわち、まず自らの格率が普遍化された場合、つまり、自身の行為原理をみんなが遵守した場合を想像してみるのです。もしその世界が私にとってではなく、みんなにとって望ましいものであると判断されたのであれば、その実現に努めることが道徳法則に適《かな》うことであり、私がなすべきことなのです。

ただ、私によって導かれた道徳法則を私が履行しただけで、直ちに道徳的価値が見出されるというわけではありません。[H]、動機が利己的、つまり行為は客観的な視点から導かれているものの、動機が主観的であることも考えられるからです。同じ困っている人に手を差し伸べる行為にしても、「見返りを求めて」や「人気取りのため」といった自分の都合に発している限り、その動機は道徳的に善いものであるとは言えません。行為が非利己的で純粋な善意志に発したときにのみ、すなわち、18それが道徳法則であるがためになされた、つまり動機が主観的でないときにのみ、道徳的な善性が認められるのです。

*問題文を掲載するにあたり、著者が施した語注などは省略してある。

※1　命題……………ここでは、判断した内容を言葉にしたものという意味。

※2　無知蒙昧…………知識がなく物事の道理を知らないこと。

※3　モーゼの十戒……旧約聖書の中で記されている、神が人々に与えた十個の決まりごとを指す。

では、私たちは自分の頭を使って、12具体的にものの善悪について、どのように考えればよいのでしょうか。カントはそのための筋道を用意しています。彼は私たちに、以下のことを自問自答すべきであると言うのです。

汝《なんじ》が、それが普遍的法則となることを欲するような格率に従ってのみ行為せよ。

（『人倫の形而上学の基礎づけ』）

この引用文だけ見せられても、よく分からないと思います。噛《か》み砕《くだ》いて説明していきます。――まず13「普遍的法則」という表現が目に入ります。これは「みんなが従う規則」ということです。そして、そのみんなが従う規則というのが、そうなることが欲せられる、望まれるものであろう場合、それは「道徳法則」と呼ばれるのです。

また、先の引用文のうちには「格率」という用語がありました。これもカント独特の用語で、「自らに設けた規則」のことです。つまり、自らに設けた規則であるところの格率は万人に14妥当する道徳法則に一致させるべきなのです。

例えば、「私は車いすのおじいさんに手を貸す」という格率が普遍化された場合は、「誰もが車いすのおじいさんに手を貸す」ということになります。その世界が望ましいものであるかどうか想像してみるのです。もし、それが望ましいものであると思うのであれば、それは道徳法則なのです。当然、履行することが期待されるのです。

先に引用した「汝が……せよ」という命令文はカントによって「定言命法《ていげんめいほう》」と名づけられています。15定言命法の「定言」とは「絶対的」「無制限的」ということです。そして、先の引用文が文法的に命令形になっていることから、このような文は「命法」と呼ばれるのです。

〈3〉

16私たちには道徳的善をなすことが求められます。とはいえ、ひと時も休まず道徳について考え、行動しなければならないわけではありません。私たちは普段の生活において、例えば、散歩をするか、映画を観《み》るか、それとも寝るか、といった問いを倫理的な問いとは見なさないでしょうし、それでいいのです。その上で取捨選択された行為は道徳的無記、[E]、道徳的に善でも悪でもない行

では、私にも確実にできることとはいったい何なのでしょうか。ひとつは、①自分の9頭で考え、判断を下すことです。正しいかどうか分からない、結果が伴うかどうか分からない、でも「ここまでは考えました」と10胸を張って言えるようになることです。そして、②非利己的に純粋な動機から行為することです。これもやる気になりさえすれば、できることと言えます。実際に父親は、私が自分のためではなく、周りのことを考えて判断した痕跡《こんせき》が見られれば、結果が伴わなくとも、評価してくれました。

この二つの要件が道徳的善に結びつくことを説いた倫理学者こそが、本書の水先案内人となる、イマヌエル・カントなのです。彼は行為者本人が道徳的善を履行《りこう》する意志さえ持ち合わせていれば、必ずできるはずであり、それを仕損なうことはないと説いたのです。カント自身は以下のような言い方をしています。

人はあることをなすべきと自覚するがゆえに、それをなしうると判断する。

（『実践理性批判』）

カントは至るところで同様の主張を繰り返しています。彼は、私のように特段才能や能力があるわけでもない人間でも、必ず道徳的善をなすことができるはずであると説くのです。私はこのような思想にこれまで11背中を押してもらい、そして今なお、強い魅力を感じるのです。

〈2〉

前節において、①自分の頭で考えること、そして、②非利己的に純粋な動機から行為することは、その意志さえあれば誰もが必ずできることであるという話をしました。まずは、①の自分の頭で考えることについて、カントの立場から掘り下げて見ていきたいと思います。

カントが活躍する以前、一八世紀前半頃までのドイツ（当時はプロイセン）では、一般の臣民は理性を欠く無知蒙昧《もうまい》（※2）な存在と見なされていました。しかし、少なくとも壮年期以降のカントは違っていました。彼は理性は万人に備わっているのであり、誰もが自分の頭で考えることができるはずであると説いたのです。

今から二四〇〇年も前なのですが、彼の学説は「徳倫理学」と呼ばれ、今なお倫理学の分野において一定の2支持を得ています。確かに、3著しく卓越性を欠くようでは、人は何も成し遂げることができないでしょう。

先日、そのことを私自身が強く自覚する出来事がありました。私は車いすに座っているおじいさんがバスに乗るのを手伝ったのですが、その後で思ったのです。①私は［　A　］、②バス停で［　B　］、③バスにスロープがついていること、また、［　C　］、④［　D　］があり、そして、⑤実際に行動に移す力（勇気）があったから、それをなすことができたのです。これらのうち何ひとつ欠けても、私は車いすのおじいさんをバスに乗せることはできなかったのです。そう考えてみると、アリストテレスの言い分も、分からないではありません。

また、車いすのおじいさんは、見知らぬ人に手を貸してもらえればうれしいはずです。そして、その光景を目にした人たちは微笑《ほほえ》ましい気持ちになるでしょう。つまり、私はおそらく人々の幸福に4キヨしたのです。この例に見られるような、人々の幸福の総量を増加させることこそが道徳的善であると考える人々がいます。それが功利主義者と言われる人たちです。有名な論者としては、ジェレミー・ベンサムやジョン・スチュワート・ミルの名を挙げることができます。ベンサムの「最大多数の最大幸福」という言葉は有名なので、聞いたことがある人もいるかと思います。「より多くの人が、より幸せになれることは望ましい」という考え方であり、この命題（※1）には否定しがたい説得力があります。偉人伝に出てくるような人たちは、ライト兄弟にしても、リンカーンにしても、野口英世にしても、人類の幸福に5貢献したのです。6功利主義者からすれば、だから彼らの行いは道徳的に善なのです。

話を私の少年時代に戻しますと、偉人伝を読んだ当時の秋元少年は彼らに憧《あこが》れたわけです。しかし、すぐに厳しい現実に突き当たることになります。というのも、子供の頃の私はあまり勉強ができなかったのです。怠け者であったわけではなく、頑張っても平均以下だったのです。すぐに7大志を抱くどころではないこと、身の程を弁《わきま》えるべきことを悟ったのでした。

しかし父も母も、私が勉強ができないことをさほど気にしていないようでした。どのような状況だったかよく覚えていませんが、あるとき父親が私に「俺は人にできないことを『やれ』とは言わない。自分のできることだけやっていれば何も言わない」と言ったのです。ひょっとしたら、勉強を頑張っているつもりだけれど、結果に結びつかない私を8ナグサめるつもりだったのかもしれません。おかげで私は「いくら才能や能力がなくとも、必ず自分にもできることがあるはずであり、そこだけは頑張ろう」と思えたのです。それによって気が楽になり、救われた気がしたのでした。

問五　空欄⑨に適する語を次から選び、記号で答えなさい。

ア　シミュレート　　イ　アクセス　　ウ　アンインストール　　エ　インプット

問六　空欄⑩に適する語を次から選び、記号で答えなさい。

ア　嘘の　　イ　仮の　　ウ　表の　　エ　裸の

問七　空欄⑪に適する語を問題文から漢字二字で抜き出して答えなさい。

三

次の〈1〉〈2〉〈3〉は、倫理学（社会道徳の起源や本質を研究する学問）者の秋元康隆氏が、ドイツの哲学者イマヌエル・カント（一七二四～一八〇四）の倫理学に関する考え方について述べた『いまを生きるカント倫理学』の序章から抜粋したものです。よく読んであとの問いに答えなさい。

〈1〉

私は子供の頃、誰もがそうであるように、偉人伝の類いを読みました。ライト兄弟、リンカーン、野口英世《ひでよ》などです。私は、そういった人々の生き方に触れて「自分もこんな立派な人間になりたい」と思ったのでした。

1偉人伝に出てくるような人たちは「アレテー」を備えていたと言えます。「アレテー」とは古代ギリシア語で「卓越性」を意味します。ライト兄弟は発明家として、リンカーンは政治家として、野口英世は医学の研究者として、卓越性を有していたのです。このアレテー、すなわち卓越性に、道徳的善性を見出《みいだ》した人がいます。それが古代ギリシアの哲学者、アリストテレスです。彼が活躍したのは

問一　傍線部①「トウ達」、②「セイ密」、③「エン長」と同じ字が用いられているものを、それぞれ次から選び、記号で答えなさい。

①　トウ達
- ア　論文がトウ用された
- イ　目的地にトウ着する
- ウ　建物のトウ壊を防ぐ
- エ　犯人がトウ亡をはかった

②　セイ密
- ア　セイ天に恵まれた
- イ　下書きをセイ書する
- ウ　追加料金がセイ求された
- エ　少数セイ鋭で任務にあたる

③　エン長
- ア　問題がエン満に解決した
- イ　エン日で神社がにぎわう
- ウ　エン助の申し出があった
- エ　公開が来月にエン期された

問二　傍線部④「科学は神話に近い」とあるが、ここでの「神話」と言う語は、本来の意味（神々や英雄の活躍を中心とする民族発生的な説話）では用いられていない。同じように本来の意味とは異なる「神話」を用いた例文を考えなさい。

問三　傍線部⑤「江戸時代の文学」とあるが、次のうち「江戸時代」に成立した「文学」作品を選び、記号で答えなさい。

ア　竹取物語　　イ　万葉集　　ウ　おくのほそ道　　エ　たけくらべ

問四　空欄⑥、⑦、⑧に適する語をそれぞれ次から選び、記号で答えなさい。

ア　わざわざ　　イ　もともと　　ウ　いろいろ　　エ　のちのち

科学はあくまでも文化であり、それゆえに永遠の真理にはなりえないのです。

（竹内薫『９９・９％は仮説　思い込みで判断しないための考え方』）

※１　白に近い仮説……著者は、誰もが信じていて、実験などでも正しいと確認された仮説を「白い仮説」と表現している。また、かぎりなく嘘に近い仮説や実験・観察と合わない仮説を「黒い仮説」と表現している。

※２　忠臣蔵…………江戸時代に作られた芝居などの演目の一つ。実際の出来事が題材となっており、主人公で赤穂藩の家臣・大石内蔵助が主導した、主君の仇討《かたきう》ちが描かれている。問題文で取り上げられているのは、その仇である吉良上野介の屋敷に討ち入る有名な場面である。

「いいか、カオル。大石内蔵助《おおいしくらのすけ》は、吉良《きら》邸の門前で太鼓など叩かなかったのだよ」

「どうして？」

「あの太鼓は、［⑦］歌舞伎《かぶき》からきている作り話なんだよ。だって、敵に奇襲攻撃をかけようとしている人が、［⑧］、これから討ち入りをしますよーなんて敵に教えるはずないだろ？」

「ふーん」

「これはヒドい。当時の武家屋敷には、表札なんかかかっていなかったんだ」

「どうして？」

「いまでも、たとえば皇居に表札はかかっていないだろ？　偉い人の家は、みんな、そこにだれが住んでいるのか知っていたから、現在の小さな家のように表札なんていらなかったんだ」

「ふーん」

つまり、テレビの画面に映しだされていた世界は、いわば随所《ずいしょ》に黒い仮説が入りこんだとんでもない代物《しろもの》だったのです。

でも、それをみている視聴者の大部分は、江戸時代の文献にあたって調べることもないでしょうから、目でみた光景が本当にむかし起こったできごとだと信じてしまいます。テレビが何十万、何百万という視聴者の頭に勝手な仮説を［⑨］してしまうのです。

ようするに、歴史も文化である以上、「［⑩］史実」など存在しないのです。

だって、日本史の一級史料であっても、その書き手がホントのホントに事実をそのまま書き写したと検証できますか？

つまり、歴史はあくまでも仮説の集まりであり、真実ではないのです。

そうやって考えてみると、われわれが知っている科学も、実は、科学史でしかないことに気づきます。

いま現在起きていることは、じきに歴史になります。それと同じで、いま現在進行中の科学研究も、すぐに科学史になります。

つまり、科学とは、いちばん新しい［⑪］の集まりにすぎないのです。

二　次の文章を読み、あとの問いに答えなさい。

科学は神話と同レベル

日本でも人気の高い天才物理学者のリチャード・ファインマン（一九一八〜八八年）は、こんなことをいっています。

「科学はすべて近似《きんじ》にすぎない」

この近似という言い方は、科学がどんなに進んでも完全な予言などできないし、永遠に真理には①トウ達しえない、という意味なのです。

それは、②セイ密科学と呼ばれる物理学や化学さえも例外ではありません。

つまり、限りなく白に近い（※1）仮説であっても真理にはなれない、ということです。

もしかしたら、みなさんは科学の③エン長線上に真理というものがあると思っていたかもしれません。でも、ちがうんです。

科学と真理は、近づくことはできてもけっして重なることはできない、ある意味とても切ない関係なんです。

もちろん、その理由としては、反証可能性の問題があげられますが、科学哲学者のファイヤアーベントは、さらに進んで、

「④科学は神話に近い」

とまでいいきっています。

つまり、科学といえども人間の文化活動の一環《いっかん》であり、文化であるからには、時と場所によって大きく評価が変わるものだ、というのです。

忠臣蔵《ちゅうしんぐら》（※2）はヒドい

ちょっと話がずれますが、わたしの祖父が、よくテレビの時代劇をみながら解説をしてくれたのを思いだします。

祖父は売れない小説家でしたが、もともと⑤江戸時代の文学が専門で、慶應《けいおう》大学を出たときの卒業論文のテーマは「忠臣蔵」だったのです。

そんな祖父から、わたしは［　⑥　］なことを学びました。

問二　次の1～3の熟語の構成を正しく説明したものを、あとの選択肢から選び、記号で答えなさい。

1　再来　　2　尽力　　3　往復

ア　同じような意味の漢字を重ねたもの　　イ　反対または対応の意味を表す字を重ねたもの
ウ　上の字が下の字を修飾しているもの　　エ　下の字が上の字の目的語・補語になっているもの

問三　次の1～3の内容を表すことわざを、あとの選択肢から選び、記号で答えなさい。

1　自分にとって望ましい条件や必要な物事が、たまたま都合よくそろう
2　他者が自分をいさめる言葉は聞きづらいものだが、自分のためになる
3　あせらずにじっくりと待っていれば、やがてよい機会がめぐってくる

ア　猫に小判　　イ　馬の耳に念仏　　ウ　待てば海路の日和あり
エ　渡りに船　　オ　良薬は口に苦し　　カ　歳月人を待たず

二〇二三年度 保善高等学校（推薦）

【国　語】〈四五分〉〈満点：一〇〇点〉

一　次の設問に答えなさい。

問一　次の1〜10の傍線部について、漢字の読みをひらがなで答えなさい。また、カタカナを漢字に直しなさい。

1　腕力をきたえる。
2　ギターを弾く。
3　感謝している旨を手紙に書く。
4　美しい景色を描写する。
5　スキーのシーズンをムカえる。
6　油で天ぷらをアげる。
7　夏はウス着で過ごす。
8　出題ハンイを確かめる。
9　フクシ活動に参加する。
10　セリフをカンペキに覚えた。

2023年度／保善高等学校（推薦）

英語解答

1 A　1 **mu**・sic　2 to・**day**

3 **choc**・o・late

4 Aus・**tral**・ia

5 **bas**・ket・ball

6 un・der・**stand**

B　1 dictionaries　2 worse

3 kept　4 carried　5 their

6 thick

C　1 February　2 Wednesday

3 green　4 hour　5 bread

2 A　1 hasn't　2 who〔that〕

3 of　4 eating〔having〕

5 taking　6 be

B　1 Tom painted the wall red

2 know when he will come back

3 tried to do his best

4 What time did you get up

5 send me some pictures of

3 問1　徒歩〔歩き〕，15分　　問2　エ

問3　1…イ　2…ウ　3…ウ

4 問1　1…ア　2…イ　3…ウ　4…ア　5…エ

問2　(例)ひそかに善事を行い続けること

数学解答

1 (1) $\frac{1}{4}$　(2) $-3\sqrt{2}$

(3) $m^2+22mn+7n^2$

(4) $(5x+8y)(5x-8y)$

(5) $x=4$　(6) $x=20,\ y=23$

(7) $x=3,\ -2$　(8) $\frac{1}{4}$

(9) 10km　(10) 8％　(11) 右図

2 (1) $\frac{1}{2}$　(2) (2, 2), (−4, 8)

3 4倍

4 (1) 90°　(2) $108cm^2$　(3) イ

5 (1) 15通り　(2) 7通り

(3) 12通り

(例)

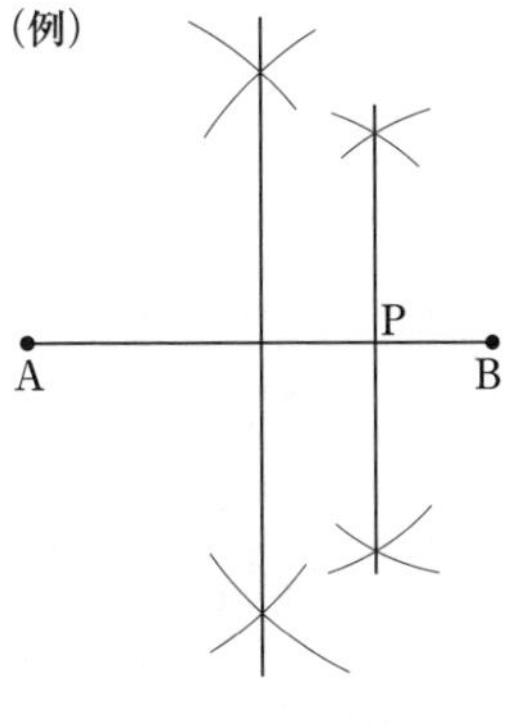

国語解答

一 問一　1　わんりょく　2　ひ

3　むね　4　びょうしゃ

5　迎　6　揚　7　薄

8　範囲　9　福祉　10　完璧

問二　1…ウ　2…エ　3…イ

問三　1…エ　2…オ　3…ウ

二 問一　①…イ　②…エ　③…エ

問二　(例)事故が起こり，原発の安全神話が崩壊した。／チャンピオンの不敗神話がついに終わった。

問三　ウ

問四　⑥…ウ　⑦…イ　⑧…ア

問五　エ　問六　エ　問七　仮説

三 問一　2…ウ　14…イ

問二　3　いちじる　5　こうけん

4　寄与　8　慰

問三　ウ

問四　A…ウ　B…エ　C…ア　D…イ

問五　人々の幸福の総量を増加させる

問六　7…ウ，エ　9…カ，コ

問七　10…ア　11…ウ

問八　12…エ　13…イ　問九　エ

問十　E…ウ　F…エ　G…イ　H…ア

問十一　ウ

問十二　行為が自分の利益のために行われるのではなく，純粋に他者を助けるために行われるということ。

問十三　(例1)自分の行動を，普遍化できるか想像することと，行動の動機が非利己的で純粋な善意志によるものかを確認すること。
(例2)自分がゴミを拾うことが，クラスの皆にとってよいことか考えてみる。また，自分がゴミ拾いをするのは誰のためか，自分のためなのではないか，と考えてみる。

2022年度 保善高等学校

【英　語】（50分）〈満点：100点〉

1　リスニング問題（放送の指示に従って答えなさい。）

リスニングテストの音声は，当社ホームページで聴くことができます。（実際の入試で使用された音声です）
再生に必要なユーザー名とアクセスコードは「収録内容一覧」のページに掲載しています。

A.　対話とその内容に関する２つの質問が放送されます。質問に対する答えを [A] ～ [D] から１つ選び、記号で答えなさい。

1.

[A]　Mr. Brown's help.

[B]　The day of her wedding.

[C]　Nothing.

[D]　A day off next Friday.

2.

[A]　Lucy's.

[B]　Mr. Brown's.

[C]　Lucy's cousin's.

[D]　Mr. Brown's cousin's.

B.　イラストや表の内容を表す文として最も適切なものを１つ選び、記号で答えなさい。

例題

答え：　[B]

1.

2.

＜今週の太郎の予定＞

月曜日	火曜日	水曜日	木曜日	金曜日	土曜日	日曜日
なし	15:00 テニス	19:00 英会話	なし	16:00 歯医者	10:00 動物園	13:00 図書館

これでリスニング問題は終わりです。**2** 以降の問題に答えなさい。

※　リスニング問題放送文は，英語の問題の終わりに付けてあります。

2

A.　次の各文の（　　　）に入る最も適切なものをそれぞれア～エから選び、記号で答えなさい。

1. My mother asked me (　　　) the room.

　ア clean　　イ cleaning　　ウ to clean　　エ cleaned

2. Thank you for (　　　) me to the party.

　ア invited　　イ inviting　　ウ invite　　エ to invite

3. There (　　　) a lot of students in the classroom then.

　ア is　　イ are　　ウ was　　エ were

4. He is (　　　) tired to work.

　ア so　　イ too　　ウ or　　エ and

B.　英語の説明に当てはまる単語を次のア～クからそれぞれ１つずつ選び、記号で答えなさい。

1. a room used for cooking

2. a large area of land that is covered with trees

3. a piece of land that is completely surrounded by water

4. the special set of clothes worn by all the members of a group

ア country　　イ lake　　ウ exam　　エ kitchen　　オ island

カ forest　　キ restaurant　　ク uniform

3

A. 日本文の意味になるように、(　　) に入る最も適切な語をそれぞれ答えなさい。

1. 明かりをつけてください。

Please (　　　) (　　　) the light.

2. アメリカを訪れるというヤスオの夢はかなった。

Yasuo's dream of visiting America has (　　　) (　　　).

3. もし十分お金があれば、新しいスマートフォンを買えるのに。

If I had enough money, I (　　　) (　　　) a new smartphone.

B. 日本文の意味になるように、[　　] 内の語を並べかえて正しい英文を完成させなさい。

1. 私が訪れたい国はニュージーランドです。

[I / to / the / want / visit / country] is New Zealand.

2. ナンシーは彼女の弟が部屋を掃除するのを手伝った。

Nancy [her / his / clean / helped / brother] room.

3. 彼にあとで電話するように伝えてもらえますか。

Will [to / you / him / call / tell / back] later?

C. 次の各文を英語に訳しなさい。解答用紙に与えられている語で書き始めること。

1. 彼はトムよりも速く走ることができる。

2. これらの本を全部読む必要はない。

3. なぜ母が怒っているか私はわからない。

4 次の会話はSDGs（持続可能な開発目標）に興味を持ったヤスヒロと、彼の友人で日本に留学しているクリスの会話です。これを読んで、後の問いに答えなさい。*印の語(句)には注があります。

Yasuhiro : These days I often hear “SDGs”. Do you know about them?

Chris : Yes, of course. ①They mean Sustainable Development Goals, don’t they?

Yasuhiro : That’s right. They are 17 goals for us to *achieve by 2030. One of them is ②Zero Hunger. So, I’m interested in food, especially vegetables.

Chris : (③) are you interested in vegetables?

Yasuhiro : Because many Japanese people don’t eat enough vegetables. Look at this *graph.

Chris : What is this graph about?

Yasuhiro : It’s about the *amount of vegetables which Japanese adults eat. They should eat 350 grams of vegetables a day but it shows that they (④) enough vegetables.

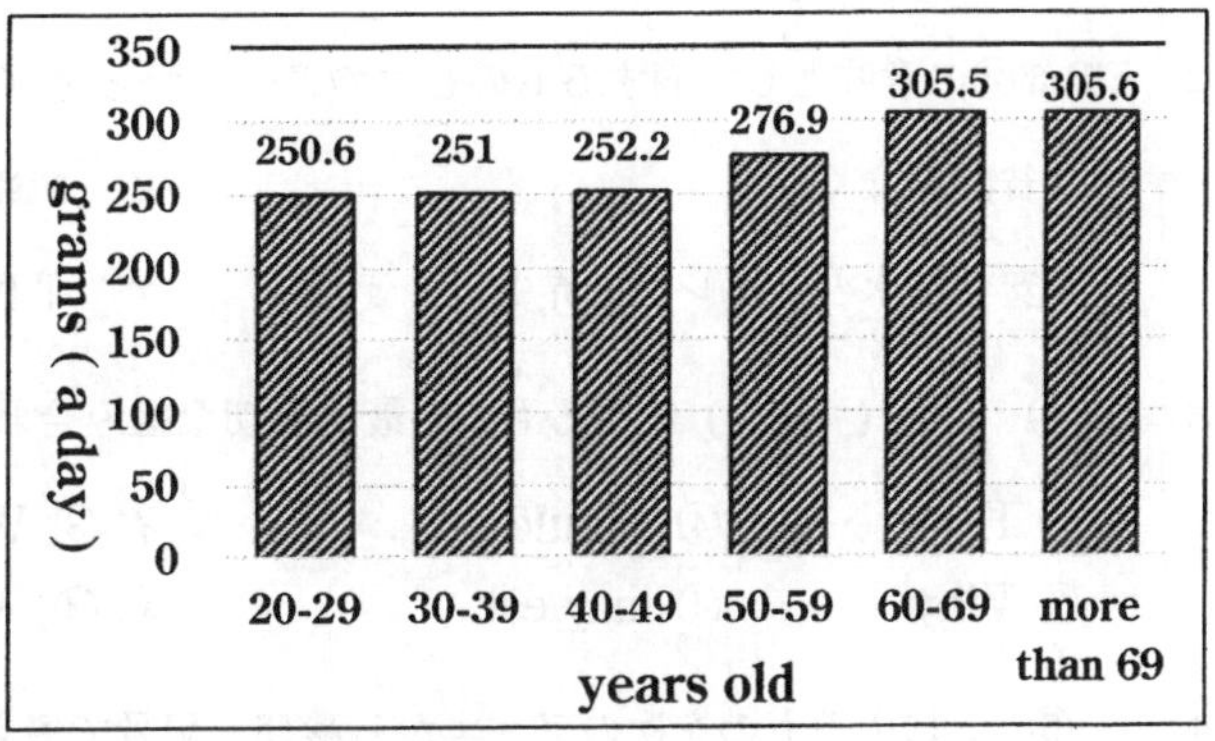

Chris : I see. I should eat much more vegetables, too.

Yasuhiro : In addition, I’m interested in where vegetables are grown. Look at these graphs.

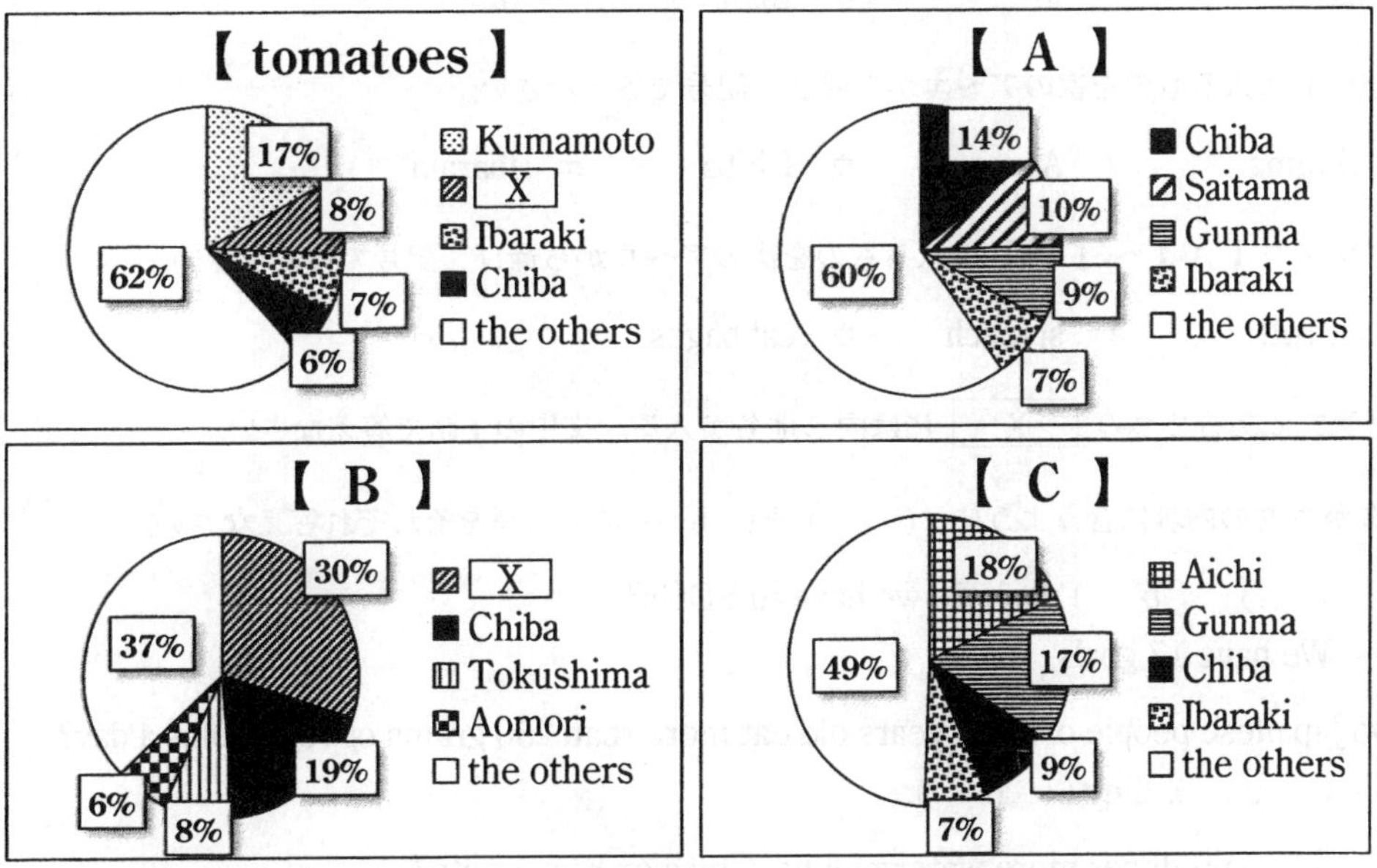

Chris : What are these about?

Yasuhiro : They are graphs about where tomatoes, carrots, *cabbages, and *spinach are grown. Kumamoto produces the most tomatoes in Japan. The second is Hokkaido. Hokkaido produces the most carrots. The second is Chiba. About cabbages, the top is Aichi. And it produces about as many cabbages (⑤) Gunma. About spinach, the top is Chiba and the second is Saitama.

Chris : I see. We see the name of (⑥) in all of the graphs. Does it produce many kinds of vegetables?

Yasuhiro : Yes, it does. It is also famous for *peanuts and *Japanese pears. Tomisato, a city in Chiba, is famous for *watermelons. It produces a lot of watermelons but Kumamoto produces the most watermelons in Japan.

注 achieve 達成させる graph グラフ amount 量 cabbages キャベツ spinach ほうれん草
peanuts ピーナッツ Japanese pears 梨 watermelons スイカ

問1 下線部①が指しているものを文中の1語で答えなさい。

問2 下線部②の意味として適するものを次のア～エから選び、記号で答えなさい。

ア 貧困をなくそう　　イ 飢餓（きが）をゼロに

ウ 安全な水とトイレを世界中に　　エ 平和と公正をすべての人に

問3 （ ③ ）と（ ④ ）に入るものの最も適切な組み合わせを次のア～エから選び、記号で答えなさい。

ア ③ How ④ should eat　　イ ③ What ④ can't eat

ウ ③ Why ④ may eat　　エ ③ Why ④ don't eat

問4 （ ⑤ ）に入るものを次のア～エから選び、記号で答えなさい。

ア as　イ in　ウ than　エ of

問5 （ ⑥ ）に入るものを次のア～エから選び、記号で答えなさい。

ア Gunma　イ Aomori　ウ Chiba　エ Ibaraki

問6 円グラフの【 A 】～【 C 】に入るものを次のア～ウから選び、記号で答えなさい。

ア carrots　イ spinach　ウ cabbages

問7 円グラフにある2つの [X] には同じ地名が入る。文中の1語で答えなさい。

問8 1～3が本文の内容に合うように、(a)と(b)に入る語をそれぞれ答えなさい。

1. (a)(b) goals do we have in SDGs?
--- We have 17 goals.

2. Do Japanese people over 60 years old eat more than 250 grams of vegetables a day?
--- (a), they (b).

3. (a) produces more watermelons, Chiba or Kumamoto?
--- (b) does.

5 次の英文を読み、後の問いに答えなさい。*印の語(句)には注があります。

In 1887, a baby boy was born in a small village in India. *Srinivasa Ramanujan was his name, and he later became one of India's *mathematical *geniuses.

When Ramanujan was ten years old, he was doing especially well in math. When he was thirteen, he borrowed books from a college library. At the age of fifteen, he started writing his own mathematical *theories. ①He [taught / by / mathematics / was / never] a famous teacher. He studied mathematics from books.

In his childhood, he was good at other subjects as well. However, when he was in college at sixteen, he did very badly on all the other subjects. ②His scores of those subjects were so bad that he couldn't finish college. Later, he went to another college, [X]. He was only interested in mathematics and had no time for other subjects.

When Ramanujan was 21 years old, he got married and got a job as a *clerk. In his free time, he continued to study mathematics. He started solving problems in mathematical *journals, and published his first *paper in 1911. Little by little, people started to notice his *talent for mathematics. However, ③no one was certain of this.

Ramanujan started writing to *mathematicians to ask them for advice, [Y]. The third person who received his letter was *Godfrey Harold Hardy, a mathematician and professor at *Cambridge University. Hardy read the letter and said, "This man is either a genius or just crazy." Because he wasn't sure, he asked his *co-researcher for help to check Ramanujan's theories. After checking the theories, they agreed with each other: Ramanujan was a (④).

After a while, Hardy invited Ramanujan to Cambridge University. At first his family didn't say yes, [Z]. He took three notebooks which had 3,245 *numerical formulas. In Cambridge, Ramanujan often studied for about 30 hours without stopping. After studying for a very long time, he then slept for a long time, about 20 hours. ⑤His daily life was not healthy. Also, he did not eat enough. Ramanujan was a *vegetarian and only ate vegetables and fruits. When World War I broke out, it became difficult for him to get them. In the end, Ramanujan became very sick, and died at the age of 32.

All his life, Ramanujan was in love with mathematics, and he has had a strong influence on mathematics today. Hardy once said, "My most important *contribution to mathematics was the *discovery of Ramanujan."

注　Srinivasa Ramanujan（人名）　シュリニヴァーサ・ラマヌジャン　　mathematical 数学の　genius 天才
theory 学説　clerk 事務員　journal 専門誌　paper 論文　talent 才能　mathematician 数学者
Godfrey Harold Hardy（人名）　ゴッドフレイ・ハロルド・ハーディー　Cambridge University ケンブリッジ大学
co-researcher 共同研究者　numerical formula 数式　vegetarian 菜食主義者　contribution 貢献
discovery 発見

問１　下線部①の［　　］内の語を並べかえて意味が通じる英文にしなさい。

問２　下線部②を和訳しなさい。

問３　下線部③は「誰もこのことに確信を持てなかった」という意味ですが、this の指す内容は次のア～エの中のうちのどれですか。記号で答えなさい。

ア　ラマヌジャンは数学が嫌いなのかどうか

イ　ラマヌジャンに数学の才能があるかどうか

ウ　ラマヌジャンが大学で数学を学んだかどうか

エ　ラマヌジャンの手紙が届くかどうか

問４　（　④　）に入る１語を同じ段落から抜き出して答えなさい。

問５　下線部⑤は具体的にはどのような生活のことですか。25字程度の日本語で答えなさい。

問６　［　X　］～［　Z　］に入る表現を次のア～ウの中からそれぞれ選び、記号で答えなさい。

ア　but the first two of them didn’t reply
イ　but he couldn’t finish it again
ウ　but he was finally able to go to England one year later

問７　本文の内容に合っていればＴを、合っていなければＦを○で囲みなさい。

1. Ramanujan was born in a small village in India.
2. Ramanujan did not do well in math class when he was a child.
3. Hardy was the first person to read Ramanujan’s letters.
4. Ramanujan lived a very long life.

＜リスニング問題放送文＞

これからリスニングテストを行います。問題用紙の１ページを見てください。リスニングテストは、すべて放送による指示で行います。リスニングテストの問題には、問題Ａと問題Ｂの２つがあります。

英文を聞き、問題用紙の余白にメモをとってもかまいません。答えはすべて解答用紙に書きなさい。

（５秒の間）

では、始めます。

問題Ａ

問題Ａは、英語による対話を聞いて英語の質問に答えるものです。ここでは対話とその内容に関する質問が２つ出題されます。対話と質問は全体を通して２回繰り返されます。質問に対する答えをそれぞれの選択肢から選び、その記号を書きなさい。

では始めます。

（３秒の間）

Lucy: Excuse me, Mr. Brown.　Could I ask you something?

Mr. Brown : Sure, Lucy.　What is it?

Lucy: Can I take a day off next Friday?

Mr. Brown : Well, you know we're very busy this month.　Is it important?

Lucy: Yes.　Really important.　I would like to attend my cousin's wedding.

Mr. Brown: Oh, well, of course you can.

（３秒の間）

Question No.1. What does Lucy ask for?

（５秒の間）

Question No.2. Whose wedding will Lucy attend?

（５秒の間）

繰り返します

（２秒の間）

Lucy: Excuse me, Mr. Brown.　Could I ask you something?
Mr. Brown : Sure, Lucy.　What is it?
Lucy: Can I take a day off next Friday?
Mr. Brown : Well, you know we're very busy this month.　Is it important?
Lucy: Yes.　Really important.　I would like to attend my cousin's wedding.
Mr. Brown: Oh, well, of course you can.
（３秒の間）
Question No.1. What does Lucy ask for?
（５秒の間）
Question No.2. Whose wedding will Lucy attend?

（５秒の間）

これで問題Ａを終わります。次に問題Ｂを始めます。

問題Ｂ

問題Ｂは、イラストや表を見て、その内容を表す英文を選ぶものです。ここでは問題は２題出題され、それぞれに[A]～[C]の３つの英文が全体を通して２回ずつ読まれます。[A]～[C]で読まれた英文の中から、イラストや表に対応するものとして最も適切なものを１つずつ選び、その記号を書きなさい。
（２秒の間）

例題のイラストを見てください。５秒後にそのイラストに関する英文[A]～[C]が放送されます。その中から正しいものを１つ選びなさい。
（５秒の間）

[A] There are three cars in the picture.
（２秒の間）
[B] There are four cars in the picture.
（２秒の間）
[C] There are five cars in the picture.
（２秒の間）

ここではイラストの内容に当てはまるのはＢの英文ですので、Ｂと解答します。
（２秒の間）

では問題を始めます。

問１のイラストを見てください。
（５秒の間）

[A] The cat is playing baseball.
（２秒の間）
[B] The bear is painting a picture.
（２秒の間）
[C] The pig is playing tennis.
（２秒の間）

繰り返します。
[A] The cat is playing baseball.
（２秒の間）
[B] The bear is painting a picture.
（２秒の間）
[C] The pig is playing tennis.

（５秒の間）

問２の表を見てください。
（５秒の間）
[A] Taro will visit the zoo on Saturday morning.
（２秒の間）
[B] Taro will go to the library on Wednesday night.
（２秒の間）
[C] Taro will play tennis on Friday afternoon.
（２秒の間）

繰り返します。
[A] Taro will visit the zoo on Saturday morning.
（２秒の間）
[B] Taro will go to the library on Wednesday night.
（２秒の間）
[C] Taro will play tennis on Friday afternoon.
（５秒の間）
以上で、リスニングテストを終わります。

【数　学】（50分）〈満点：100点〉

注意

・解答に単位が必要なときは，明記して下さい。
・解答が分数になるときは，これ以上約分できない形で表して下さい。
・解答に根号を用いるときは，√の中を最小の正の整数にして下さい。
・作図の問題について，作図に用いた線は消さずに残して下さい。

1　次の問いに答えなさい。

（1）　$-5\times(-9)$ を計算しなさい。

（2）　$\frac{3}{5}\times10^2-(-3^3)$ を計算しなさい。

（3）　$(2x+y)+2(x+y)$ を計算しなさい。

（4）　$\frac{1}{3}(3a+6)^2$ を計算しなさい。

（5）　$x^2-12xy+20y^2$ を因数分解しなさい。

（6）　1次方程式 $x-2=2x+5$ を解きなさい。

（7）　連立方程式 $\begin{cases}5x-4y=9\\2x-3y=5\end{cases}$ を解きなさい。

（8）　2次方程式 $x^2+4x-2=0$ を解きなさい。

（9）　関数 $y=ax^2$ について，x の変域が $-2\leqq x\leqq3$ のとき，y の変域は $-36\leqq y\leqq0$ となりました。このとき，a の値を求めなさい。

（10）　2枚の硬貨を同時に1回投げるとき，1枚は表で1枚は裏が出る確率を求めなさい。

（11）　半径が2cmの球の体積と表面積を求めなさい。ただし，円周率は π とします。

(12)　下の図において，点Aを通り，円の面積を２等分する直線を作図しなさい。
ただし，作図に用いた線は消さないで残しておきなさい。

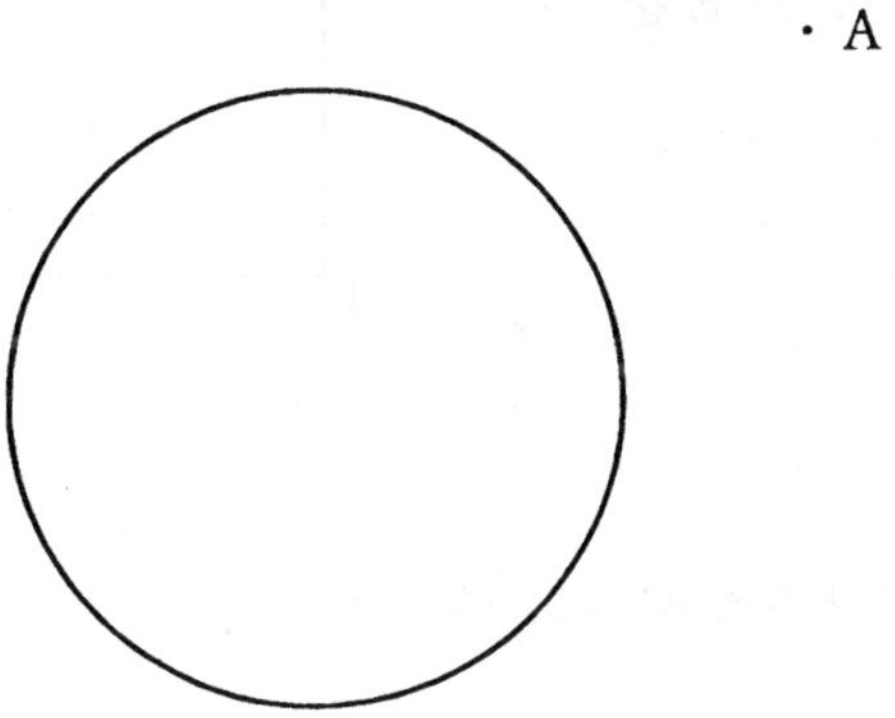

2　右の図において，直線 ℓ は関数 $y=-\frac{1}{3}x+2$ のグラフであり，直線 m は２点 C(0, −5)，D(4, 3) を通ります。また，点Pは２直線 ℓ，m の交点です。このとき，次の問いに答えなさい。

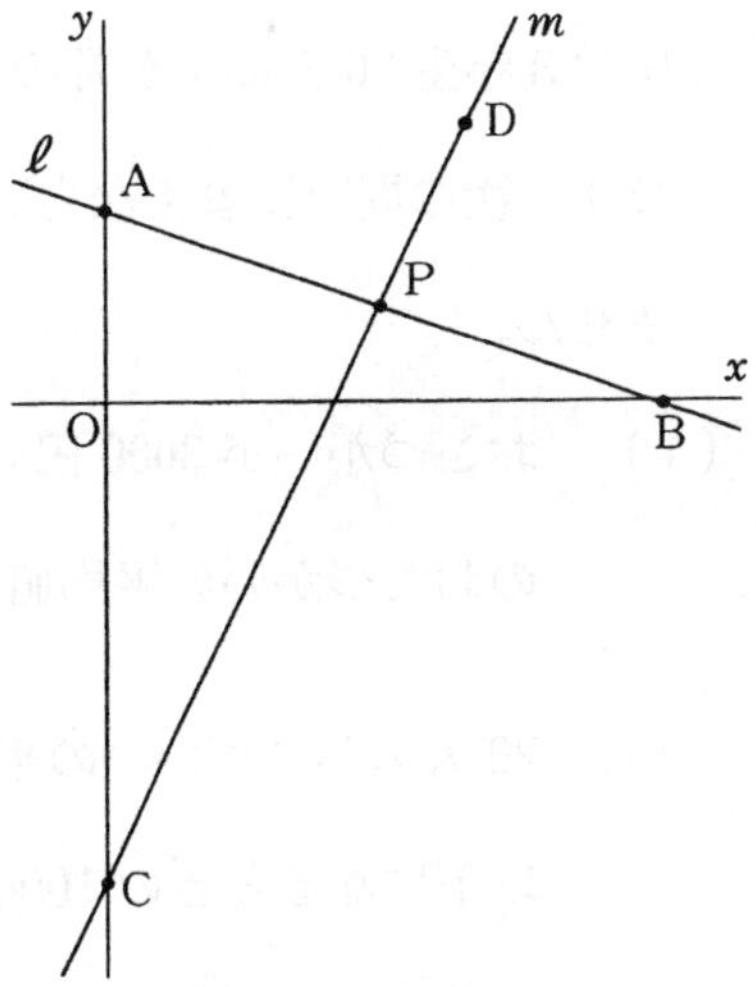

(１)　直線 m の式を求めなさい。

(２)　点Pの座標を求めなさい。

(３)　点Pを通り，△ACPの面積を２等分する直線の式を求めなさい。

3 右の図のような AB＝12cm, AD＝16cm の長方形 ABCD があります。
辺 BC 上に EC＝9cm となるように点 E をとり，線分 AC と線分 DE の交点を F とします。
このとき，次の問いに答えなさい。

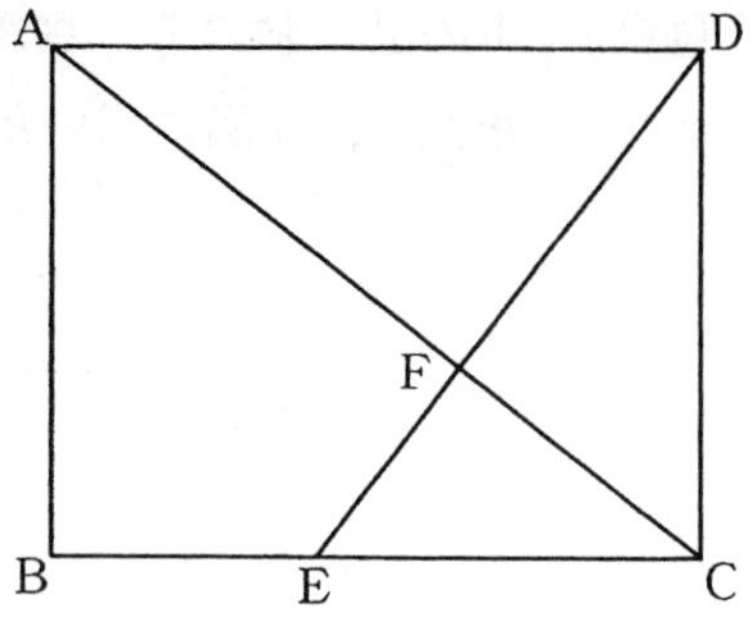

（1） 線分 AC の長さを求めなさい。

（2） △ABC ∽ △ECD となることを証明しなさい。

（3） △CEF の面積を求めなさい。

4 中学３年生 20 人に１か月のおこづかいの金額の調査をしました。その結果が下の表です。次の問いに答えなさい。ただし，3000 円と 10000 円の度数はまだ記入していません。

（1） おこづかいが 3000 円の人数が４人のとき，20 人のおこづかいの平均値を求めなさい。

（2） 20 人のおこづかいの平均値が 4000 円以上 4500 円以下になるときの 10000 円もらっている中学生の人数を求めなさい。

（3） 追加で２人の中学生を調査したところ，２人ともおこづかいは 5000 円でした。22 人のおこづかいの平均は追加する前の 20 人の平均より 100 円高くなりました。3000 円もらっている中学生の人数を求めなさい。

金額(円)	度数(人)
1000	2
2000	6
3000	
5000	7
10000	
計	20

エ　市場の人々は年末でお金に余裕がないために、高そうに聞こえる商品名よりも、安そうに聞こえる商品名の方が、聞こえやすいから。

問六　本文を踏まえた発言として最も適当なものはア～エのどれか、記号で答えなさい。

ア　生徒A　「この時代も、年末の市場はとても活気があって、人々も楽しそうに買い物をしていたんだね。」
イ　生徒B　「やはり、どの時代でも年末になると、誰もが珍しいものをほしがるんだということがわかったよ。」
ウ　生徒C　「商品を買ってもらうためには、時には客の袖を引っ張るなどの強引な呼び込みも必要なんだな。」
エ　生徒D　「時と場所によっては理屈で話すよりも、勢いのある言葉を使った方が伝わりやすいこともあるんだね。」

4 「売りしためしなきを」

ア この市では売った例がないのに
イ 販売する資格を持っていないが
ウ 今までに完売したことはないが
エ 売れ残ったことがなかったのに

問四 傍線部5「『いかに』と問へば、『かく』といふ」とあるが、「貝を仕入れた者」がどのようなことを聞いたところ、「販売を頼まれた者」はどう答えたのか。適するものを次から選び、記号で答えなさい。

ア 「どのように売ったのですか」と聞いたところ、「指示通りに」と答えた。
イ 「どれほどの人に売りましたか」と聞いたところ、「大勢の人に」と答えた。
ウ 「どれぐらい売れましたか」と聞いたところ、「まったく売れません」と答えた。
エ 「どうして売れないのですか」と聞いたところ、「需要がないのです」と答えた。

問五 二重傍線部A「貝焼きの貝、召させ給へ」と言うより、B「早鍋、早鍋」と言った方がなぜ客は足をとめるのか。その理由として適するものを次から選び、記号で答えなさい。

ア 市場にいる人々は年末で料理する暇がないために、手間のかかる料理よりも、早く食べられる料理の方が、魅力的に感じるから。
イ 市場は年末の騒がしさで声が聞きづらいために、普通に呼びかけるよりも、奇抜な言葉を使った方が、すぐに理解しやすいから。
ウ 市場は年末で騒がしく掛け声に注意を払う余裕がないために、長い品物の説明よりも、短い掛け声の方が、聞き入れやすいから。

とはいふいとまもなく、聞くいとまもなしとかや。物の勢ひといふものも、またことわりの外《ほか》なるものなりけり。

（『花月草紙』による）

（語注）
1 浅草寺……東京都台東区にある都内最古の寺。
2 貝焼き……貝を鍋のようにして、煮炊きした料理。
3 早鍋（はやなべ）……早く煮炊きするために薄手にした鍋。
4 椹（さはら）……ヒノキ科の常緑高樹。建築や桶などの材として用いる。

問一 傍線部1「さつまの国」は、現在の何県にあたるか。次から選び、記号で答えなさい。

ア 鹿児島県　イ 奈良県　ウ 新潟県　エ 滋賀県

問二 傍線部3「かうやう」、6「ほほゑみ」の読み方を現代仮名遣いで答えなさい。

問三 傍線部2「折ふしさはることあれば」、4「売りしためしなきを」の内容として適するものをそれぞれ選び、記号で答えなさい。

2 「折ふしさはることあれば」
ア 急に貝を仕入れることができなくなったので
イ ちょうどその時に急用ができてしまったので
ウ 昼までに売り切らなければならなくなったので
エ 今まさにお客さんが貝に手を伸ばそうとしたので

四　次の文章を読んで、あとの問いに答えなさい。

年の暮れに、浅草寺（注1）のあたりに市といふことありて、ことに人おほくいづるなり。ある人、1さつまの国より、あはびの貝おほく買ひもとめてけり。その貝のあなをふたぎ、《その貝の穴をふさいで、》木もてふたをつくりて、《木でふたを作って、》その市にて売らんとはかりけるが、2折ふしさはることあれば、人にたのみて、「昼つかたには来べし。それまでに売りてたべ《それまでに売っておいてください》」といふにぞ、もて出でて売るに、かへりみる人もなし。「さればよ、3かうやうのもの、この市にて4売りしためしなきを、要なきことに時つひやすものかな《無駄なことに時間を使うのだなぁ》」とおもひつつ、いかに売れども、買ふものなければ、行き来の人の袖ひかへて、「これ召させ給へ」などといふに、ひきはなちて行くめり。昼過ぐるころ、かの人来たりて、5「いかに」と問へば、「かく」といふ。「何といひて売りし」といへば、「別に何とかいはん。『A貝焼き（注2）の貝、召させ給へ』とて売りし」と答ふ。彼6ほほゑみて、「わが売るを見給へや」とて、いと声高に、「B早鍋（注3）、早鍋」といへば、過ぎ行くものは立ちかへりてかひ求め、《過ぎて行く者は戻ってきて買い求め、》そこら行く人も、声をとめてかひぬ。みるがうちに、《声によって立ち止まり買った。見る間に、》おほくの貝を皆売りてけり。《たくさんあった貝を全部売り切ってしまった。》この市は人おほく出づれば、ことにかまびすしくて《騒がしくて》、しづかに心とむるものもなければ、手桶《おけ》売るものは、「椹（注4）、椹」といふ。「椹の木もてつくりし手桶よ」

【資料Ⅰ】

まち【町・街】

①人口が集中し、家屋の立ち並ぶ地域。
「町の病院へ行く」
「町ぐるみの歓迎」

②商店などが並んだ、にぎやかな通り。また、そういう区域。
「学生の街」
「街の灯」

③（町）地方公共団体の一つ。市と村の間の単位。ちょう。
「二つの町が合併して市になる」

④（町）市や区を構成する小区分。

［補注］
②は普通、「街」と書く。

出典『現代国語例解辞典〔第5版〕』（小学館）

【資料Ⅱ】

地域発

商店街に賑わいを取り戻せ

最大の課題は後継者不足の解決

米吉支局

シャッター通りをどう再生するのか。そもそも再生できるのか。

　日本中の地方都市を悩ませるこの問題に対して、中小企業庁の「平成30年度商店街実態調査」が明らかにした現実は極めて重たくのしかかっている。同調査によると、現在の商店街が抱える問題の第1位は「経営者の高齢化による後継者問題」であった。第2位は「店舗等の老朽化」、そして第3位に「集客力が高い・話題性のある店舗・業種が少ない又は無い」が続く。

　それぞれのパーセンテージを見ると、後継者問題の根深さが浮き彫りになる。第1位の後継者問題を指摘した商店街は全体の約65%を占めるのに対して、第2位の店舗の老朽化や第3位の集客力といった問題を指摘した商店街は30%台後半にとどまる。シャッター通りの再生のために商店街の魅力づくりを試みるという方法では乗り越えられない課題がそこにはある。

「新型コロナの影響もあって飲食店を中心に既存の店舗の経営が危うくなっているのに、今ある店舗をそのまま後継者が引き継ぐというモデルには無理があるかもしれない」というのは米吉市にある坂本通り商店会事務局長の田口さんだ。「私は学生時代のアルバイトがきっかけとなって今の店を継がせてもらうことになったが、これはとても珍しいケース。跡継ぎの子どもがいない店舗に、私のような後継者が突然、現われるということはふつう期待できないし、そもそも今のご時世では『後継者候補』たちが尻込みすることもあるだろう。後継者が目指すビジネスモデルを尊重しながら、店舗の存続を図ることが前提になるべきだ」と田口さんは話す。

　シャッター通りという問題を解決するためには、大前提として「通り」をつくる一つ一つの店が成り立つことが必要だ。今、商店街の存続のために世代を超えた協働による地域の再生が求められているのだろう。

問五　左に示すのは、傍線部４「このまちに、〝街〟ってあるんですか？」について話し合っている生徒たちの会話と、それに関連する資料である。これらを読んで、あとの設問に答えなさい。

ゆたかさん　この文で「まち」と「街」という表記が使い分けられているのはなぜなのかな。
たかしさん　うん、僕も気になったので意味を調べてみたんだ。その結果を【資料Ⅰ】にまとめたよ。
おさむさん　これを参考にすると、A の意味で「まち」、B の意味で「街」と表記されているのかな。
ひろしさん　なるほど、つまり「女子大生」にとっては舞台の商店街が B には見えていないことを表しているんだね。
おさむさん　でも、それを乗り越えるにはどうしたらいいのかな。
ア　ゆたかさん　【資料Ⅱ】にあるように、「女子大生」のような若い人の知恵でお店の魅力を高めることが最優先だと思う。
イ　たかしさん　魅力づくりは後継者問題や店舗の老朽化が解決したあとに初めて考えられることだと書いてあるよ。
ウ　おさむさん　「世代を超えた協働による地域の再生」の志をもった後継者を育てることが欠かせないとあるよね。「女子大生」が言いたかったのはこのことなんじゃないかな。
エ　ひろしさん　後継者問題の解決を図るだけでなく、お店の魅力が生まれるように、それこそ「女子大生」も加わって「世代を超えた協働による地域の再生」を真剣に考えなきゃいけないんだよ。
ゆたかさん　それって、高校生の僕たちに課せられた使命だともいえるね。

(1)　空欄 A ・ B を補うのに適するのは【資料Ⅰ】のどの用法か、①～④の番号で答えなさい。

(2)　本文と【資料Ⅱ】を踏まえた発言として最も適当なものはア～エのどれか、記号で答えなさい。

ア　本屋の経営が難しい時代になったので、結婚する意志のない「わたし」を心配した父親を安心させるために公務員試験を受験したから。

イ　本屋の経営をやめることになったので、家業を立て直そうとしていた「わたし」の将来を考えた父親に公務員試験の受験を勧められたから。

ウ　本屋の経営をとりまく環境が厳しくなったので、家業を継ぐつもりだった「わたし」の将来を考えた父親に公務員試験の受験を勧められたから。

エ　本屋の経営が続けられなくなったので、やりたいことも家業を継ぐつもりもない「わたし」を心配した父親を見返すために公務員試験を受験したから。

問三　傍線部2「学生のほとんどが、入学してから卒業するまでの四年間、ここの商店街に、一度も行ったことがなかった」について、その原因を「まゆみ先生」の発言を参考にして、解答欄に合うように答えなさい。

問四　傍線部3「二十世紀に青春を過ごした者同士で傷を舐め合っている」とあるが、このときの「わたし」の気持ちの説明として適するものを次から選び、記号で答えなさい。

ア　「わたし」と同じように地元の商店街でかけがえのない時間を過ごした「まゆみ先生」と昔話をすることで、学生たちが商店街を訪れない現状に対するさびしさをまぎらわそうとする気持ち。

イ　「わたし」と同じように地元の商店街で成長してきた「まゆみ先生」と楽しかった出来事を語ることで、学生たちが商店街に関心を持っていない現状に対する怒りをしずめようとする気持ち。

ウ　「わたし」と同じように地元の商店街を大切に感じていた「まゆみ先生」と思い出を語ることで、学生たちが商店街を真剣に立て直そうとしない現状に対する悲しさを和らげようとする気持ち。

エ　「わたし」と同じように地元の商店街を活性化しようとしている「まゆみ先生」と今後の展望を話すことで、学生たちが商店街に来ない現状に対するやりきれなさを乗り越えようとする気持ち。

「だ、だ、大丈夫！　わたしもうちの大学の卒業生ですが、学生のころは毎週のように街まで出て遊んでましたよ！　好きなお店いっぱいあったし、思い出もいっぱいあるんです。あそこは青春の思い出が詰まった場所です！」

「ですよねですよね！　わたしが高校生のころも、友だちが毎日のように入り浸ってたし！　商店街に住んでるなんてスゴいって、めっちゃうらやましがられたし！」

3二十世紀に青春を過ごした者同士で傷を舐《な》め合っていると、女子大生が「あのぅ」と［E］を差した。

「純粋にギモンなんですけど」

「うんうん」

「どうぞどうぞ」

彼女は悪気なんかいっさいない、まっすぐな瞳でこう言った。

4「このまちに、〝街〟ってあるんですか？」

（山内マリコ『メガネと放蕩娘』文春文庫による）

（語注）
1　ペルソナ……仮面。
2　バブル崩壊……一九九〇年代前半に始まった不景気のこと。
3　一級河川………国が維持、管理を行っている川。複数の都道府県にまたがって流れる主要な河川はこれに属する。
4　チアアップ……元気づける。英語の cheer up をカタカナで表記している。

問一　空欄［A］～［E］に入る漢字として適するものをそれぞれ次から選び、記号で答えなさい。

ア　壁　　イ　腰　　ウ　泥　　エ　鼻　　オ　水

問二　傍線部1「市役所職員となって約七年」とあるが、「わたし」が「市役所職員」になったのはなぜか。理由として適するものを次から選び、記号で答えなさい。

「ところがためしにアンケートをとったところ、2学生のほとんどが、入学してから卒業するまでの四年間、ここの商店街に、一度も行ったことがなかったんです」

「えっ!?」

わたしは仰天し、思わず素《す》の声が漏《も》れた。

「嘘でしょ?」

まゆみ先生は大きくうなずいて、

「そうなんです。衝撃の結果なんです」と厳《おごそ》かな口調。

「県外から来た学生たちはみんな大学近辺に住むので、その近くでなんでも用事をすませてしまうんですね。お金もないので飲み会は下宿先でやることが多く、洋服などの買い物はそれぞれの田舎に帰ったときに、地元のイオンで買うという答えが寄せられました。時代は変わったんだなぁとびっくりで」

ショックを受けすぎて、話が途中から耳に入らない。

「一度も来たことないなんて……」

大学生といえば、人生でいちばん本を読む時期なんじゃないの!? ウチダ書店で本買ってよ!

まゆみ先生も悩ましい表情だ。

「仮にも、まちづくりに興味があって、専攻している学生が、です」

「そんなぁ、さびしすぎる。でも、なんで? なぜなんでしょう?」

わたしは神妙《しんみょう》な顔で問うた。

まゆみ先生の分析はこうだ。

「どうやら川を越えるのがハードルになっているみたいですね」

大学のキャンパスから中心市街地へ行くには、一級河川(注3)にかかった大きな橋を渡らなくてはいけない。これは車を持っていない大学生にすれば、なかなか面倒な距離なんだろう。でも公共交通はちゃんと通っていて、電車で三十分とかからず移動できるし、バスもある。なのになぜ!? そんな疑問がわいたけれど、虚《むな》しくなって口に出すのもやめた。つまりはいまの若い子たちにとって、商店街のある中心市街地が、わざわざ行きたい場所じゃないってことに尽きるんだろう。

「商店街がらみの辛い話はいろいろ聞くけど、そんな凹《へこ》む話聞いたのは久々です……」

まゆみ先生は慌てて、わたしをチアアップ(注4)してくれた。

業を守りたい気持ちはもちろんあるけど、昔と違って本屋が堅い商売じゃなくなったご時世、娘をそんな[B]船に乗せるのは忍びないという。

売り上げはピーク時の半分以下、本屋はもともと粗利がそれほど出る商売ではないうえ、人件費もかかる。一九九〇年代まではこの商店街に本屋は三軒、古本屋も二軒あった。ところがこの十年ちょっとで、ウチダ書店以外みんな店を畳んでいる。郊外のショッピングセンターに出した支店だけを残して、商店街にあった本店を閉めた店もある。古本屋はどこも同業の巨大チェーン店に客を根こそぎとられて完全に廃業した。当然、どこかの店がなくなるたびに、うちはどうしようかという話になる。

「ウチダ書店もこの先どうなるかわからないから、貴子《タカコ》も嫁に行くか、自分一人でも生きていけるようにしておきなさい」

父さんは(注2)バブル崩壊で潰れる零細《れいさい》企業をさんざん見てきたので、公務員になる案を猛プッシュ。二十代半ばになっても結婚する気配のない娘を見かねて、「三十歳までなら試験を受けられるから」と煽《あお》った。わたしには、傾いている家業を立て直せるほどの気概も才覚もない。かと言ってほかにやりたいこともなかったし、なんとなく流されるままに試験を受けて、市役所職員となった。広報課に配属されて三年が経つ。

「たしかに昔に比べると商店街は活気が足りない気がしますが、ほら、このグラフ！」

わたしは分厚いバインダーを開いて、リサイクル品のわら半紙にプリントされたグラフを彼女に向けた。

「このグラフにもあるように、市の税収のほとんどが、固定資産税なんですね、そのうち約二十％が、中心市街地からの税収なんです。面積でいうとわずか一％にも満たないエリアですけど、ここからの税収がとても大きくて。なので、補助金を中心市街地にピンポイントで投資するのは、非常に効率的な方法でして……」

するとまゆみ先生は話の[C]を折るように遮《さえぎ》り、泣き笑いみたいな顔でうんうんうなずきながら言った。

「大丈夫です。苦情を言いに来たわけではないので」

「あ、なるほど……」

出[D]をくじかれたような、牙を抜かれたような気分でバインダーを静かに閉じる。

まゆみ先生は座りなおしてこうつづけた。

「わたくしどもの学科は、都市環境デザイン学科といって、都市計画やコミュニティデザインといったことを学んでいます。なかでも地域コースは、村おこしやまちづくりに特化した研究をしてまして、地域コースを選択する学生はみんな、街というものに興味を持っているはずなんですね」

ふむふむ。

問六　傍線部3「ゆるいつながり」とあるが、この部分について述べた左の文章の空欄に適する語句は何か。指定された字数でそれぞれ書き抜きなさい。

「ゆるいつながり」とは、［① 2字］の関係ではなく［② 2字］の人間関係のことを表している。またこのつながりには［③ 5字］などは入り込まず、［④ 13字］がベースとなり構築される。それらの関係がこれからの時代において［⑤ 6字］ために重要となり個人の［⑥ 2字］の有無が明らかとなる。だからこそセンスに基づいた［⑦ 7字］をつくりだすことが求められているのだ。

三　次の文章を読んで、あとの問いに答えなさい。

（地方都市の市役所に勤める「わたし」（貴子《たかこ》）はある日、同じ都市にある大学で研究をしている「まゆみ先生」から、中心市街地の商店街の活気がなくなっている現状について質問を受けることになった。以下はそれに続く場面である。）

「やっぱりショッピングセンターの存在が大きいんでしょうか？」

まゆみ先生の質問を受けて手元の資料を繰《く》った。

「そうですね、大型スーパーなどの出店を制限していた大規模小売店舗法《大店法》が二〇〇〇年に廃止されたことで、郊外にショッピングセンターや全国チェーンの大型店が一気に増えまして、そちらに消費者がどんどん流れているのではと把握しています。なにしろ田舎は車社会ですから、有料駐車場しかない街なかはどうしても不利で」

資料のグラフを示しながら、前のめりになって模範解答をくり返した。

1市役所職員となって約七年、わたしの顔にもすっかりお役所ペルソナ（注1）が張りついている。あまり自分を出しちゃいけないような職場の雰囲気に適応するうち、市民との間に［A］を作った対応を、自然ととれるようになってしまった。

これでも、二十代半ばまでは、エプロンをつけて家業のウチダ書店を手伝っていた。うちには男のきょうだいがいないから、昔から近所のおばちゃんやおじちゃんたちに、「いい婿《むこ》さんもらってお店継がなきゃねぇ」と呪いをかけられつづけ、「ダァ〜うっとうしい!!」と思いつつ、自分もなんとなくそんなつもりでいたのだった。ところがある日、父さんから「もうそんな時代じゃない」と言われた。家

問一　空欄 A ・ B に入る語句の組み合わせとして適するものを次から選び、記号で答えなさい。

ア　A―平行　B―直線　　イ　A―垂直　B―水平　　ウ　A―水平　B―平行
エ　A―垂直　B―平行　　オ　A―垂直　B―直線　　カ　A―直線　B―水平

問二　空欄 C に入る語句として適するものを次から選び、記号で答えなさい。

ア　非人情　　イ　非公式　　ウ　非効率　　エ　非常識

問三　傍線部1「これも『ギャップ』のせいで起こるトラブルの一つです」とあるが、筆者はこうした「トラブル」が起こる理由をどう考えているか。それを説明した次の文の空欄に適する内容を指定された字数で解答欄に答えなさい。

「上下関係」という慣習がないヨコの人間関係を望んでいたのにも関わらず、 13字以内 がそのグループ内で生じてしまう可能性があるから。

問四　傍線部2「そんな勘違い」とはどのような「勘違い」のことか、「～という勘違い」に続く形で解答欄に四十五字以上五十五字以内で説明しなさい。

問五　空欄 D に入る語句として適するものを次から選び、記号で答えなさい。

ア　紙一重　　イ　未知数　　ウ　下克上　　エ　不安定

からは予約が取れなくなるはずです。

他方、偉そうな料理人というのもかなり減ってきています。たとえば、鮨屋《すしや》といえば昔は威張っている人が多いというイメージが強かったですが、もうそういう店には、お客のほうが行かなくなっています。よほど美味しければ話は別ですが、偉そうな感じでも行く価値のある店といったら、ごくわずかです。

いまの鮨屋の大将は30代・40代を中心として、しっかりとした技術もあるし、ちゃんとコミュニケーションがとれるし、そのほうが、難しい顔で鮨を握られているよりも、お客としてはいいに決まっています。

これもSNSのおかげでしょう。「あの大将、感じ悪い」とか「あそこ行ったら、落ち着いて食べられない」とか、すぐに書かれて拡散してしまいます。以前は、そういうことを広く発信・受信できるツールがなかったので、そんなものだと思っていたからみんな「我慢」して行っていたわけです。

少し厳しい言い方になりますが、ヨコの人間関係が苦手な人はこれからの時代、ビジネスで成功を収めるのも難しくなってくるでしょう。

なぜなら、ヨコの人間関係では「能力」のある・なしが露骨にわかってしまうから。「10年先に働いているんだから、自分のほうが偉い、仕事ができる」というようなタテ発想の〝言い逃れ〟は通用しないのです。

たとえば昔はどんなに実力があるシェフでも長年修行が必要でしたが、センスが良く、ものすごく頑張って20代で独立して成功している人がいまは少なくありません。できる人は数年の修行で独立できるし、できない人は何十年修行しても独立できない。年齢は関係なくなってきているのです。

いまはどの料理店も、本当に「　D　」です。わたしより上の世代の人がやっていて、ひと昔前は人気店といわれたようなお店でも、進化を続けていない所はどんどんダメになってきています。一方で、若い人たちのお店が驚くほど流行《はや》ってきています。

SNSで自分のセンスを知る

要は、[3]「ゆるいつながり」のコミュニティではセンスに基づく共感が求められるということです。リアルでもネットでもそれは同じであって、ネットのコミュニティでは特にそうです。端的に言えばセンスのある人が、より新しいつながりをつくれるということです。

（本田直之『ゆるいつながり』による）

テーマだったり共感だったりを通じて集まるわけですから、そのグループ内の人間関係に地位や年齢などは入り込みません。人間関係は基本的に［B］方向です。だからこそ、たとえばフェイスブックで、上司から友達リクエストがくることに拒否感を抱いてしまうわけです。

ただ、日本人の人間関係には「上下関係」という慣習が根強く残っています。スタートはヨコの関係でも、時間が経つにつれてタテの関係が出てくる可能性は十分にあります。たとえば、そのグループに入ったのが先か後かで先輩・後輩の関係が出てきがちです。

ところが、「ゆるいつながり」では上下関係は「［C］」なのです。それが息苦しくなってグループを離れる人も少なくないだろうし、入り込んできたタテの人間関係のせいで、グループが壊れてしまうこともあるでしょう。[1]これも「ギャップ」のせいで起こるトラブルの一つです。

韓国など日本と同じく儒教ベースの慣習を持つ地域は別ですが、海外の国々には「オレのほうが年上なんだから、従って当然だろう」というような「常識」を振りかざす習慣はあまりありません。

もちろん、上下関係を重んじることにもよい部分はあるでしょう。けれどもネットの登場以来、タテの人間関係ではうまくコミュニケーションできない部分が目立ってきて、ヨコの人間関係のほうがよいコミュニケーションができるという人たちが、特に若者を中心に増えているのです。

「タテ社会」では通用しない時代

第1章で「電話」をめぐるいくつかのギャップについて述べましたが、それも実は、タテの人間関係によってもたらされている問題と言えます。たとえば、「3コール以内に取れ」というのにも「お客さまは神さま」という上下関係が入り込んでいます。

ところが今日のビジネスにおいても、顧客との関係がどんどん「フラット化」していく方向に進んでいます。

たとえば、レストランでもそうでしょう。客がわがまま放題でシェフが言いなりになっているというようなお店は、ずいぶん少なくなってきました。そういうことをしていると客のほうが嫌われる時代なのです。最近増えているレストランの「おまかせメニューのみ」や「一斉スタート」、「2回転制」、「事前支払制」なども、客との関係が対等であるからこそ、成り立つのでしょう。

以前なら「客をなめてんのか！」などとクレームものだったかもしれませんが、そうしなければベストの状態でうまい料理とサービスが提供できないというお店側の判断を、客側も尊重するようになっているのです。

「金を払う客の言うことに従うのは当然だ」というのは、まさに上下関係です。[2]そんな勘違いをしているわがままな客は、おそらく次

3 「おうどんをいただく」には尊敬語が含まれている。
4 「校長室にうかがいます」には謙譲語が含まれている。
5 『枕草子』は『平家物語』よりも先に成立した作品である。

問三 次の熟語の構成を正しく説明したものを、あとの選択肢から選び、記号で答えなさい。

1 歓喜　2 是非　3 貯水　4 未来　5 老人

ア 同じような意味の漢字を重ねたもの
イ 反対または対応の意味を表す字を重ねたもの
ウ 上の字が下の字を修飾しているもの
エ 下の字が上の字の目的語・補語になっているもの
オ 上の字が下の字の意味を打ち消しているもの

二 次の文章を読んで、あとの問いに答えなさい。

SNSがつくる「ヨコ社会」

第1章で、旧来の人間関係について「昭和的強制のつながり」と呼びましたが、それを「タテ社会の人間関係」と言い換えることもできるでしょう。

社長を頂点にしたピラミッド型の組織である会社はもちろん、学校も地域社会もそうです。たとえば学校では、校長と先生、先生と生徒、先輩と後輩、いずれも［A］方向の人間関係です。

そうしたタテの人間関係があるからこそ、上が下に対して平気で強制できるとも言えるでしょう。

これに対して、パソコン通信もフェイスブックもインスタグラムも、基本的にはタテの人間関係が排除されていて、集まる人たちの間に上下関係はなく、したがって強制もない「ヨコの関係」で成り立っています。

二〇二二年度
保善高等学校

【国語】（五〇分）〈満点：一〇〇点〉

一 次の設問に答えなさい。

問一　次の1～10の傍線部について、漢字の読みをひらがなで答えなさい。また、カタカナを漢字に直しなさい。

1　仕事に就く。
2　曇天なので雨が心配だ。
3　いろいろな思いが交錯する。
4　お茶で喉《のど》を潤す。
5　センレンされたファッション。
6　植物で布をソめる。
7　しっかりとスイミンをとる。
8　人に道をタズねる。
9　疲れたのでキュウケイする。
10　事故にソウグウする。

問二　次の1～5の記述が正しければA、誤っていればBと答えなさい。

1　「象は鼻が長い」の「は」と「が」は助詞である。
2　「失われた時を求めて」には形容詞が含まれている。

2022年度／保善高等学校

英語解答

1 A　1…D　2…C
　B　1…C　2…A

2 A　1…ウ　2…イ　3…エ　4…イ
　B　1…エ　2…カ　3…オ　4…ク

3 A　1　turn on　2　come true
　　3　could buy
　B　1　The country I want to visit
　　2　helped her brother clean his
　　3　you tell him to call back
　C　1　can run faster than Tom
　　2　don't have to read all of these books
　　3　don't know why my mother is angry

4 問1　SDGs　問2　イ　問3　エ
　問4　ア　問5　ウ
　問6　【A】…イ　【B】…ア　【C】…ウ
　問7　Hokkaido
　問8　1　a　How　b　many
　　2　a　Yes　b　do
　　3　a　Which
　　　b　Kumamoto

5 問1　was never taught mathematics by
　問2　それらの科目の成績がとても悪かったので，彼は大学を終えられなかった。
　問3　イ　問4　genius
　問5　30時間寝ずに研究した後，20時間寝るという不規則な生活(26字)
　問6　X…イ　Y…ア　Z…ウ
　問7　1…T　2…F　3…F　4…F

1〔放送問題〕解説省略

2〔文法総合〕

A＜適語(句)選択・語形変化＞1．'ask＋人＋to ～'「〈人〉に～してくれるよう頼む」　「母は私に部屋を掃除するよう頼んだ」　2．Thank you for ～ing「～してくれてありがとう」　「私をパーティーに招待してくれてありがとう」　3．There is/are ～「～がある〔いる〕」の文。主語に当たるのは a lot of students「たくさんの生徒たち」という複数名詞で，then「そのとき」という過去の文なので，were が適切。　「そのとき教室には大勢の生徒がいた」　4．'too ～ to …'「…するには～すぎる，～すぎて…できない」　「彼は疲れすぎて働けない」

B＜単語の定義＞1．「料理するために使われる部屋」―エ．「キッチン，台所」　2．「木で覆われた広い範囲の土地」―カ．「森」　3．「完全に水に取り囲まれた土地のかたまり」―オ．「島」　4．「1つのグループのメンバー全員によって着用される一揃いの特別な衣服」―ク．「制服」

3〔作文総合〕

A＜和文英訳―適語補充＞1．turn on ～「(スイッチ，明かりなど)をつける」　2．come true「～が実現する」を'have/has＋過去分詞'という現在完了の文で用いた形。　come－came－come　3．仮定法現在の文。can は前の had と同様，過去形の could になる。「買う」は buy。助動詞の後なので原形の buy とする。

B＜整序結合＞1．The country is New Zealand.「国はニュージーランドです」が文の骨組み。「私が訪れたい」は，目的格の関係代名詞を使って表すことができるが，語群に該当する語がないので，ここでは関係代名詞を省略した‘主語＋動詞…’の形でI want to visitと表してcountryの後ろに置く。want to 〜で「〜したい」。　2．‘help＋人＋(to) 〜’「〈人〉が〜するのを手伝う」の形にする。Nancy helpedの後，‘人’にはher brother「彼女の弟」，‘〜’にはclean his room「部屋を掃除する」を当てはめる。　3．「〜してもらえますか」をWill you 〜？で表す。「彼に〜するように伝える」には‘tell＋人＋to 〜’「〈人〉に〜するように言う」の形を用いる。tellの後，‘人’はhim，‘〜’はcall back later「あとで電話する」とする。

C＜和文英訳＞1．He can run「彼は走ることができる」で始め，「トムよりも速く」は比較級を使ってfaster than Tomと表す。　fast－faster－fastest　2．「〜する必要はない」はdon't have to 〜，またはdon't need to 〜と表せる。動詞はread「読む」で，「これらの本を全部」はall of these booksと表す。　3．I don't know「私はわからない」で始める。「なぜ母が怒っているか」は‘疑問詞＋主語＋動詞…’の間接疑問で表せる。‘疑問詞’はwhy「なぜ」，‘主語’はmy mother，‘動詞…’はis angry「怒っている」となる。

4〔長文読解総合―対話文〕

≪全訳≫❶ヤスヒロ(Y)：この頃よく「SDGs」って耳にするんだ。君はそれについて知ってる？❷クリス(C)：もちろん知ってるよ。それは持続可能な開発目標のことでしょ？❸Y：そのとおり。僕らが2030年までに達成するべき17の目標なんだ。そのうちの1つは「飢餓をゼロに」だよ。だから，僕は食べ物，特に野菜に関心があるんだ。❹C：どうして野菜に関心があるの？❺Y：野菜を十分に食べていない日本人が多いからだよ。このグラフを見て。❻C：これは何のグラフなの？❼Y：日本の成人が食べている野菜の量に関するグラフだよ。1日に350グラムの野菜を食べるべきなんだけど，このグラフは彼らが十分な野菜を食べていないことを示しているんだ。❽C：なるほど。僕ももっとたくさん野菜を食べないとな。❾Y：それにね，僕はどこで野菜が栽培されているかにも関心があるんだ。これらのグラフを見て。❿C：これらは何についてのものなの？⓫Y：トマトとニンジンとキャベツとほうれん草がどこで栽培されているかに関するグラフだよ。熊本は日本で最もたくさんトマトを生産しているね。2番目は北海道。北海道は最も多くのニンジンを生産しているよ。2番目は千葉だね。キャベツについては，1位が愛知。そして愛知は群馬とほぼ同じくらいの量のキャベツを生産しているよ。ほうれん草については，1位が千葉で2位が埼玉だね。⓬C：なるほど。全てのグラフに千葉の名前があるね。千葉はいろいろな種類の野菜を生産してるの？⓭Y：そうだよ。千葉はピーナッツや梨でも有名なんだ。富里っていう千葉の町はスイカで有名なんだよ。富里市はスイカをたくさん生産してるけど，日本で一番多くスイカを生産してるのは熊本なんだ。

問1＜指示語＞それらはSustainable Development Goals「持続可能な開発目標」という意味だ，と言っているので，SDGsのことだとわかる。

問2＜語句解釈＞Zeroは「ゼロ，〜が全くない」，Hungerは「飢え，飢餓」。これを合わせると，「飢餓をゼロに」という目標になる。また，食べ物の話題が続くことからも推測できる。

問3＜適語(句)選択＞③この後，ヤスヒロがBecause 〜「なぜなら〜」と理由を答えているので，‘理由’を尋ねる疑問詞としてWhy「なぜ〜か」が適する。　④日本人の成人が1日に食べるべき野菜の量は350グラムだとあるが，グラフによるとどの年代も350グラムに達していないので，don't eat enough vegetables「十分な野菜を食べていない」といえる。

問４＜適語選択＞グラフ【C】によると，愛知は群馬とほぼ同じ割合を示しているので，'as ～ as …'「…と同じくらい～」の形にする。

問５＜適語選択＞全てのグラフに名前が見られる県は Chiba「千葉」である。

問６＜グラフの読み取り＞【A】第11段落最終文より，第１位が千葉で第２位が埼玉なのは spinach「ほうれん草」。　**【B】**第11段落第２，３文より，Ｘは北海道とわかる。第４，５文より，第１位が北海道で第２位が千葉なのは carrot「ニンジン」である。　**【C】**第11段落第６，７文より，第１位が愛知で，それとほぼ同じ量を生産している都道府県が群馬なのは cabbage「キャベツ」。

問７＜適語補充＞第11段落第２，３文に，トマトの生産が２番目に多いのは Hokkaido「北海道」とあり，また第４文に，ニンジンの生産が最も多いのが Hokkaido だとある。

問８＜適語補充＞１．「SDGsにはいくつの目標があるか」―「17の目標がある」　17という'数'を答えているので，いくつあるかを尋ねる疑問詞の How many が適する。　**２．**「60歳以上の日本人は１日に250グラムより多くの野菜を食べているか」―「食べている」　１日の野菜の摂取量のグラフによると，60歳以上の世代は300グラム以上の野菜を摂取している。　**３．**「千葉と熊本ではどちらの方がたくさんスイカを生産しているか」―「熊本」　文末に'*A* or *B*'とあるので，「どちら」と尋ねる疑問詞の which で問う。質問文に対する答えは第13段落最終文参照。

５〔**長文読解総合―伝記**〕

≪全訳≫❶1887年，インドの小さな村である男の赤ちゃんが生まれた。シュリニヴァーサ・ラマヌジャンというのが彼の名前で，彼は後にインドの天才数学者の１人となった。❷10歳の頃，ラマヌジャンは数学が特によくできた。13歳のとき，彼は大学の図書館から本を借りていた。15歳のときには，彼独自の数学の学説を書き始めた。①彼は有名な教師に数学を教わったことなど一度もなかった。彼は本から数学を学んだのだ。❸子ども時代，彼は他の科目も同じく得意だった。ところが，大学にいた16歳の頃，他の全ての科目がひどく苦手になった。それらの科目の成績があまりにも悪すぎたので，彼は大学を卒業できなかった。その後，彼は別の大学に行ったのだXが，それもまた卒業できなかった。彼は数学にしか興味がなく，他の科目に割く時間などなかったのである。❹21歳のとき，ラマヌジャンは結婚して事務員として就職した。暇な時間には，数学の研究を続けた。数学の専門誌に載っている問題を解くようになり，1911年には初の論文を発表した。少しずつ，人々は彼の数学の才能に気づき始めた。しかし，それに確信を持っている人は誰もいなかった。❺ラマヌジャンは数学者に助言を求めるために手紙を書くようになったYが，彼らのうち初めの２人は返事をくれなかった。彼の手紙を受け取った３人目の人は，ゴッドフレイ・ハロルド・ハーディーという数学者で，ケンブリッジ大学の教授だった。ハーディーはその手紙を読んでこう言った。「この男は天才か，あるいは頭がどうかしているかのどちらかだな」　確信がなかったので，彼は共同研究者に助力を求め，ラマヌジャンの学説を検証した。その理論の検証後，彼らは互いに意見が一致した。ラマヌジャンは天才だ，と。❻その後しばらくして，ハーディーはラマヌジャンをケンブリッジ大学に招いた。最初，彼の家族はいいと言わなかったZが，１年後，彼はついにイングランドに行くことができた。彼は3245の数式を書いた３冊のノートを持参した。ケンブリッジでは，ラマヌジャンは約30時間，休みなしに研究することもしばしばだった。とても長い時間研究した後，今度は約20時間という長時間，睡眠をとるのだった。彼の日常生活は健康的ではなかった。また，彼は十分な食事をとらなかった。ラマヌジャンは菜食主義者で，野菜と果物しか食べなかった。第一次世界大戦が勃発すると，彼がそれらを入手するのは困難になった。とうとう，ラマヌジャンはひどく体調を崩し，32歳で亡くなった。❼全生涯を通じて，ラマヌジャンは数学を愛し，彼は今日の数学にも強い影響を及ぼしている。ハーディーはかつてこう言った。「私の数学に対する最も重要な貢献は，ラマヌジャンを発見したことである」

問１＜整序結合＞この後，彼は本から数学を学んだとあることから，「有名な先生から数学を教わったことは一度もなかった」という意味になると推測できる。‘be＋過去分詞’ の受け身形を never「一度も～ない」で否定文にする。never は be動詞の後ろに置いて was never taught とし，その後に目的語の mathematics「数学」を置く。by は「～によって」の意味の前置詞として a famous teacher の前に置く。

問２＜英文和訳＞‘so ～ that ― cannot …’「とても～なので―は…できない」の文。主語は His scores of those subjects「それらの科目の成績〔点数〕」，‘～’ は bad「悪い」，that 以降は「彼は大学を終えられなかった」と訳せる。　college「大学」

問３＜指示語＞下線部の前に，ラマヌジャンが数学の論文を発表すると，次第に人々が彼の数学の才能に気づくようになったとある。しかしながら，その点，つまり彼に数学の才能があるかどうかについて確信を持てる人はまだいなかったということである。

問４＜適語補充＞第５段落で，数学者のハーディー教授はラマヌジャンからの手紙を読んで，ラマヌジャンは genius「天才」か crazy「頭がどうかしている」かのどちらかだと感じ，彼の理論が正しいかどうかを検証した結果，ラマヌジャンをケンブリッジ大学に招いている。ここから，彼を genius「天才」と認めたことがわかる。

問５＜要旨把握＞下線部の前に，ラマヌジャンが約30時間休まず研究しその後約20時間眠るという生活を送っていたとあり，その生活サイクルが不健康だと述べているので，この部分をまとめる。

問６＜適文選択＞X．１つ目に通った大学は，数学以外の科目の成績がよくなかったために卒業できず，また別の大学に入った，に続く部分。空所の後に，数学にしか興味がなく，他の科目を勉強する時間がなかったとあることから，２つ目の大学もまた卒業できなかったと考えられる。　Y．数学者に助言を求める手紙を書いた，に続く部分。この後，３番目に手紙を受け取った人物はラマヌジャンに興味を示したことが述べられているので，最初の２人は彼の手紙に返事をくれなかったのだとわかる。　Z．ラマヌジャンがケンブリッジ大学に招かれたところ，初めは彼の家族は賛成してくれなかった，に続く部分。この後ラマヌジャンはケンブリッジで研究していることから，最終的にはイングランドに行くことができたのだとわかる。

問７＜内容真偽＞1．「ラマヌジャンはインドの小さな村で生まれた」…○　第１段落第１文と一致する。　2．「ラマヌジャンは子どもの頃は数学の授業の成績がよくなかった」…×　第２段落第１文参照。　3．「ハーディーはラマヌジャンの手紙を読んだ最初の人物である」…×　第５段落第１，２文参照。　4．「ラマヌジャンは非常に長い人生を送った」…×　第６段落最終文参照。

数学解答

1 (1)　45　　(2)　87　　(3)　$4x+3y$

(4)　$3a^2+12a+12$

(5)　$(x-2y)(x-10y)$　　(6)　$x=-7$

(7)　$x=1,\ y=-1$　　(8)　$x=-2\pm\sqrt{6}$

(9)　-4　　(10)　$\frac{1}{2}$

(11)　体積…$\frac{32}{3}\pi\text{cm}^3$　表面積…$16\pi\text{cm}^2$

(12)　(例)

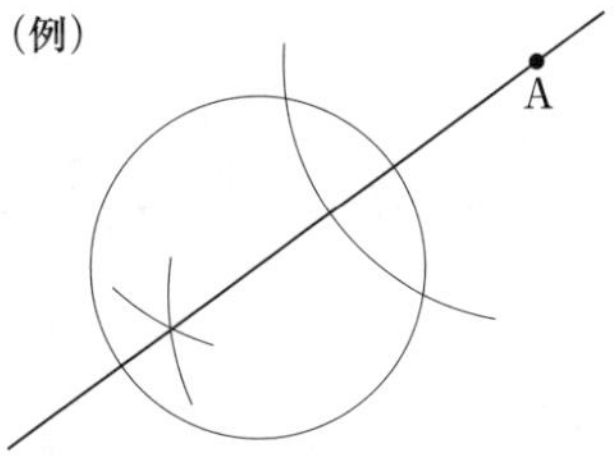

2 (1)　$y=2x-5$　　(2)　(3，1)

(3)　$y=\frac{5}{6}x-\frac{3}{2}$

3 (1)　20cm

(2)　(例)△ABCと△ECDにおいて，仮定より，∠ABC＝∠ECD＝90°……①　AB：EC＝12：9＝4：3……②　BC：CD＝16：12＝4：3……③となり，②，③より，AB：EC＝BC：CD……④　①，④より，対応する2組の辺の比とその間の角がそれぞれ等しいので，△ABC∽△ECD

(3)　$\frac{486}{25}\text{cm}^2$

4 (1)　3550円　　(2)　3人　　(3)　3人

1〔独立小問集合題〕

(1)<数の計算>$-5\times(-9)=45$

(2)<数の計算>与式$=\frac{3}{5}\times100-(-27)=60+27=87$

(3)<式の計算>与式$=2x+y+2x+2y=4x+3y$

(4)<式の計算>与式$=\frac{1}{3}\{3(a+2)\}^2=\frac{1}{3}\times3^2\times(a+2)^2=3(a^2+4a+4)=3a^2+12a+12$

(5)<式の計算―因数分解>かけて$20y^2$，たして$-12y$となる2式は，$-2y$と$-10y$である。よって，与式$=(x-2y)(x-10y)$と因数分解できる。

(6)<一次方程式>$x-2x=5+2$，$-x=7$　$\therefore x=-7$

(7)<連立方程式>$5x-4y=9$……①，$2x-3y=5$……②とする。①×3－②×4より，$15x-8x=27-20$，$7x=7$　$\therefore x=1$　これを②に代入して，$2\times1-3y=5$，$-3y=3$　$\therefore y=-1$

(8)<二次方程式>解の公式より，$x=\frac{-4\pm\sqrt{4^2-4\times1\times(-2)}}{2\times1}=\frac{-4\pm\sqrt{24}}{2}=\frac{-4\pm2\sqrt{6}}{2}=-2\pm\sqrt{6}$となる。

(9)<関数―比例定数>関数$y=ax^2$のyの変域が$-36\leqq y\leqq0$より，yの値が0以下であるから，$a<0$となり，xの絶対値が大きくなるとyの値は小さくなる。よって，xの変域が$-2\leqq x\leqq3$のとき，xの絶対値が最大の$x=3$のとき，yの値は最小の-36となる。よって，$-36=a\times3^2$が成り立ち，これを解くと，$9a=-36$，$a=-4$である。

(10)<確率―硬貨>2枚の硬貨を同時に1回投げるときの表裏の出方は全部で(表，表)，(表，裏)，(裏，表)，(裏，裏)の4通りあり，このうち，1枚は表で1枚が裏となるのは，下線を引いた2通りある。よって，求める確率は$\frac{2}{4}=\frac{1}{2}$である。

(11)<空間図形―体積，表面積>半径2cmの球の体積は，$\frac{4}{3}\pi\times2^3=\frac{4}{3}\pi\times8=\frac{32}{3}\pi$ (cm^3)，表面積は，

$4\pi \times 2^2 = 4\pi \times 4 = 16\pi$ (cm^2)である。

(12)<**平面図形―作図**>円の面積を２等分する直線は円の中心を通る直線であり，円の中心は，円の弦の垂直二等分線上にある。よって，右図１のように円周上に AP＝AQ となる２点P，Qをとると，弦 PQ の垂直二等分線が求める直線となる。解答参照。

≪別解≫右図２のように，２本の弦 BC と DE のそれぞれの垂直二等分線の交点をＯとすると，点Ｏはこの円の中心であるから，点Ａと点Ｏを結んだ直線が求める直線となる。

図１

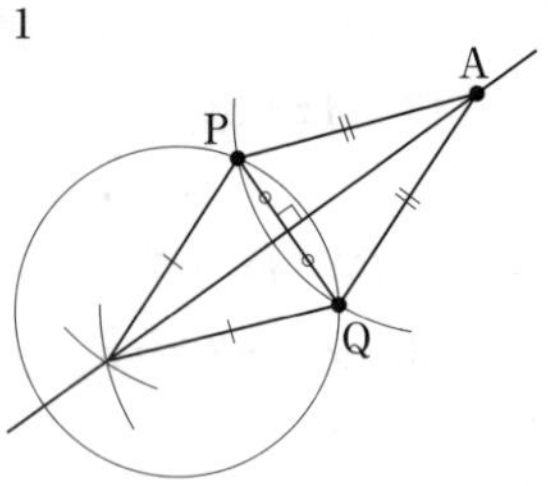

図２

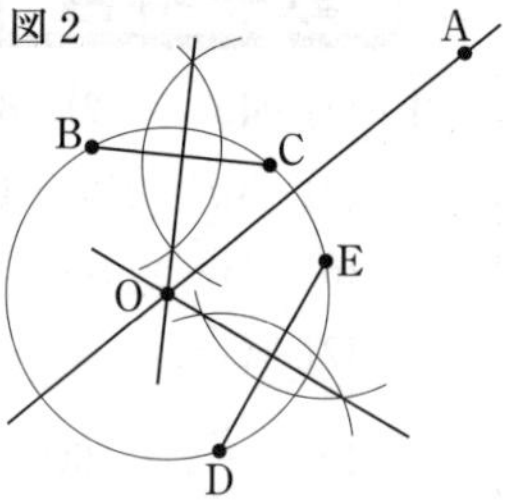

2 〔関数―一次関数のグラフ〕

(1)<**直線の式**>直線mは２点 C(0, −5)，D(4, 3)を通るので，その傾きは，$\frac{3-(-5)}{4-0}=2$，切片は −5 である。よって，直線mの式は$y=2x-5$である。

(2)<**座標**>右図のように，点Ｐは２直線$y=2x-5$と$y=-\frac{1}{3}x+2$との交点だから，そのx座標は，２式からyを消去して，$2x-5=-\frac{1}{3}x+2$より，$6x-15=-x+6$，$7x=21$，$x=3$となり，これを$y=-\frac{1}{3}x+2$に代入すると，$y=-\frac{1}{3}\times 3+2=1$より，P(3, 1)である。

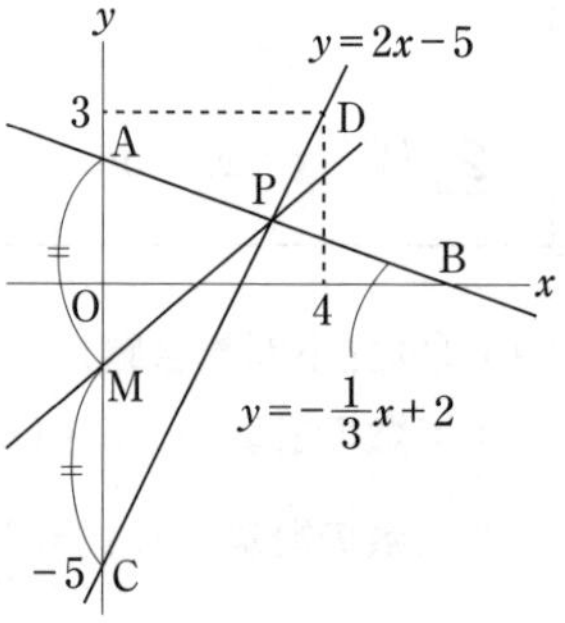

(3)<**直線の式**>右図で，点Ｐを通り△ACP の面積を２等分する直線は，線分 AC の中点を通る。直線 AC の中点をＭとすると，点Ａの座標は$y=-\frac{1}{3}x+2$の切片より(0, 2)で，C(0, −5)だから，点Ｍのx座標は０，y座標は，$\frac{2-5}{2}=-\frac{3}{2}$となり，$\mathrm{M}\left(0,\ -\frac{3}{2}\right)$である。これより，直線 PM の切片は$-\frac{3}{2}$だから，傾きを$a$とおくと，その式は$y=ax-\frac{3}{2}$と表せ，この直線はP(3, 1)を通るので，$x=3$，$y=1$を代入して，$1=3a-\frac{3}{2}$，$3a=\frac{5}{2}$，$a=\frac{5}{6}$となる。よって，求める直線の式は$y=\frac{5}{6}x-\frac{3}{2}$である。

3 〔平面図形―長方形，三角形〕

(1)<**長さ**>右図の△ABC で三平方の定理より，$\mathrm{AC}=\sqrt{\mathrm{AB}^2+\mathrm{BC}^2}=\sqrt{12^2+16^2}=\sqrt{400}=20$(cm)である。

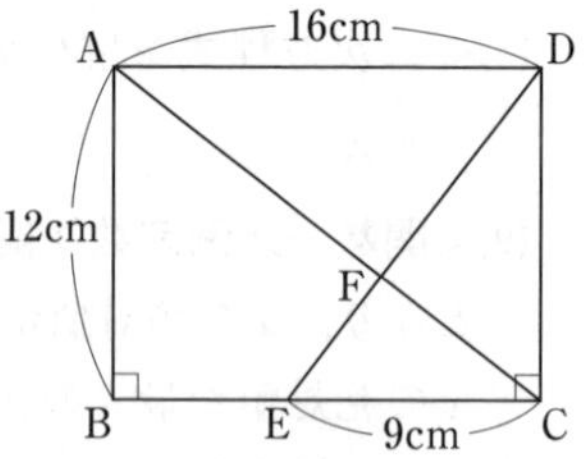

(2)<**証明**>△ABC と△ECD はどちらも直角三角形であり，この直角をはさむ２辺の長さがわかっているので，AB：EC と BC：CD の比を求めると，２組の辺の比が等しいことがわかる。解答参照。

(3)<**面積**>右図で，AD∥CE より，△ADF∽△CEF だから，DF：EF＝AD：CE＝16：9 である。これより，△CEF と△ECD の底辺をそれぞれ EF，ED と見ると，高さが等しいから，△CEF：△ECD＝EF：ED＝EF：(DF＋EF)＝9：(16＋9)＝9：25 となる。よって，$\triangle\mathrm{CEF}=\frac{9}{25}\triangle\mathrm{ECD}$となる。したがって，$\triangle\mathrm{ECD}=\frac{1}{2}\times\mathrm{EC}\times\mathrm{DC}=\frac{1}{2}\times 9\times 12=54$より，$\triangle\mathrm{CEF}=\frac{9}{25}\times 54=\frac{486}{25}$(cm^2)である。

4 〔データの活用—度数分布表〕

(1)＜**平均値**＞表より，おこづかいが3000円の人数と10000円の人数との合計は，$20-(2+6+7)=5$(人)であるから，おこづかいが3000円の人数が4人のとき，10000円の人数は，$5-4=1$(人)である。よって，20人のおこづかいの合計金額は，$1000\times2+2000\times6+3000\times4+5000\times7+10000\times1=71000$(円)より，求める平均値は，$71000\div20=3550$(円)となる。

(2)＜**度数**＞(1)より，おこづかいが10000円の人数をx人とすると，3000円の人数は$5-x$人と表せる。このとき，20人のおこづかいの合計金額は，$2000+12000+3000(5-x)+35000+10000x=7000x+64000$となり，20人のおこづかいの平均値は，$(7000x+64000)\div20=350x+3200$(円)と表せる。この平均値が，4000円以上4500円以下になるとき，$350x$円は，$4000-3200=800$(円)以上で，$4500-3200=1300$(円)以下となるので，$x=3$である。よって，おこづかいを10000円もらっている人数は3人である。

(3)＜**度数**＞与えられた20人のおこづかいの平均値をS円とすると，この20人のおこづかいの合計金額は，$20S$円と表せる。また，追加調査でのおこづかい5000円の2人を加えた22人のおこづかいの平均値は$S+100$円であるから，この22人のおこづかいの合計金額は$22(S+100)$円と表せ，これは，はじめの20人の合計金額より，$5000\times2=10000$(円)多い。これより，$22(S+100)=20S+10000$が成り立ち，$22S+2200=20S+10000$，$2S=7800$，$S=3900$となる。(2)で，おこづかいを10000円もらっている人数をx人としたときの20人のおこづかいの平均値が$350x+3200$円より，平均値が3900円のとき，$350x+3200=3900$が成り立ち，$35x+320=390$，$35x=70$，$x=2$となる。よって，おこづかいを3000円もらっている人数は，$5-x=5-2=3$(人)である。

国語解答

一 問一 1 つ 2 どんてん
3 こうさく 4 うるお
5 洗練 6 染 7 睡眠
8 尋 9 休憩 10 遭遇

問二 1…A 2…B 3…B 4…A
5…A

問三 1…ア 2…イ 3…エ 4…オ
5…ウ

二 問一 イ 問二 エ

問三 時間の経過と共にタテの関係

問四 近年，客と店との関係が対等になってきているにも関わらず，「お客さまは神さま」という上下関係を押しつけようとする(55字)［という勘違い。］

問五 ウ

問六 ① タテ ② ヨコ
③ 地位や年齢
④ テーマだったり共感だったり
⑤ 成功を収める ⑥ 能力
⑦ 新しいつながり

三 問一 A…ア B…ウ C…イ D…エ
E…オ

問二 ウ

問三 ［「まゆみ先生」は］県外から来た学生たちは下宿のある大学近辺や地元で用事を済ませる傾向があるうえに，車を持っていない学生には大学の辺りから中心市街地への移動がおっくうに感じられている［と考えている。］

問四 ア

問五 (1) A…① B…② (2)…エ

四 問一 ア

問二 3 こうよう 6 ほほえみ

問三 2…イ 4…ア 問四 ウ

問五 ウ 問六 エ

一〔国語の知識〕

問一＜漢字＞1．音読みは「就職」などの「シュウ」。 2．「曇天」は，くもりの天気のこと。 3．「交錯」は，入り混じること。 4．音読みは「湿潤」などの「ジュン」。 5．「洗練」は，あかぬけて優雅な状態にすること。 6．音読みは「染色」などの「セン」。 7．「睡眠」は，ねむること。 8．音読みは「尋問」などの「ジン」。 9．「休憩」は，仕事などの合間に休むこと。 10.「遭遇」は，出会うこと。

問二．1＜品詞＞単語に分けると「象(名詞)／は(助詞)／鼻(名詞)／が(助詞)／長い(形容詞)」となる。 2＜品詞＞単語に分けると「失わ(動詞)／れ(助動詞)／た(助動詞)／時(名詞)／を(助詞)／求め(動詞)／て(助詞)」となる。 3＜敬語＞「おうどん」は丁寧語，「いただく」は謙譲語。 4＜敬語＞「うかがう」は謙譲語。 5＜文学史＞『枕草子』は，平安時代に成立した，清少納言の随筆。『平家物語』は，鎌倉時代に成立した，軍記物語。

問三＜熟語の構成＞1．「歓喜」は，「歓」も「喜」も，よろこぶ，という意味。 2．「是非」は，「是」は正しいことで，「非」は正しくないこと。 3．「貯水」は，「水」をためる(貯《た》める)こと。 4．「未来」は，未《いま》だ来ていない時のこと。 5．「老人」は，「老」いた「人」のこと。

二〔論説文の読解―社会学的分野―現代社会〕出典；本田直之『ゆるいつながり』。

≪**本文の概要**≫旧来の人間関係はタテ社会であったが，現代で駆使されるSNSは，ヨコの関係で成り立っている。日本人の人間関係には上下関係という慣習が根強く残っているため，SNSの人間関係でも，時間の経過とともにタテの関係が出てきがちであるが，SNSのゆるいつながりでは，上下関係のギャップは，トラブルや崩壊の元凶となる。ネットの登場以来，ヨコの人間関係の方がよいコミュニケーションができるという人たちが，若者を中心に増えている。今日のビジネスにおいては，店と客の関係もフラット化の方向に進んでいる。ヨコの人間関係が苦手な人は，今後ビジネスで成功できなくなるだろう。ヨコの人間関係では，経歴や年功序列より，現在の能力の有無が通用する。長年の修業を積まなくても，センスと努力で若くして成功している人も多い。ゆるいつながりのコミュニティでは，それがリアルであれネットであれ，センスに基づく共感が求められる。センスのある人が，より新しいつながりをつくれるのである。

問一＜文章内容＞会社も学校も地域社会も，いずれも「タテ」方向の人間関係であり，「そうしたタテの人間関係があるからこそ，上が下に対して平気で強制できる」のである。だが，SNSは，「上下関係はなく，したがって強制もない『ヨコの関係』で成り立って」おり，人間関係は基本的に「ヨコ」方向である。

問二＜文章内容＞「日本人の人間関係には『上下関係』という慣習が根強く残って」いるとしても，SNSに見られる「ゆるいつながり」では，日本人にとっては「慣習」である「上下関係」は，むしろ「非常識」なのである。

問三＜文章内容＞SNSのような「ゆるいつながり」の中で，「上下関係」のない「ヨコの人間関係」を望んでいたのに，「スタートはヨコの関係でも，時間が経つにつれてタテの関係が出てくる可能性」があり，このせいで，「グループを離れる人」が出ることや，「グループが壊れてしまう」というトラブルが起こることもある。

問四＜指示語＞「今日のビジネス」においては，「顧客との関係がどんどん『フラット化』していく方向に進んで」いるのに，「金を払う客の言うことに従うのは当然だ」と考えて，店と客の間に「お客さまは神さま」という「上下関係」を持ち込んでよいという「勘違い」をしているわがままな客は，店側から拒否される。

問五＜文章内容＞今は，年輩の「世代の人がやっていて，ひと昔前は人気店といわれたようなお店」が「どんどんダメになってきて」おり，「一方で，若い人たちのお店が驚くほど流行ってきて」いるという，元来の上下関係が入れかわる現象が起こっている。「下克上」は，下の者が上の者に打ち勝って権力を手にすること。

問六＜主題＞SNSに見られるような「ゆるいつながり」とは，上下関係のある「タテ」の人間関係ではなく，上下関係も強制もない「ヨコ」の人間関係のことを表している。SNSでは，人々は「テーマだったり共感だったりを通じて集まる」ため，「グループ内の人間関係に地位や年齢などは入り込」まない。このような「ヨコの人間関係」が，「これからの時代，ビジネスで成功を収める」のに重要となる。働いている年数を重視する「タテ」の人間関係でビジネスが動いていた時代と異なり，現代は「顧客との関係がどんどん『フラット化』していく」からである。そして，「ヨコの人間関係では『能力』のある・なしが露骨にわかってしまう」のである。「『ゆるいつながり』のコミュニティではセンスに基づく共感が求められ」ており，「センスのある人が，より新しいつながりをつくれる」のである。

三〔小説の読解〕出典；山内マリコ『メガネと放蕩娘』。

問一＜慣用句＞A.「壁を作る」は，打ち解けようとせずに，相手との間に隔たりをつくる，という意味。　B.「泥船」は，すぐに駄目になりそうな組織や計画のこと。　C.「話の腰を折る」は，口を挟んで相手の話を遮る，という意味。　D.「出鼻をくじく」は，物事をし始めたばかりのところを妨害して，意欲をなくさせる，という意味。　E.「水を差す」は，うまくいっている物事にけちをつけたり，親しい仲を裂いたりする，という意味。

問二＜文章内容＞「わたし」は，「二十代半ばまでは～家業のウチダ書店を手伝ってい」て，近所の人たちからは，婿取りをして店を継げと言われており，「自分もなんとなくそんなつもりでいた」のだが，父が，婿取りをしてまで家業を継承しなければならないという時代ではないと言い出した。「昔と違って本屋が堅い商売じゃなくなったご時世」に，娘にそんな先行きの暗い商売をさせるのはつらいと言う父から，「ウチダ書店もこの先どうなるかわからないから，貴子も嫁に行くか，自分一人でも生きていけるようにしておきなさい」と，「公務員になる案を猛プッシュ」され，「わたし」は，そのまま公務員試験を受けて，市役所職員になったのである。

問三＜文章内容＞まゆみ先生は，学生のほとんどが在学中に一度も商店街に行ったことがないことの理由を，「県外から来た学生たちはみんな大学近辺に住むので，その近くでなんでも用事をすませてしまう」し，「お金もないので飲み会は下宿先でやることが多」いし，「洋服などの買い物はそれぞれの田舎に帰ったときに，地元のイオンで買う」学生が多い。さらに，「大学のキャンパスから中心市街地へ行くには，一級河川にかかった大きな橋を渡らなくては」ならず，「車を持っていない大学生」には「なかなか面倒な距離」であり，「川を越えるのがハードルになっているみたい」だと推測した。

問四＜心情＞「わたし」は，近隣の大学生が，在学中に一度も商店街に来たことがないという事実を知って，すっかり意気消沈してしまったが，まゆみ先生が，商店街は自分の青春の思い出が詰まった場所だと元気づけてくれ，自分でも，高校生の頃，友だちが商店街に入り浸っていたことや，商店街に住んでいることを羨ましがられたことなどの思い出を話すことで，今の学生が商店街を訪れないことの寂しさをまゆみ先生と慰め合ったのである。

問五＜資料＞⑴「このまちに，〝街〟ってあるんですか？」ときいた女子大生にとっては，「商店街のある中心市街地」は，「人口が集中し，家屋の立ち並ぶ地域」ではあっても(…①)，「商店などが並んだ，にぎやかな通り」だという認識はなかったのである(…②)。　⑵資料Ⅱでは，「商店街が抱える問題の第1位は『経営者の高齢化による後継者問題』」であるが，単純に後継者がいないことに加えて，「今ある店舗をそのまま後継者が引き継ぐというモデルには無理がある」ことが述べられている。そこで，「今，商店街の存続のために世代を超えた協働による地域の再生が求められている」のである。

四〔古文の読解―随筆〕出典；松平定信『花月草紙』一の巻，二四。

≪現代語訳≫年末に，浅草寺の辺りで市というものが立って，格別に人が多く出るのである。ある人が，薩摩の国から，あわびの貝殻をたくさん買い求めてきた。その貝の穴をふさいで，木でふたをつくって，その市で売ろうと計画したところ，ちょうどそのときに急用ができてしまったので，人に頼んで，

「昼頃には帰ってくるつもりだ。それまでに売っておいてください」と言うので，(頼まれた人は)商品を持って出て売ったところ，気に掛ける人もいない。「やっぱりね，こんなもの，この市で売った例がないのに，無駄なことに時間を使うのだなあ」と思いながら，どんなに売っても，買う人がいないので，往来の人の袖を引っ張って，「これをお買い上げください」などと言うが，(人々は)袖を引き放って行ってしまうと見える。昼を過ぎる頃，その(＝売り手の)人が帰ってきて，「どうだ」と聞くので，「このとおりだ」と答える。「何と言って売ったか」と言うので，「特別なことは何も言わない。『貝焼きの貝を，お買い上げください』と言って売った」と答える。彼は少し笑って，「私の売るのを見ていらっしゃいよ」と言って，とても大きな声で，「早鍋，早鍋」と言うと，過ぎて行く者は戻ってきて買い求め，たくさん行き来していた人たちも，声によって立ち止まり買った。見る間に，たくさんあった貝を全部売り切ってしまった。この市は人がたくさん出ていたので，格別に騒がしくて，落ち着いて心をとめる者もいないので，手桶を売る者は，「椹，椹」と言う。「椹の木でつくった手桶だよ」とは言う暇もないし，聞く暇もないとかいうことだ。ものの勢いというものも，また理屈でははかれないものであったなあ。

問一＜古典の知識＞「さつま」は「薩摩」と書き，鹿児島県の旧国名である。

問二＜歴史的仮名遣い＞3．歴史的仮名遣いの「au」は，現代仮名遣いでは，「ou」となるので，「かう」は「こう」，「やう」は「よう」となる。　**6**．歴史的仮名遣いの「ゑ」は，現代仮名遣いでは，「え」となる。

問三＜現代語訳＞2．「折ふし」は，ちょうどそのとき，という意味。「さはること」は，支障，という意味。　**4**．「ためし」は，例，前例，という意味。

問四＜古文の内容理解＞商人は，昼頃に自分が帰ってくるまで，あわびの貝殻を売っておいてくれるように頼んでおいた人に，商品が売れたかどうかを聞いた。留守を頼まれた人は，誰にも気にもとめてもらえず，道行く人の袖を引いてまで売ろうとしたが，さっぱり売れなかったと答えた。

問五＜古文の内容理解＞「この市は人おほく出づれば，ことにかまびすしくて，しづかに心とむるものも」ないので，「貝焼きの貝，召させ給へ」などという長々とした口上は，「いふいとまもなく，聞くいとまも」ない。だから，「早鍋，早鍋」と短い言葉で掛け声を掛けた方が聞き入れやすく，客も足を止めるのである。

問六＜古文の内容理解＞貝焼きの貝を，お買い上げくださいと，商品の説明と自分の依頼をはっきり言う方が，理屈にはかなっており，親切でていねいではあるが，年末の市の雑踏といった時と場所では，「早鍋，早鍋」と，短い言葉を掛ける方が，多少説明不足で不親切であっても，客には売り物の用途が明確にわかって，かえって客足も止めるし，売り上げも上がるということがある。

2022年度 保善高等学校(推薦)

【英　語】（45分）〈満点：100点〉

1

A. 次の各語の最も強く発音する位置を例にならって答えなさい。

(例)　af・ter・noon

1. eigh · teen　(eighteen)
2. break · fast　(breakfast)
3. mu · se · um　(museum)
4. com · put · er　(computer)
5. ex · pe · ri · ence　(experience)
6. veg · e · ta · ble　(vegetable)

B. 各組の英単語には空所があり、空所１つにつき１文字入ります。例にならって、空所に共通して入る文字をそれぞれ答えなさい。

(例)　li_ten / i_land / el_e / wa_h　(答) s

1. s_und / b_ttle / wh_le / rep_rt
2. dr_am / flow_r / vi_w / t_rrible
3. reali_e / si_e / _oo / ama_ing
4. ba_ / bi_ / chan_e / desi_n
5. c_cle / s_mbol / b_e / g_m

C. 英文中の（　　　）内の下線部に１文字ずつ文字を入れ、文にあてはまる語を完成させなさい。解答用紙には、与えられた文字も含めてすべて書くこと。

1. Tom is my father's brother.　He is my (u _ _ _ _).

2. My favorite subject is (s _ _ _ _ _ _) because I like nature.

3. French is an official (l _ _ _ _ _ _ _) in Canada.

4. You need your passport to go to (f _ _ _ _ _ _) countries.

2

A. 日本文の意味になるように、(　　　) 内に適する語をそれぞれ答えなさい。

1. 犬と猫ではどちらがより好きですか。

   (　　　) do you like (　　　), dogs or cats?

2. 何を探しているのですか。

   What are you (　　　) (　　　)?

3. あなたは日本史についての本を何冊持っていますか。

   (　　　) (　　　) books on Japanese history do you have?

4. 父はドイツ製の車を持っている。

   My father has a car (　　　) (　　　) Germany.

B. 日本文の意味になるように、[　　　] 内の語を並べかえて正しい英文を完成させなさい。

1. 彼らは東京に 20 年間住んでいる。

   They [in / for / have / Tokyo / lived] twenty years.

2. その本は５年前にジムによって書かれた。

   The book [by / was / Jim / years / five / written] ago.

3. トムに話しかけている少年は私の弟です。

   The [is / to / boy / Tom / speaking] my brother.

3

A.　次の（図１）はある野外音楽祭のチラシで、（図２）はそのチケットの表面、（図３）はチケットの裏面です。これについて後の問いに答えなさい。

（図１）

WELCOME BACK SPRING!
MUSIC FESTIVAL
Who: John Spacy Band at 1p.m.-3p.m.
George Benson at 3p.m.-5p.m.
DJ Orga at 5p.m.-6p.m.
Ryukichi Motosaka at 6p.m.-7p.m.
The HZN at 7p.m.-9p.m.
When: March 6 2022 SUNDAY
1p.m.-9p.m.
Where: Riverside Park
MARCH 6
2022
When it rains, we will put it off until the next Sunday.
If you join the festival, you must buy a ticket online.
You can enter anytime before 6 p.m. (The gate closes at 6 p.m.)
With the festival ticket, you can get a free drink at Riverside Café.

（図２）

（図３）

CAUTIONS

1. No refunds can be made after tickets have been bought.
2. This ticket is valid only once per person per ticket.
3. Taking pictures, recording, eating, drinking, and shouting are prohibited in the venue.
4. You may be asked to leave the venue if you do not follow the instructions of the management staff or attendants.
5. Please take care of your valuables by yourself.

問１　次の(1)～(3)の質問に英語で答えなさい。算用数字を用いても構いません。

(1) What is the first group to appear on the stage?

(2) How much do you have to pay for the ticket?

(3) How long will the concert last?

問２　図１・２から読み取れることをア～エから１つ選び、記号で答えなさい。。

ア　You cannot find any information about where to sit.

イ　If the weather is not good, we will have no concert this year.

ウ　You can buy a drink at the restaurant if you have the ticket.

エ　If you arrive at the park at 6:30 p.m., you cannot listen to the HZN.

問３　チケット裏面の注意事項（図３）のうち、「チケットは、購入した後の払い戻しができない」ということに触れていると思われるのはどの文ですか。１～５の数字で答えなさい。

B. 次の英文を読んで、後の問いに答えなさい。*印のついている語には注があります。

Hundreds of years ago, people watched flying birds and wished that they could fly, too. They thought birds fly very easily. ①Birds beat the air by using their wings and climb up through the air. Then they spread their wings and *float. "If birds can stay up in the air, ②perhaps we can," people thought.

At first they made wings. Then they jumped off from high buildings and tried to fly. Many people did this but they all *failed to (③). They crashed to the ground. Some were killed and some were badly hurt. After many times they stopped trying to fly with wings.

Then two brothers tried another way. They tried balloons. ④They found that hot air is lighter than cold air. "If we fill a balloon with hot air, it will go up."

They built a balloon to fly up in the air. It was made of thin *cloth and paper. They lit a fire *beneath it. It went up into the air and reached a *height of 1,800 meters. Then the air inside the balloon became cool and it came slowly down and gently rested on the ground.

A few months later the brothers sent up another balloon. This time they hung a basket *underneath the balloon. In the basket there were three animals: a sheep, a duck, and a *hen. The balloon traveled through the air to a place two and a half kilometers away. Then it came down safely to the ground.

Now it was time for people to fly! In October 1783, another of the brothers' balloons went up. This time a man went with it. But the balloon *was tied to the ground by a rope because this was a very dangerous *experiment. The experiment was successful, but (⑤). It went only to twenty-four meters. A month later two men went up with the balloon. This time there was no (⑥)! The balloon rose to a height of 900 meters and the wind blew it along for nine kilometers. Then it came gently back to the ground. People traveled through the air for the first time!

注) float：浮かぶ　fail to～：～しそこねる　cloth：布　beneath：～の下で　height：高さ　underneath：～の真下に
hen：メンドリ　be tied to～：～につながれている　experiment：実験

問１　下線部①の鳥の姿を表すものとして適切なものをア～エから１つ選び、記号で答えなさい。

ア

イ

ウ

エ

問２　下線部②の can の後に省略されている語句を本文中の語句を用いて答えなさい。

問３　(　③　) に入るものをア～エから１つ選び、記号で答えなさい。

ア　jump off　　イ　spread their wings　　ウ　fly in the air　　エ　make wings

問４　下線部④を以下のように訳した場合、(　　) に入る日本語を答えなさい。

彼らは (　　　　　　　　　　　　　　　　　　　　) とわかった。

問５　(　⑤　) に入るものとして適切なものをア～エから１つ選び、記号で答えなさい。

ア　the balloon rose very far

イ　the balloon did not rise very far

ウ　the man fell from the balloon and died

エ　the balloon crashed to the ground

問６　(　⑥　) に入る語を、同じ段落の中から抜き出しなさい。

問７　各文が本文の内容と一致している場合はＴを、一致しない場合はＦを○で囲みなさい。

1. At first, people made wings and tried to fly like birds.
2. When the air inside the balloon became cool, it came quickly down.
3. The balloon that the brothers made was made of iron.
4. Three animals went up in the air with a balloon before people did.
5. At last people gave up making balloons and started to make planes.

【数　学】（45分）〈満点：100点〉

注意

・解答に単位が必要なときは，明記して下さい。

・解答が分数になるときは，これ以上約分できない形で表して下さい。

・解答に根号を用いるときは，$\sqrt{}$ の中を最小の正の整数にして下さい。

・作図の問題について，作図に用いた線は消さずに残して下さい。

1　次の問いに答えなさい。

（1）　$\frac{20}{3}\times\left(-\frac{27}{8}\right)\div(-3^2)$ を計算しなさい。

（2）　$\sqrt{175}-\frac{28}{\sqrt{7}}$ を計算しなさい。

（3）　$(x+3)^2-(x+3)(x-3)$ を計算しなさい。

（4）　$(a+b)^2-(a+b)-6$ を因数分解しなさい。

（5）　1次方程式 $\frac{4x-1}{5}=\frac{1}{2}x+1$ を解きなさい。

（6）　連立方程式 $\begin{cases} 2x+7y=-1 \\ 2x=3-3y \end{cases}$ を解きなさい。

（7）　2次方程式 $x^2+x-3=0$ を解きなさい。

（8）　15%の食塩水200gに水300gを加えると，何%の食塩水になるか求めなさい。

（9）　5人に10点満点のテストを行ったところ，平均点は7.2点でした。このとき，5人の得点の合計点を求めなさい。ただし，平均点は四捨五入などしていない値です。

(10)　下の図で $\ell /\!/ m$ です。$\angle x$ の大きさを求めなさい。

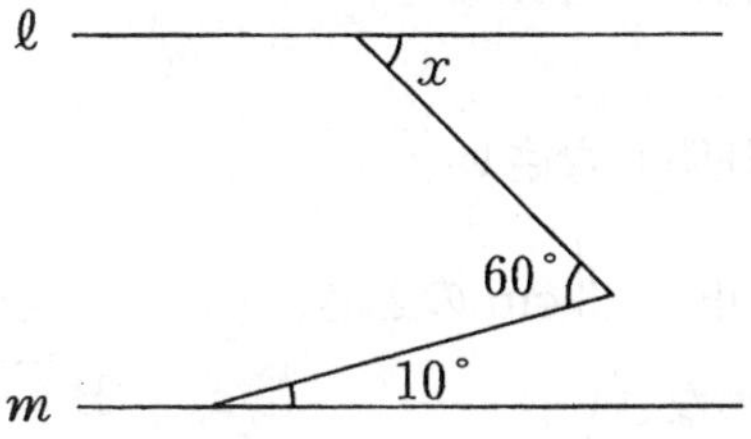

(11)　下の図で $\angle y$，$\angle z$ の大きさを求めなさい。ただし，点Oは円の中心とします。

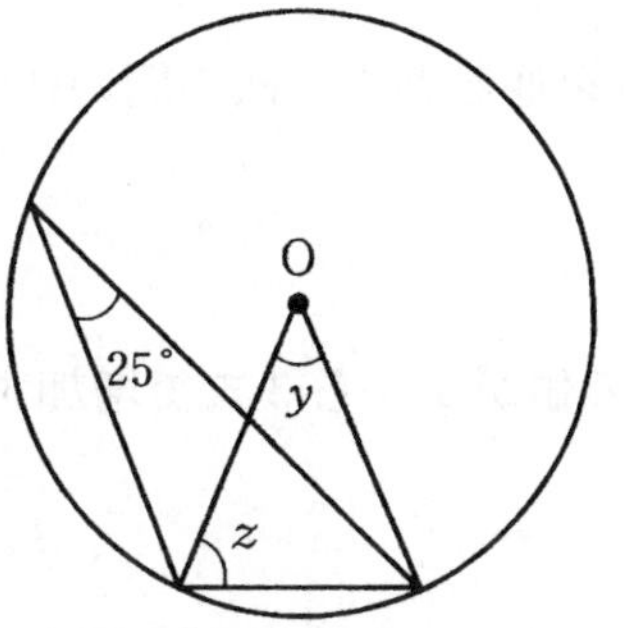

(12)　A さん，B さん，C さんは広場でキャンプをすることにしました。下の図は，A さん，B さん，C さん，それぞれのテントの位置を示した図です。C さんは食事をするテーブルの位置を，次の２つの条件①，②を満たすように決めました。

① A さんのテントからテーブルまでの距離と，B さんのテントからテーブルまでの距離は等しい。

② C さんは食事係なので，C さんのテントからテーブルまでは最も近い。

テーブルの位置を T で表すとき，点 T の位置を作図により求めなさい。ただし，作図で用いた線は消さずに残し，作図した点の横に「T」と書きなさい。

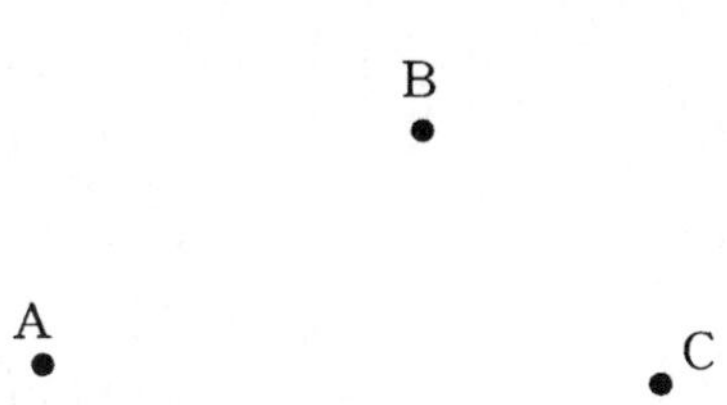

2 右の図の△ABCにおいて，辺AB，AC上の点をそれぞれD，Eとします。DE∥BCとするとき，次の問いに答えなさい。

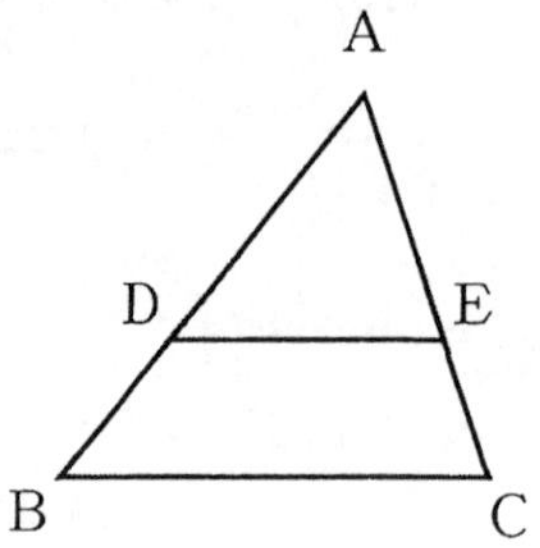

（1） △ADE∽△ABCとなることを証明しなさい。

（2） AE：EC＝2：1，AD＝4 cm，DE＝3 cmのとき，辺DB，BCの長さをそれぞれ求めなさい。

3 関数 $y=ax^2$・・・① のグラフが，点(4，2)を通るとき，次の問いに答えなさい。

（1） a の値を求めなさい。

（2） a は（1）で求めた値とします。x の値が1から3まで増加するときの変化の割合を求めなさい。

（3） 関数①のグラフと y 軸について対称なグラフになる関数の式を，(ア)～(エ)の中から1つ選び，記号で答えなさい。

(ア) $y=ax^2$　(イ) $y=-ax^2$　(ウ) $y=\frac{1}{a}x^2$　(エ) $y=-\frac{1}{a}x^2$

4 大小2個のさいころを投げるとき，次の問いに答えなさい。

（1） 出る目の数の和が7になる確率を求めなさい。

（2） 出る目の数の積が偶数になる確率を求めなさい。

（3） 出る目の数の積が5の倍数になる確率を求めなさい。

ア　ある友人について信頼できるかどうかは、その人自身の人柄ではなく、その人が着ている服や持ち物のブランドから判断されるということ。

イ　ある会社について信頼できるかどうかは、その会社の業務内容ではなく、テレビＣＭやインターネット広告の多さから判断されるということ。

ウ　ある国の代表団について信頼できるかどうかは、自分の国との関係性ではなく、その国の習慣や社会状況といった事柄から判断されるということ。

エ　ある探検家の報告について信頼できるかどうかは、その人物のエピソードではなく、その報告を信頼する研究者の多さから判断されるということ。

問九　傍線部９「その専門家集団の専門知に支えられた事柄を、『確か』であると考える」について、

①　「専門知」の説明として**適当でないもの**を次から選び、記号で答えなさい。

ア　多くの検証を経ており、高い精度で整備された理論や方法論である。

イ　非常に難しい内容であり、その分野の専門家でも理解できていない。

ウ　ある分野の専門家でも、他の分野の専門知は理解することが難しい。

エ　順序を追って理解すれば、誰にでも正確さを確かめることができる。

②　私たちはどのようにして「専門知」を「確か」だと考えているのか。本文の内容を踏まえて、解答欄に合うように答えなさい。

ウ　私たちの日常生活の基盤を支えている多くのものが、専門的な知識や技術に基づくため、それらの専門家に疑問を持たないように心がける必要があるということ。

エ　私たちの日常生活の土台となる多くのものが、専門的な知識や技術から成り立っているため、たとえ専門家を信用できなくなっても頼らざるをえないということ。

問六　傍線部6「いくら新しいデータを出してきても、すべてが偽装や隠蔽として疑われうる」について、その理由を説明した次の文の空欄に当てはまる部分を四十字以上四十五字以内（記号・句読点を含む）で本文中から抜き出して、最初と最後の五字を答えなさい。

専門知が必要な事柄は［四十字以上四十五字以内］であるため、ほとんどの人には正確かどうか分からないから。

問七　傍線部7「行動のレベル、生活のレベルでは、依然としてそれへの信頼をもちつづけている」とあるが、その具体例として最も適するものを次から選び、記号で答えなさい。

ア　火事に備えて、消火器を購入しておく。

イ　合格祈願のために、神社へお参りに行く。

ウ　歴史上の出来事について、友人と話をする。

エ　寝坊しないように、毎朝母に起こしてもらう。

問八　傍線部8「その場合、広い意味での『他人の評判』は有力な手がかりになる」とは具体的にはどういうことか。その説明として最も適するものを次から選び、記号で答えなさい。

イ　多くの人が、専門的な理解をしたと思い込んで利用している、高度な知識や技術。
ウ　多くの人が、普段は意識せずに利用している、専門的な理解が必要な知識や技術。
エ　多くの人が、不安に思いつつも利用している、専門家にしか理解できない知識や技術。

問四　傍線部４「疑念はどこまでも膨らむ」のはなぜか。その理由として最も適するものを次から選び、記号で答えなさい。

ア　マンションの耐震強度偽装や原発事故では、専門的な知識や技術を持つ「専門家」への信頼が揺らいでいるが、専門知を持たない「素人」には検証できないから。
イ　マンションの耐震強度偽装や原発事故では、専門知を持つ「専門家」もそれらを検証することが困難であり、専門知を持たない「素人」が自身で検証するしかないから。
ウ　マンションの耐震強度偽装や原発事故では、専門知よりも専門知を持つ「専門家」の信頼性が検証の対象となり、専門知を持たない「素人」でもその検証が可能だから。
エ　マンションの耐震強度偽装や原発事故では、それらの背景にある学問知や技術知の確実性そのものが不安の対象になるが、専門知を持たない「素人」には検証が困難だから。

問五　傍線部５「自分で検証できないものをすべて疑い始めたら、現代においては、ほとんど生活が成り立たなくなる」とはどういうことだと考えられるか。最も適するものを次から選び、記号で答えなさい。

ア　私たちの日常生活で利用される多くのものが、専門的な知識や技術がないと検証できないため、自分たちで検証できるようになる必要があるということ。
イ　私たちの日常生活で利用される多くのものが、専門家だけが持つ専門知による検証に依存しているため、ほとんどの人が関われなくなっているということ。

＊二〇一一年に震災に伴って福島の原発事故が発生……東日本大震災によって福島第一原子力発電所の設備が損傷した結果、大量の放射性物質が放出された事故。
＊昂進……気持ちや病状などが、高ぶって進むこと。
＊連関……物事が互いにかかわりあっていること。

問一　空欄Aに当てはまる故事成語として適するものを次から選び、記号で答えなさい。

ア　矛盾　　イ　杞憂　　ウ　推敲　　エ　蛇足

問二　傍線部1「コンテクスト」について、この語は「ある事柄の背景。周囲の状況。文脈。」という意味であるが、正しく用いられている用例を次から選び、記号で答えなさい。

ア　文化祭の装飾のコンテクストが思い浮かぶ。
イ　日本文化に対してのコンテクストを話し合う。
ウ　問題のコンテクストを重視して解決を試みる。
エ　部活動では部員同士のコンテクストを大事にしている。

問三　傍線部2「マンションの耐震性」、3「原子力発電所の安全性」は、どのようなことの例として挙げられているか。最も適するものを次から選び、記号で答えなさい。

ア　多くの人が、専門的な理解をした上で利用している、高度な知識や技術。

のなかには、自分の会社のよく知っている取引先も含まれているかもしれない。少なくとも、いくつか繋《つな》がりをたどれば、どこかで自分の直接知っている範囲に触れあうところが出てくるだろう。ある探検家の報告が信頼できることは、それを引用している無数の文献から推測できるが、それらの文献のなかには、自分の恩師が教えてくれた文献も含まれているかもしれない。そうでなくても、いくつか繋がりをたどれば、そのように自分が直接見聞きした範囲にリンクが及ぶだろう。

　このようにして、ある事柄が「確か」であるかどうかは、無数の人間関係の連鎖に支えられ、それをコンテクストとして成立しているが、その人間関係の連鎖を辿《たど》れば、その信頼性の重要な部分は、自分が直接知り合った人々の信頼性に根づいているということがわかる。文献を教えてくれた教師を私が信頼しているのは、どのような教師が信頼できるかを身をもって（ときには反面教師として）教えてくれた数多くの教師たちのおかげだし、それらの教師たちが、私にとって教師としての信頼性を獲得したのは、私の親を含む大人たちの態度や、「教師とはどんな存在か、教師に対してどう振舞うのが適切か」について彼らが教えてくれたことによるかもしれない。養育者やそれに類する人々は、私にとってそもそも他人への信頼の原型を形づくった人々であると言える。そこから出発して、信頼形成のリンクをたどって、われわれは専門家集団の信頼性までを判定し、それに支えられて、9その専門家集団の専門知に支えられた事柄を、「確か」であると考えるのである。

　専門知の信頼性が人間ないし人間集団の信頼性に依存しているという議論に、とりわけ科学を職業にしている人たちは、違和感を覚えるかもしれない。人が科学を信頼するのは、それがきちんとステップを踏めば誰でも確かめられるからだ、といいたくなるかもしれない。もちろん、それも科学への信頼の根底にあるだろう。一般の人も、そのことは理解している。だがほとんどの人はそれが実際にはできない。さらに、たとえ何らかの分野の専門家であっても、すべての科学的知識を実際に漏れなく自分で検証するのは、現実的には不可能である。それにもかかわらず、圧倒的多数の人が科学を信頼しているのはなぜか。それが問題なのである。そこには明らかに、反省的な主題的検証によるのではない「確かさ」が顔を出している。そのような非反省的な「確かさ」が、人間関係の多重的なリンクに依存しており、その信頼性の網の目をたどっていくと、直接に見聞きし、語り合い、交渉している身近な他人とのつきあいが、その信頼性の核にあることが見えてくるのである。

（田口茂『現象学という思考――〈自明なもの〉の知へ』）

〈注〉＊二〇〇五年に多数の建築物の耐震強度偽装が発覚
……建築士が建物の安全性を証明する書類を偽造した結果、安全基準に満たない建物が建築されていたことが発覚した事件。

人間同士の社会的連関*の次元であることが炙《あぶ》り出されてくる。社会において、専門家集団がどのように信頼を勝ち得ているか、そしてまた、どのようなときそれは信頼を失うか、が問題となっているのである。

あるいは、次のような方向に問いを進めることもできる。ある専門家集団が信頼を失ってしまったとする。人はそれに憤ったりあきれたりし、科学そのものに対する不信感さえ口にするかもしれない。そこで興奮して足を踏み外し、手首を骨折してしまったらどうするか。慌てて病院に駆け込み、現代科学の粋を集めた検査機械の前に座り、現代医学にもとづく医師の治療を受けることに、何の疑問も抱かないのではないか。科学は疑わしくなったので、まじない師のもとに駆け込む、という人はまずいないだろう。

とすると、われわれは、たとえ科学に対して不信感を抱いたとしても、7行動のレベル、生活のレベルでは、依然としてそれへの信頼をもちつづけているのである。それは、私が当の医学的治療の正当性や、検査機械の正確性を厳密に検証したからではない。一つの専門家集団を疑わしいと思うのと同じレベルで、あるいは、それよりもっと深いレベルで、われわれは、検証し確かめることなく、科学の「確かさ」を信頼しているのである。ここで問題にしようとしているのは、そのような信頼がどのようなところに根を下ろしているのか、ということである。

「テーマとしてことさらに取り上げて確かめる」ことなく、そのようなモードによらない仕方で、別の形での「確かさ」にわれわれの生活が依存していることが、ここで明らかになってきている。「確かめることなく確かだと見なして生きる」というわれわれの生の基本的なモードは、どのようにして営まれているのだろうか。そこには、どのような働きが潜んでいるのだろうか。

専門知と他人への信頼

ある専門家集団を信頼できるかどうか、という問題は、科学に特有の構造的問題にも関わっているが、ここでその問題に踏み込むことはできない。ここではむしろ、専門家集団も人間の集団である、という点に着目しよう。この点に限って言えば、専門家集団に対する信頼は、その他の人間集団に対する信頼と本質的には変わらない。われわれは、さまざまな人間や人間の集団について、その信頼性をたえず評価し、吟味しながら生きている。この友人は信頼できるかどうか、この会社は取引先として信頼できるかどうか、この銀行は信頼できるかどうか、この国の代表団は信頼できるかどうか、この時代にこの地域を探検した人々の報告は信頼できるかどうか、等々。

8その場合、広い意味での「他人の評判」は有力な手がかりになる。この会社は、これだけ多くの会社と取引をしているのだから、信頼できるだろう。この探検家の報告は、これだけ多くの研究書に引用されているのだから、信頼できるのだろう、といった具合である。こうした「他人の評判」は、最終的には、直接触れあう身近な他人にまで行き着く。ある会社の信頼性を支えているさまざまな取引先

れは「不確かではないか」という不安とのせめぎあいのなかで語られている)。

このマンションも危ないのでは? この検査でもまだ安全は確認できないのでは? 隠蔽《いんぺい》や偽装を疑い始めると、証拠を示されても、その証拠自体がまた疑いの対象になるから、4疑念はどこまでも膨らむ。極端な場合、それは「陰謀説」のようなものにまで発展しかねないだろう。

そして、際限なく疑念が膨らむのは、しばしば、「一般人」あるいは「素人」には自分で検証できない知識や技術に関わるケースである。建築物の構造計算を自分で行うことができる人は稀である。原子力発電所の安全性となると、一人ですべてを確認しうる事柄ではない。多数の専門知が複合的に組み合わさって、はじめて検証が可能になる。「素人」の手に負えるものではないし、一つの分野の専門家であっても、ほとんどの他の分野については素人に近い。「素人」にはわからないから、「専門家」に任せろ、と言われたとき、「専門家」の信頼性が問われる。専門家たち自身が確かに信頼できるのか、が問い質されるのである。耐震偽装にしても、原発の安全性にしても、揺らいでいるのは当の「モノ」自体に関する確実性より、「専門家」ないしその集団への信頼性であると言った方がよい。

思えば、われわれのまわりには、自分では検証できない専門知に依存するものがたくさんある。5自分で検証できないものをすべて疑い始めたら、現代においては、ほとんど生活が成り立たなくなるほどである。自分の服用している薬が安全であるかどうか、いま通行しているトンネルの天井が突然崩落することはないか、乗っている電車が脱線することはないか、等々、疑う余地はいくらでもある。いずれも、自分一人では検証できないか、できたとしても相当の努力と時間と費用を要することばかりである。

さまざまなタイプの「専門知」は、それ自体としてみれば、高度に整備され、多くの人によって検証された信頼できる理論や方法論を備えているだろう。しかし、当該の学問知や技術知がどんなに信頼できるものであっても、それにもとづいて語られたことを、すべての人が自分で検証できるわけではない。となると、当該の「専門知」の信頼性は、社会的には、どうしても「人」の信頼性に依存することになる。どんなに優秀な専門家であっても、嘘《うそ》をつくことはできるからだ。

疑おうと思えば疑うことができたにもかかわらず、これまで疑わずに生きてきた専門知が、ある日突然疑わしくなってしまったとき、先に述べたように、専門家集団への信頼が揺らぐ。そうなると、疑いはどこまでも膨らむ。同じ専門家集団が、6いくら新しいデータを出してきても、すべてが偽装や隠蔽として疑われうるから、問題の解決にはならない。当の専門知がどんなに精密さや正確さを備えていても、ほとんどの人はそれを検証することができないから、不正確な発言と区別がつかなくなる。当の専門知の正確さとは別の次元で、疑いがどんどん*昂進《こうしん》するようなモードに人は入り込んでしまう。

ここで問題が根を下ろしている次元は、根底的には、科学的研究の確実性という次元を突き抜けてしまっており、もっと包括的な、

問　七　本文の内容と合致するものを次から選び、記号で答えなさい。

ア　強い精神力は、人間が新しいことを身につけるためには欠かすことができないものである。

イ　あらゆる分野において、上達するためには厳しい訓練を積み重ねることがもっとも必要である。

ウ　真似る力を養うためには、上達力を駆使して自分のスタイルを作り上げ、貫き通すことが大切である。

エ　自分より優れている人を模倣して感覚をつかむことは、生きていく上で大切な上達力の基盤を作ることである。

三　次の文章を読んで、あとの問いに答えなさい。

確かさのない世界でなぜ生きられるか——専門知の信頼性

まず、次のような問いを立ててみたい。「絶対的な確かさ」のない世界で、われわれはどうやって、「A」の故事のように不安に怯《おび》えることなく、それなりに安心して生きているのだろうか。われわれにとって「確かさ」が、絶対的なものでもなく、かつ無関心でもいられないものだとしたら、それはわれわれの生のなかでどのような仕方で働いているのだろうか。これらの問いを通して、「確かさを取り巻く1コンテクスト」に踏み入ってみたい。

最初に取り上げたいのは、専門知とその「確実性」についてである。それを考えてみるとき、一見確実性が高いかに見える専門知が、より広いコンテクストに支えられており、そのコンテクストは、一見専門知よりも「不確か」であるかのように見える「人間同士の関係」の次元にあることが見えてくるのである。

「2このマンションの耐震性は確保されているのか？」「3原子力発電所の安全性は確保されたのか？」これらのことがのっぴきならない問題であると感じられるのは、われわれがそこに不安を感じるからである。逆に、*二〇〇五年に多数の建築物の耐震強度偽装が発覚するまでは、マンションの耐震性に疑問を感じる人はきわめて少なかったであろうし、*二〇一一年に震災に伴って福島の原発事故が発生するまでは、「原子力発電所は十分に安全なのであろう」と、ほとんどの人が漠然と思っていたであろう。「確かなのか？」という疑問さえ浮かばないところでは、それが確かである、と言う必要さえ感じられない。「確かなのか？」という問いが切羽詰まったものになってきたときには、われわれはもうすでに大きな不安の中にいるのである（逆に、「確かだ」ということがさかんに語られるとき、そ

問　三　空欄B～Fに適する語を次から選び、記号で答えなさい。

ア　アレンジ　　イ　プロセス　　ウ　インパクト　　エ　エピソード　　オ　プレッシャー

問　四　空欄①～③に適する語を次から選び、記号で答えなさい。

ア　だから　　イ　しかも　　ウ　なぜなら　　エ　たとえば

問　五　傍線部2「原則」、3「実際」、9「文化」について、それぞれ次の漢字を用いて対義語（二字熟語）を作りなさい。ただし、同じ字を繰り返し用いてはならない。

像	例	現	見	概	想
慣	然	感	外	己	自

問　六　傍線部7「谷崎潤一郎」の作品として適するものを次から選び、記号で答えなさい。

ア　走れメロス　　イ　トロッコ　　ウ　細　雪　　エ　吾輩は猫である

などを見て学習しているわけである。

先日テレビで、成功した料理人の方が、そうした下積みの状態から帝国ホテルの村上信夫料理長（当時）にいきなり抜擢《ばってき》された［F］を話されていた。しっかり技を盗む訓練をしていることを見てもらっていた、ということだろう。ただボーッとしていると、いざ、「きみ、スイスの日本大使館に行って、料理長をやりなさい」といきなり仕事を言われても、対応できない。だから、必ず先輩たちのやり方を見て覚えている人間に頼むようにする。

（齋藤孝『教育力』）

〈注〉＊ 世阿弥……室町時代、能楽を芸術として大成させた人物。
＊ 風姿花伝……修業論や演出方法など、能楽全般の評論。
＊ 花鏡……能楽についての秘伝書。

問一　傍線部1、4、5、6、8のカタカナに適する漢字をそれぞれ選び、記号で答えなさい。

1　ジュウ順　　ア 住　イ 従　ウ 重　エ 充
4　行イ　　ア 維　イ 位　ウ 以　エ 為
5　危キ　　ア 機　イ 忌　ウ 気　エ 規
6　独ソウ性　　ア 相　イ 総　ウ 創　エ 奏
8　雰イ気　　ア 違　イ 異　ウ 意　エ 囲

問二　空欄Aに適する四字熟語を次から選び、記号で答えなさい。また、その漢字を答えなさい。

ア むがむちゅう　イ がでんいんすい　ウ くうぜんぜつご　エ ごりむちゅう

かなり速い速度でほかのものを吸収してしまうと、それらを組み合わせて自分のスタイルをつくっていくことができる、ということなのである。だから、学習の［D］としては、まずはそこまでにあるいろいろないいものを真似して吸収する。その上で、それらを［E］して自分なりのものを提示する。これは普遍的な原則だと思う。

復唱方式と口伝

［②］復唱方式で、寺小屋のように先生が上手に『論語』等を読んで、子どもたちが日本語らしく復唱するということは、これはすでに真似る力だ。英語でも日本語でも音読を聞くと、区切り方で、その人が意味を理解しているのかどうか、ということもわかる。7谷崎潤一郎の『春琴抄』は日本語として完成度の高いものだ。その『春琴抄』の場合は、点や丸が文章にほとんどない。だから切れ目がどこかわからない。一文が一ページぐらい続いたりする。

日本語のわかっている人にとっては、句読点はないけれども、ああここで実際には切れているんだということはわかる。それを初見（初めて見た状態）ですらすらと音読できたとする。そうするとその人は、明らかに日本語の能力が高いということになる。

だが、子どもたちにそれを読ませると、大学生でもそうだが、つっかえつっかえになって変なイントネーションになる。そういう変な読み方をしている場合は、どこで文章が終わるのか、予測力がないのだ。文章の構造が身についていないから、ここで終わるという予測ができない。

この訓練のために、まず先生が上手に読んでみせる。続いて子どもたちがそれを復唱する。口伝えだ。口伝《くでん》のようなものである。

かつては能の芸など、世阿弥*が言うように「ほかの家に芸の秘密が漏れたら、終わりだ」という考えだった。［③］、世阿弥の『風姿花伝』*とか『花鏡』*が出てきたのは最近――明治末期――のことなのである。それまでは門外不出の秘伝の書だった。

このように、大切なことは言葉にせよ技にせよ、身体から身体へ伝えるということを前提にした教育方法で伝えられてきた。それがむしろ日本の文化の主流だったのである。

一対一で行われる、高い集中力の場が修業の場の厳しい8雰イ気を生んでいた。そのような空間で初めて伝えられるものがあった。かつては身体から身体へ伝えていく教育方法があった。

しかし考えてみると、人の口からで出たイントネーションをそのまま真似てみる、そのことによって自分のなかに9文化的な内容を吸収させていく――これは別に能の世界に限らず、一般的に行われていることでもある。

そのようにして学ぶ人は非常に上達が早い。料理の世界などでも、どこのレストランに行っても、最初は鍋洗いばかりさせられる。場合によると、二年も三年も鍋洗い。そのときにボーッとしているかというと、必ずソースの味とかいろいろな段取り、ほかの人の動きや味付けの仕方

二　次の文章を読んで、あとの問いに答えなさい。

真似る力

上達ということで言うと、ある事柄がうまくなるときに、それだけがうまくなって終わりの人と、そのことを通じて上達力とでもいうべき応用の効く力が身につく人とがいる。その上達力を身につけた人というのは、それ以外のことに対しても応用が効くので、次の事柄に向かったときの上達が早くなる。

たとえばある人が中学か高校の先生になって、好きな部活の指導をしたとする。自分は野球部の出身なので、とにかく野球を教えたい、というわけだ。だが、単に野球を教えるのと、野球を通じてその後一生生きていくために必要な上達の極意を伝えるのとは、違うことである。

厳しい練習をして、野球はうまくなったとする。しかし、生徒たちが社会に出たときに何か新しい課題を与えられて、［A］、頭は白紙という状態になるのでは、学校教育の中で野球をやった意味がちょっと少ない。鍛えられたのは指導にしたがう根性だけ、1ジュウ順な心だけというのでは、ちょっとさみしい。

勉強や部活動を通して上達の普遍的な2原則を相手に伝えるのだという意識を常に持っている人が、教育力のある人だと私は思う。

この生きていくために大切な上達力の基盤になるのが、真似る力だ。「真似る」というのは、何となく「ひとまねこざる」のようで、もう一つ聞こえがよくない。だが3実際には、この4行イは人間が新しいことを獲得するときに、どうしても必要なことなのである。

真似る力の重要な点は、感覚を捉《とら》えるということだ。イチローは二〇〇六年のシーズン中、二〇〇本安打の［B］につぶれそうになったとき、こんなきっかけで5危キを脱出した。

「僕、あの日の練習で、キャッチボールのときの投げ方を変えたんです。僕の中にはまだピッチャーだったときの感覚が残っていますから、いろんな人の真似をしたりしてキャッチボールしてるんです。子どものときに真似した小松（辰雄）さんとか、江川（卓）さんとか、桑田（真澄）さんとか……そのときは僕、牛島（和彦）さんになったんです（笑）。そうしたら、リリースのところだけに力が入る感じがあって、おおっ、これはいいなぁ、この感じがバッティングにあったらって……そこからなんですよ、［C］の瞬間だけ力を入れる感覚で打てるようになったのは」

（「Number」二〇〇六年一一月号）

イチローでも、いろいろな人の真似をして上達した。［①］大事なのは、真似することで感覚を摑《つか》んでいったということだ。

全く誰からも学ばないで新しいことを始めるということは、歴史上あまり例がない。天才といわれている人、モーツァルトにせよ、ピカソにせよ、どの領域の天才も、無から生み出す6独ソウ性があったというよりも、学習速度がほかの人よりも速かったということだと思う。

14 不要な文章をサクジョする。

15 彼はケッペキな人だ。

問二 次の1～5の熟語の構成を正しく説明したものを、あとの選択肢から選び、記号で答えなさい。

1 歌詞

2 冒険

3 救援

4 不信

5 緩急

ア 同じような意味の漢字を重ねたもの

イ 反対または対応の意味を表す字を重ねたもの

ウ 上の字が下の字を修飾しているもの

エ 下の字が上の字の目的語・補語になっているもの

オ 上の字が下の字の意味を打ち消しているもの

二〇二二年度
保善高等学校(推薦)

【国語】〈四五分〉〈満点：一〇〇点〉

一 次の設問に答えなさい。

問一 次の1～15の傍線部について、漢字の読みをひらがなで答えなさい。また、カタカナを漢字に直しなさい。

1 果物が熟れる。
2 言葉を慎む。
3 幾重にも感謝する。
4 建物の老朽化が進む。
5 将来を嘱望される。
6 相手の主張をヒハンする。
7 荷物のユウソウ料を払う。
8 肉まんをムす。
9 注意がサンマンになる。
10 事件の核心にセまる。
11 身体にツカれがたまる。
12 周りの人にメイワクをかける。
13 幼い頃の出来事をカイコする。

英語解答

1 A 1 eigh・**teen**
2 **break**・fast
3 mu・**se**・um
4 com・**put**・er
5 ex・**pe**・ri・ence
6 **veg**・e・ta・ble

B 1 o 2 e 3 z 4 g
5 y

C 1 uncle 2 science
3 language 4 foreign

2 A 1 Which, better〔more〕
2 looking for 3 How many
4 made in

B 1 have lived in Tokyo for
2 was written by Jim five years
3 boy speaking to Tom is

3 A 問1 (1) John Spacy Band
(2) 1,500 yen (3) 8 hours
問2 エ 問3 1

B 問1 エ
問2 stay up in the air
問3 ウ
問4 熱い空気は冷たい空気より軽い
問5 イ 問6 rope
問7 1…T 2…F 3…F
4…T 5…F

数学解答

1 (1) $\frac{5}{2}$ (2) $\sqrt{7}$ (3) $6x+18$
(4) $(a+b+2)(a+b-3)$
(5) $x=4$ (6) $x=3$, $y=-1$
(7) $x=\frac{-1\pm\sqrt{13}}{2}$ (8) 6％
(9) 36点 (10) 50°
(11) $\angle y=50°$, $\angle z=65°$ (12) 右図

2 (1) (例)△ADEと△ABCにおいて，DE∥BCより，同位角は等しいから，∠ADE＝∠ABC……①，∠AED＝∠ACB……② ①，②より，2組の角がそれぞれ等しいので，△ADE∽△ABC
(2) DB＝2 cm, $BC=\frac{9}{2}$ cm

3 (1) $\frac{1}{8}$ (2) $\frac{1}{2}$ (3) (ア)

4 (1) $\frac{1}{6}$ (2) $\frac{3}{4}$ (3) $\frac{11}{36}$

(例)

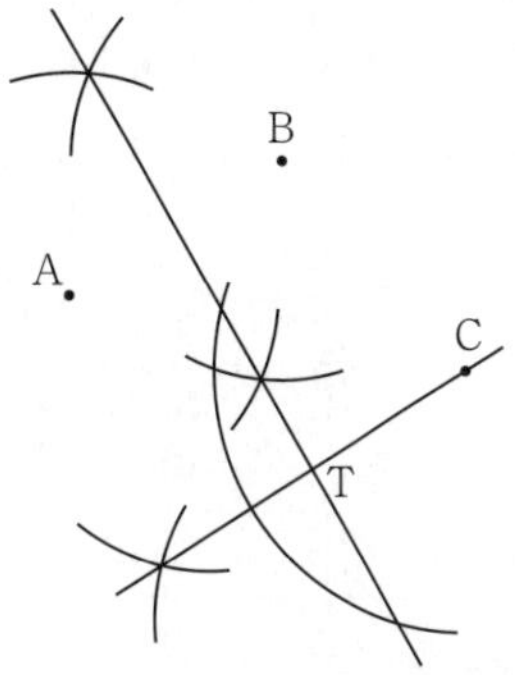

国語解答

一 問一　1　う　2　つつし　3　いくえ
4　ろうきゅう　5　しょくぼう
6　批判　7　郵送　8　蒸
9　散漫　10　迫　11　疲
12　迷惑　13　回顧　14　削除
15　潔癖

問二　1…ウ　2…エ　3…ア　4…オ
5…イ

二 問一　1…イ　4…エ　5…ア　6…ウ
8…エ

問二　記号　エ　漢字　五里霧中

問三　B…オ　C…ウ　D…イ　E…ア
F…エ

問四　①…イ　②…エ　③…ア

問五　2　例外　3　想像　9　自然

問六　ウ　問七　エ

三 問一　イ　問二　ウ　問三　ウ

問四　ア　問五　エ

問六　自分一人で～ことばかり

問七　ア　問八　エ

問九　①…イ

②　[私たちは]養育者やそれに類する人々によって形成された信頼の原型に基づき，そこから人間関係の多重的なリンクをたどり，直接に見聞きし，語り合い，交渉している身近な他人の信頼性にまでつなげる[ことで「確か」だと考えている。]

2021年度 保善高等学校

【英　語】（50分）〈満点：100点〉

1 リスニング問題（放送の指示に従って答えなさい。）

リスニングテストの音声は，当社ホームページで聴くことができます。（実際の入試で使用された音声です）
再生に必要なIDとアクセスコードは「収録内容一覧」のページに掲載しています。

問題A　質問の答えを次のア～エから１つずつ選び、記号で答えなさい。

対話文１

ア　At 8:00.　　イ　At 8:30.　　ウ　At 9:00.　　エ　At 9:30.

対話文２

ア　Drive carefully.

イ　Go to her grandmother's house.

ウ　Call her grandmother.

エ　Send an e-mail.

問題B　Question 1・Question 2 に対する答えとなるように、次の英文の（　　　）内に適するものをそれぞれ答えなさい。

Question 1 に対する答え

Because he got some (　　　　) from his classmates.

Question 2 に対する答え

He was in the hospital for (　　　　) weeks.

これでリスニング問題は終わりです。２ページ以降の問題に答えなさい。

※　リスニング問題放送文は，英語の問題の終わりに付けてあります。

2

A. 次の英文の空所に入る語として最も適切なものを語群から選び、それを答えなさい。
ただし、各語を２度以上用いてはいけません。

1. We got ( ) the bus at the next stop and walked for a while.

2. You must get ( ) early tomorrow to catch the first train.

3. The bridge is falling ( ) after the heavy rain.

4. I don't think this is a good idea.—Oh, come ( )! It'll be fun.

〔語　群〕 **on / off / up / down / for**

B. 次の各文の（ ）内に適するものをそれぞれア～エから選び、記号で答えなさい。

1. December is the ( ) month of the year.

　ア tenth　イ twenty-second　ウ ten and second　エ twelfth

2. Have you ever watched football games at a ( )?—No, I haven't. How about you?

　ア abroad　イ culture　ウ program　エ stadium

3. You can only use ( ) to write down the answers in this math test.

　ア pencils　イ knives　ウ rulers　エ erasers

4. Do you know what ( ) is spoken in India?

　ア kingdom　イ language　ウ information　エ communication

3

A. 日本文の意味になるように、(　　　) 内に適する語を答えなさい。

1. 消防車はあるホテルの前で止まった。

The fire engine stopped (　　　) (　　　) of a hotel.

2. 教師は話し続けたが、生徒たちは話を聞いていなかった。

The teacher kept on talking, but the students were not (　　　) (　　　) him.

3. コーヒーを一杯もらえますか。—はい、どうぞ。

Could you give me a cup of coffee?—Sure. (　　　) you (　　　).

4. 最近では、多くの買い物客がスーパーマーケットに自分のエコバッグを好んで持っていく。

(　　　) (　　　), many customers like to take their own eco-friendly shopping bags to the supermarket.

B. 日本文の意味に合うように、[　　　] 内の語(句)を並べかえなさい。

1. 父はたいてい、風呂に入ったあとでビールを飲む。

My father usually [has / drinks beer / after / he / taken a bath].

2. オーストラリアはカンガルーなど独特の動物で有名だ。

Australia [such as / kangaroos / unique animals / for / is famous].

3. 4月から8月までの間に、200人以上の人がここを訪れました。

More [200 people / between / visited / than / April / this place] and August.

C.　次の会話文の(1)～(3) の空所に入る表現を自分で考えて答えなさい。ただし、一つの空所につき英語５語以上で答えるものとし、(1) (3) は２文になっても構いません。

A: Good morning.　Did you have a good sleep?

B: (1) ______________________________

A: You have to stop looking at your smartphone before you go to bed.

B: I know it, but I can't because (2)______________________________

A: Anyway, (3)______________________________?

B: I'd like a BLT sandwich and some soup.

4

A.　Tom と Ann の対話を読み、後の問いに答えなさい。*の付いた語(句)には注があります。

Tom　: You were absent from school yesterday.　What happened?

Ann　: I felt *chilly and had a headache when I woke up in the morning.　I lay on the bed for a while, but I got worse, so I decided to go to see a doctor.

Tom　: [A]　What did the doctor say to you?

Ann　: He said that I caught cold, and he gave me some medicine.　He also advised me to have a rest at home.

Tom　: [B]

Ann　: I haven't got better yet.　Actually, I wanted to be at home and rest today, but we are going to have a math test next Monday, aren't we?　[C]

Tom　: *Don't push yourself too hard.　Today's classes are all in the morning, so you should go home early and have a rest.　If you aren't able to take the math test next week, ①<u>it</u> will be much worse for you.

Ann　: Thank you for your advice.　Will you lend me your notebook?　I want to copy the notes.

Tom　: Sure! [D]

Ann　: It's very kind of you!　Thank you so much.

Tom　: You are welcome.　After you go home, warm your body and rest.　I'll call you before visiting your house.

Ann　: OK.　See you soon.

注　*chilly 寒気がする　*don't push yourself too hard 頑張りすぎるな

問１　[A] ～ [D] 内に適するものをそれぞれ次のア～エから選び、記号で答えなさい。ただし、同じ選択肢を２度以上用いてはいけません。

ア　Are you all right now?

イ　I think today's class is very important.

ウ　Oh, that's too bad.

エ　I will take it to your house after school.

問２　下線部①の内容を、最後が「～こと」で終わる 10 字以上 15 字以内の日本語で答えなさい。

問３　次の１ ～ ４ それぞれが対話の内容に合っていれば○、合っていなければ×と答えなさい。

1. Tom took medicine and got well.
2. Both Tom and Ann are going to have a test next week.
3. Tom doesn't want to lend his notebook to Ann.
4. Tom is going to visit Ann later.

B. 次の英文を読み、後の問いに答えなさい。*の付いた語(句)には注があります。

One day, Isaac Newton was sitting by a tree, and then an apple fell next to him. "Why does an apple fall straight to the Earth?" he asked himself. "Why doesn't the moon fall to the Earth like the apple?" He thought and thought, and thought.... He thought for a long time, and finally found the "*law of universal gravitation."

Is this story true? We are not sure, but we know that Newton was a genius.

Isaac Newton was born in 1643. He lived with his grandmother when he was a child, because his father was dead and his mother was married to another man. In his school days, he was *bullied because he was smaller than his classmates. When he was fifteen years old, his mother came back to Newton's house. She wanted Newton to work on her farm, so she ①pulled him out of school. However, he was always reading books and didn't work at all on the farm. So, in the end, his mother decided to send him to college.

Even in his hard days, Newton showed his talent here and there. When he was living with his grandmother, he made such things as *windmills and *sundials by himself. He was very good at making things with his (②).

Newton also loved to think all the time. There is ③a funny story about this. One day, he wanted to boil an egg. He had an egg in one hand to boil. He had a watch in the other hand to count the time. While he was waiting for the water to boil, he started to think about his study. He *concentrated on his thinking so much that he started to boil the WATCH!

When Newton was 23 years old, he had to leave college and stay home for a while because of *the Great Plague. He was able to think a lot, and at that time, he found the law of universal gravitation.

Newton had many new ideas, but he did not like to share his ideas with other people. When he was studying in college, he found some mistakes in some of the *theories of former mathematicians, but he never told anyone. When he was 42 years old, a young *astronomer named Halley visited him. Halley asked him, "How do planets like Earth and Mars go around the sun? Do you know?" Newton answered, "It's easy. They *move in an ellipse. I did the *calculation 20 years ago." He was moved, and wanted Newton to publish his theories. With Halley's help, Newton finally published his famous book *Principia* in 1687.

注 *law of universal gravitation 万有引力の法則 *bully ～をいじめる *windmills 風車 *sundials 日時計
*concentrate on～ ～に集中する *the Great Plague 大疫病 (イギリスで発生した伝染病の流行)
*theories of former mathematicians 過去の数学者たちの理論
*astronomer named Halley ハレーという名前の天文学者 *moves in an ellipse だ円形の軌道を描いて動く
*calculation 計算

問1　次の１ ～ ３ の後に続くものをそれぞれ次のア～エから選び、記号で答えなさい。

1. Newton lived with his grandmother in his childhood

2. Newton's classmates often bullied Newton

3. Newton was not a good farmer

ア　because he was small.

イ　because his mother was married to another person.

ウ　because his family was poor.

エ　because he was always reading books.

問2　下線部①の意味を次のア～エから選び、記号で答えなさい。

ア　ニュートンを学校に無理やり入学させた。

イ　ニュートンを学校から退学させた。

ウ　ニュートンを学校に引っ張って連れていった。

エ　ニュートンを学校の外で引っぱった。

問3　（　②　）内に入るものを次のア～エの中から選び、記号で答えなさい。

ア　heads　　イ　shoes　　ウ　eyes　　エ　hands

問4　下線部③の内容を、解答欄の書き出しに合わせて25字程度の日本語で説明しなさい。
ただし、句読点も１字と数えます。

問5　次の１ ～ ３ それぞれが本文の内容に合っていれば○、合っていなければ×と答えなさい。

1. When Newton thought of an idea, he told it only to his grandmother.

2. Newton was able to answer Halley's question easily.

3. Halley helped Newton when he published *Principia.*

＜リスニング問題放送文＞

これから、リスニングテストを行います。問題用紙の１ページを見なさい。リスニングテストは、すべて放送による指示で行います。リスニングテストの問題には、問題Ａと問題Ｂの２つがあります。

英文とそのあとに出題される質問が、それぞれ全体を通して２回ずつ読まれます。問題用紙の余白にメモをとってもかまいません。答えはすべて解答用紙に書きなさい。

（２秒の間）

では、始めます。

問題Ａ

問題Ａは、英語による対話文を聞いて、英語の質問に答えるものです。ここで話される対話文は全部で２つあり、それぞれ質問は１つずつ出題されます。質問に対する答えは選択肢から選び、その記号を書きなさい。

では対話文１を始めます。

（３秒の間）

Son : Mom, I'm going to Ochanomizu town to meet a friend next Sunday.
Mother : Why are you going there?
Son : Because my friend, Yasuhiro, wants to buy a guitar.
Mother : What time will you meet him?
Son : At 9:30 at Ochanomizu Station. I will leave home at 8:30.
Mother : So you will have to get up by 8:00.

（３秒の間）

Question : What time will the boy and Yasuhiro meet next Sunday?

（５秒の間）

繰り返します。

（２秒の間）

Son : Mom, I'm going to Ochanomizu town to meet a friend next Sunday.
Mother : Why are you going there?
Son : Because my friend, Yasuhiro, wants to buy a guitar.
Mother : What time will you meet him?
Son : At 9:30 at Ochanomizu Station. I will leave home at 8:30.
Mother : So you will have to get up by 8:00.

（３秒の間）

Question : What time will the boy and Yasuhiro meet next Sunday?

（５秒の間）

対話文２を始めます。

（３秒の間）

Daughter: Dad, can I use your car?

Dad: Where are you going?

Daughter: I'm going to Grandmother's house.

Dad: OK, but call her before you leave home.

Daughter: I will. When I arrive there, I will send you an e-mail.

Dad: That's good. Drive carefully.

（３秒の間）

Question: What will the daughter do first?

（５秒の間）

繰り返します。

（２秒の間）

Daughter: Dad, can I use your car?

Dad: Where are you going?

Daughter: I'm going to Grandmother's house.

Dad: OK, but call her before you leave home.

Daughter: I will. When I arrive there, I will send you an e-mail.

Dad: That's good. Drive carefully.

（３秒の間）

Question: What will the daughter do first?

（５秒の間）

これで問題Ａを終わります。次に問題Ｂを始めます。

（３秒の間）

問題Ｂ

これから聴く英語は、マサトという少年に起きたできごとについて語っているものです。あとから、英語による質問が２題出題されます。質問に対する答えを、問題用紙に印刷されているように答えた場合、それぞれのカッコ内に適するものを英語か数字で答えなさい。

なお、それぞれの質問の後に、１５秒程度、答えを書く時間があります。

では、始めます。

（２秒の間）

Masato broke his leg when he was playing rugby. He was taken to the hospital right away. The doctor said, "It will take three weeks before you can leave the hospital." Masato was very sad.

One day, Masato's sister came to the hospital to see him. She had some letters. They were written by his classmates. He was very happy to receive the letters.

Two weeks after he broke his leg, Masato left the hospital. The doctor was surprised and said, "You got well so fast." Masato replied, "The letters from my classmates healed my leg."

（３秒の間）

Question 1: Why was Masato happy?

（１５秒の間）

Question 2: How long was Masato in the hospital?

（１５秒の間）

繰り返します。

（２秒の間）

Masato broke his leg when he was playing rugby. He was taken to the hospital right away. The doctor said, “It will take three weeks before you can leave the hospital.” Masato was very sad.

One day, Masato’s sister came to the hospital to see him. She had some letters. They were written by his classmates. He was very happy to receive the letters.

Two weeks after he broke his leg, Masato left the hospital. The doctor was surprised and said, “You got well so fast.” Masato replied, “The letters from my classmates healed my leg.”

（３秒の間）

Question 1: Why was Masato happy?

（１５秒の間）

Question 2: How long was Masato in the hospital?

（１５秒の間）

以上で、リスニングテストを終わります。２ページ以降の問題に答えて下さい。

【数　学】（50分）〈満点：100点〉

注意

- 解答に単位が必要なときは，明記して下さい。
- 解答が分数になるときは，これ以上約分できない形で表して下さい。
- 解答に根号を用いるときは，$\sqrt{\ }$の中を最小の正の整数にして下さい。
- 作図の問題について，作図に用いた線は消さずに残して下さい。

1 次の計算をしなさい。

（1） $5-9\div\left(-\dfrac{3}{2}\right)$

（2） $\sqrt{8}-\dfrac{6}{\sqrt{2}}$

（3） $(x+y)^2-(x-y)^2$

2 次の問いに答えなさい。

（1） $x=2+\sqrt{3}$，$y=2-\sqrt{3}$ のとき，次の式の値を求めなさい。

① $x+y$

② xy

③ x^2y+xy^2

（2） 比例式 $(x+3):5=(x-3):2$ を満たす x の値を求めなさい。

（3） y は x に反比例し，$x=2$ のとき $y=-2$ です。このとき，y を x の式で表しなさい。

（4） 1次方程式 $\dfrac{2x-1}{3}+\dfrac{3-2x}{11}=0$ を解きなさい。

（5） 2次方程式 $-2x^2+x+1=0$ を解きなさい。

（6） 連立方程式 $\begin{cases}2x-3y=8\\3x+2y=-1\end{cases}$ を解きなさい。

（7） 次の式を因数分解しなさい。

① $x^2-4x-45$

② $8x^2-18y^2$

（8） 右の図のように OA を半径とする円があります。この円周上に $\angle AOB = 30°$ となる点 B を作図によりひとつ求めなさい。ただし，作図に用いた線はすべて消さずに残しておきなさい。

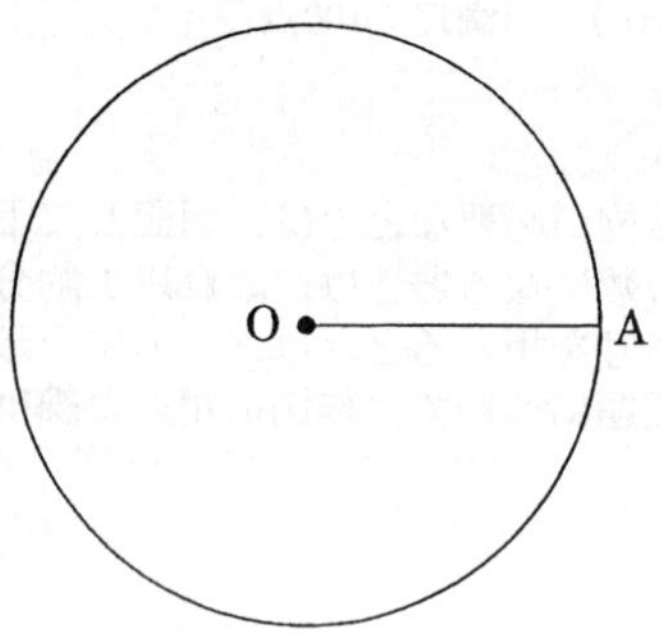

3 面積の等しい正方形 A と長方形 B があります。正方形 A の一辺の長さを x cm，長方形 B のたての長さを y cm，よこの長さを 3 cm としたとき，次の問いに答えなさい。

（1） y を x の式で表しなさい。

（2） $x = 6$ のとき，y の値を求めなさい。

（3） y が x の 3 倍のとき，正方形 A の一辺の長さを求めなさい。

4 $y = x + 5$ のグラフと $y = ax + b$ のグラフとの交点の座標は $(-1, 4)$ で，$y = x + 5$ のグラフと $y = bx + a$ のグラフとの交点の座標は $(7, 12)$ です。定数 a ，b の値をそれぞれ求めなさい。

5 右の図は，半径 2 cm の円です。この円の中心 O を通る 2 つの直線があり，それぞれ円と点 A，B，および，C，D で交わっています。このとき，次の問いに答えなさい。

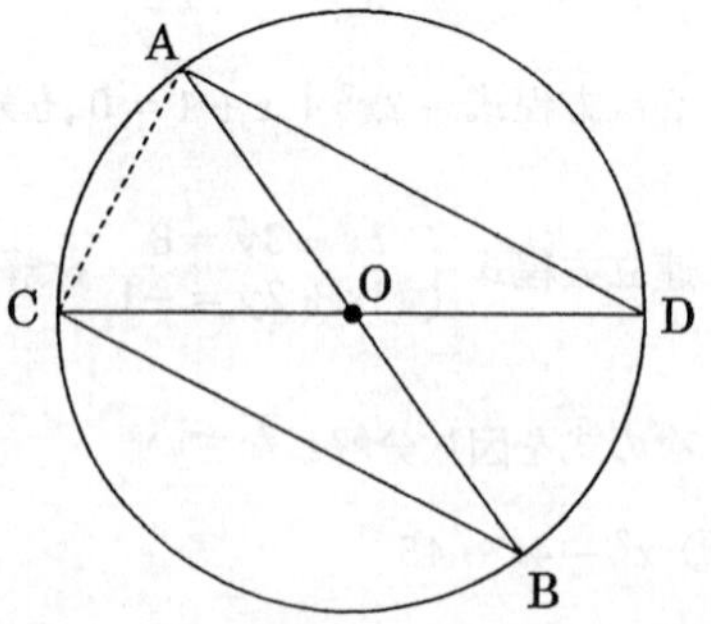

（1） $\triangle OAD \equiv \triangle OCB$ となることを証明しなさい。

（2） $\angle ABC = 30°$ のとき，線分 AC の長さを求めなさい。

6 表裏のある1枚のコインを投げて，表なら記号「○」，裏なら記号「×」と記録します。これを5回くり返すときの記録の列（○と×の並び方）について，次の問いに答えなさい。

（1） 記録の列は全部で何通りできますか。

（2） すべての記録の列の中で，同じ記号がちょうど4回続くものは何通りできますか。

（3） すべての記録の列の中で，同じ記号が3回以上続くものは何通りできますか。

7 高校生 49 人を対象に数学のテストを行ったところ，右の表のような結果になりました。次の問いに答えなさい。

（1） 得点の中央値を求めなさい。

（2） 得点の平均値を，小数第2位を四捨五入して小数第1位まで求めなさい。

得点（点）	人数（人）
10	12
9	12
8	18
7	5
6	0
5	2
計	49

問六　次のア～エについて、問題文の内容と合致するものには○で、合致しないものには×で答えなさい。

ア　鬼は山田の郡の衣女のおもてなしに感謝し、そのお礼として命を長らえさせようとした。

イ　鵜垂の衣女は、頭を地面にぶつけて亡くなってしまった。

ウ　閻羅王は鬼のついた嘘を信じ、鵜垂の郡の衣女に裁きを与えた。

エ　生き返った衣女は、今までより多くの財産を手に入れることになった。

問七　問題文の出典『日本霊異記』は平安時代に成立したものである。同時代に成立した作品を次から選び、記号で答えなさい。

ア　『竹取物語』　　イ　『徒然草』　　ウ　『風姿花伝』　　エ　『東海道中膝栗毛』

問二　傍線部1「得たり」、3「対す」、4「帰り」の主体は誰か。次からそれぞれ選び、記号で答えなさい。なお、同じ記号を何度使ってもよい。

ア　山田の郡の衣女　　イ　鵜垂の郡の衣女　　ウ　鬼　　エ　閻羅王

問三　傍線部8「なにのゆゑにかしかいふ」、10「これもまたあやしきことなり」の意味として適するものを選び、それぞれ記号で答えなさい。

8「なにのゆゑにかしかいふ」

ア　どうすればそのようにできるのですか　　イ　どのようにその場所を探すのですか
ウ　なんでそんなことを言うのですか　　エ　いつそのように言うつもりですか

10「これもまたあやしきことなり」

ア　これは身分が低いと起こる話である　　イ　これもまた夢の中の話である
ウ　これは貧乏だからこその話である　　エ　これもまた不思議な話である

問四　傍線部5「体を失ひつ。依りどころなし」と発言しているのはなぜか。その理由として適するものを次から選び、記号で答えなさい。

ア　死後三日経過したので、遺体は火葬されてしまったから。
イ　閻羅王の怒りを買い、命を奪われてしまったから。
ウ　鬼の行動を非難したために、身体を隠されてしまったから。
エ　お葬式も終わり、完全に魂があの世へ旅立ってしまったから。

問五　傍線部7「父母」、9「父母」は、それぞれ誰の父母のことか。その人物として適するものを次から選び、それぞれ記号で答えなさい。

ア　山田の郡の衣女　　イ　鵜垂の郡の衣女　　ウ　鬼　　エ　閻羅王

汝が身とせよ」とのたまふ。よりて鵜垂の郡の衣女の身となして、甦《よみがへ》りたり。すなはち《そこで》いはく、「こはわが家にあらず。わが家は鵜垂の郡にあり」といふ。7父母のいはく、「汝はわが子なり。8なにのゆゑにかしかいふ」といふ。衣女なほし聴かずして、鵜垂の郡の衣女が家に往きていはく、「まさにこはわが家なり」といふ。その9父母いはく、「汝はわが子にあらず。わが子は焼き滅ぼしつ」といふ。ここに、衣女つぶさに閻羅王の詔《みことのり》の状《かたち》を陳《の》ぶ《閻魔大王の話の趣旨を詳しく述べた。》。

時に、その二つの郡の父母聞きて、「諾《うべ》なり《もっともだ》」と信《う》けて、二つの家の財《たから》を許可《ゆる》し付嘱《さづ》けぬ。そゑに、現在の衣女は、四《よたり》の父母を得、二つの家の宝を得たり。

饗を備け鬼に賂ふに、こは功虚《むな》しきにあらず。おほよそに物あるひとは、なほし賂ひて饗すべし。10これもまたあやしきことなり。

（『日本霊異記』による）

〈語注〉 ※郡……律令制における地方行政区画の呼び名。国よりも小さい区画である。 ※御代……時代。 ※閻羅王……閻魔大王。

※饗……ご馳走。 ※一尺……約三〇センチメートル。

問一 傍線部2「いはく」、6「まうす」の読み方を現代仮名遣いで答えなさい。

四 次の文章を読んで、あとの問いに答えなさい。

讃岐《さぬき》（香川県）の国山田の※郡《こほり》に、布敷《ぬのしき》の臣《おみ》衣女《きぬめ》といふひとありき。聖武天皇の※御代《みよ》に、衣女忽《には》かに病ひを1得たり。時に、偉《たたは》しく百味を備《まう》けて（十分に、様々な美味や珍味を用意して）、門《かど》の左右に祭り、疫神《やくじん》に賂《まひな》ひて饗《あへ》しぬ（贈り物をしてご馳走した。）。

※閻羅王《えんらおう》の使の鬼、来りて衣女を召す。その鬼、走り疲れにて、祭の食《じき》を見ておもねり（お供え物を見てこびたしぐさで）、就きて受く。鬼、衣女に語りて2いはく、「われ汝《なむち》の※饗《あへ》を受けたり。そゑに（だから）汝の恩を報いむ。もし同じ姓・同じ名の人ありや」といふ。衣女、答へていはく、「同じ国の鵜垂《うたり》の郡に、同じ姓の衣女あり」といふ。鬼、衣女を率《ゐ》て、鵜垂の郡の衣女の家に往きて面《おもて》を3対《あは》す。すなはち（すぐに）緋《あけ》の嚢《ふくろ》より※一尺の鑿《のみ》を出《いだ》して、額《ぬか》に打ち立て、すなはち（そのまま）召し率て去りぬ。その山田の郡の衣女は、かくれて家に4帰りぬ。

時に、閻羅王、待ちかむがへてのたまはく（衣女を待ち受けて、取り調べておっしゃるには）、「こは召せる衣女にあらず。誤ちて召せるなり。しかれば暫《しまら》くここに留《とど》めよ（まあしばらくここにいなさい。）。すみやかに往きて山田の郡の衣女を召せ」とのたまふ。鬼かくすこと得ず、しきりに山田の郡の衣女を召して、率て来る。閻羅王、待ち見てのたまはく、「まさにこれ召せる衣女なり。その鵜垂の郡の衣女を往かしめよ」とのたまふ。女は家に帰るに、三日のあひだを経て鵜垂の郡の衣女の身を焼き失ひつ。さらに還りて、閻羅王に愁《うれ》へてまうさく「5体《み》を失ひつ。依《よ》りどころなし」と6まうす。

時に、王問ひてのたまはく、「山田の郡の衣女が体ありや」とのたまふ。答へてまうさく、「あり」とまうす。王のたまはく、「そを得て

図1 「環境保全の主体」は誰か（単位:%）
環境省「環境にやさしいライフスタイル実態調査」より出題者作成

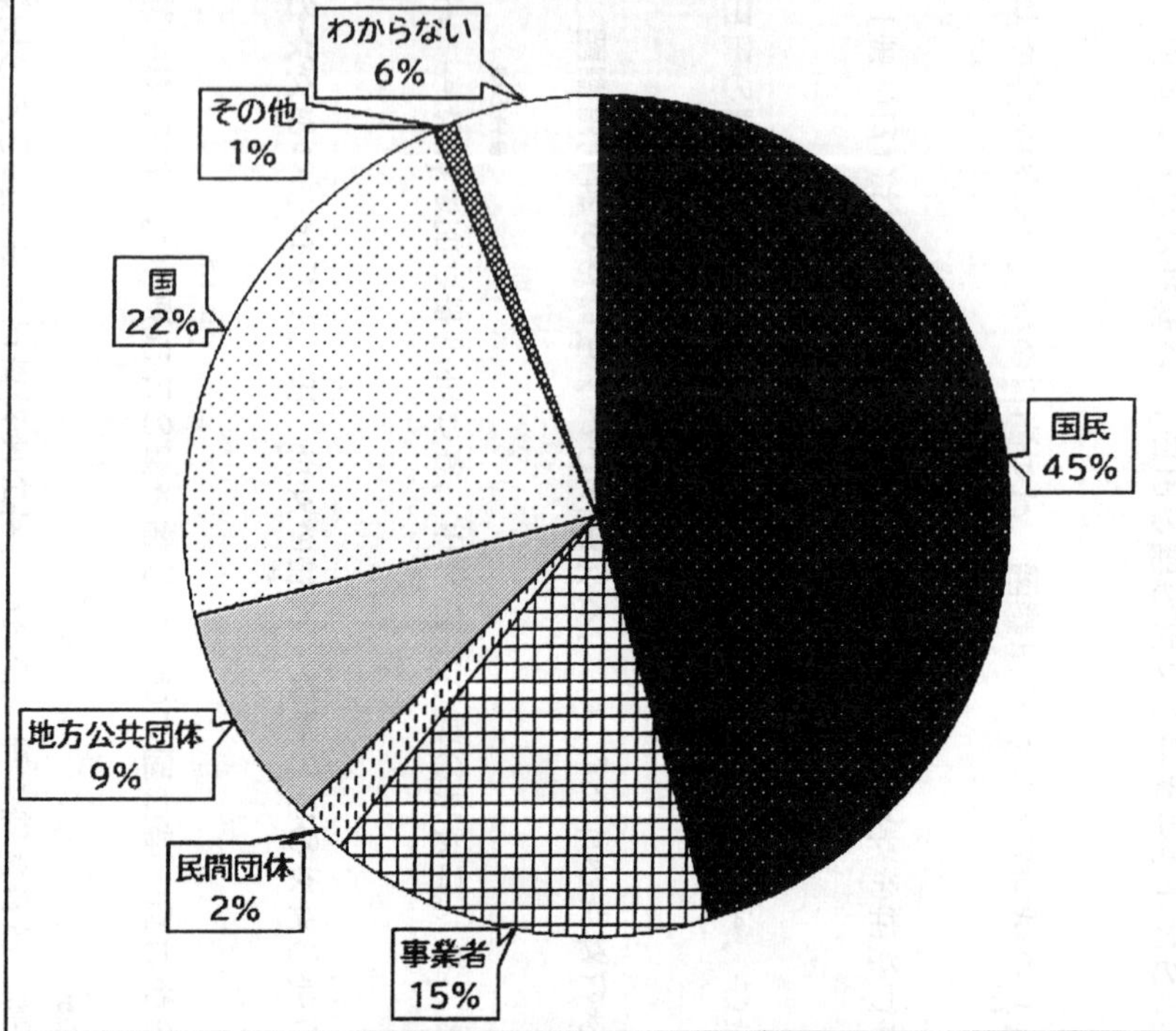

図2 環境分野の研究費（単位:10億円）
総務省「科学技術研究調査」より出題者作成

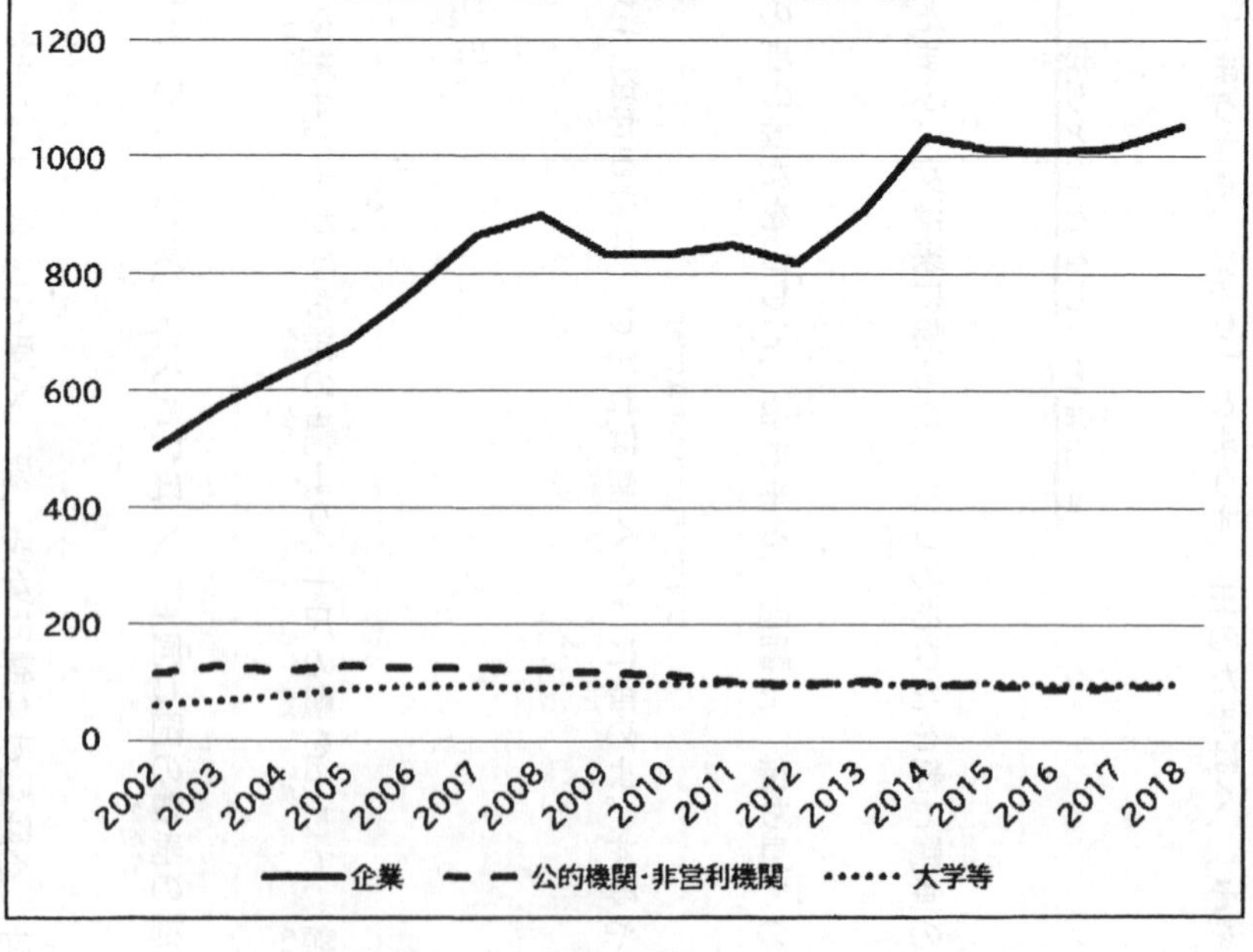

④　想像や思考を止めてしまう人よりは、悲劇を知ったつもりになる人が多く存在する。
⑤　地域に根ざした豊かな発想や実直さを受け継いで生きる次の世代が東北には存在する。

問八　二重傍線部「自然との共生関係」を実現するためには、様々な人や組織が協力していくことが必要だと考えられる。こうした観点から左の図1・図2を見たときの分析としてもっとも適するものを次から選び、記号で答えなさい。

ア　図1からは環境保全の主体を私たち国民であると考える人が一番多くいるとわかるが、図2からは環境分野の研究に国民の意志と関係のない企業が多くの費用を出していることがわかるので、自然との共生関係の実現には企業への統制が重要である。

イ　図1からは環境保全の主体を政府のような公的機関であると考える人が一番多くいるとわかるが、図2からは環境分野の研究に政府よりも企業の方が多くの費用を出していることがわかるので、自然との共生関係の実現には企業への支援が重要である。

ウ　図1からは環境保全の主体として企業よりも公的機関に期待する人の方が多くいるとわかるが、図2からは環境分野の研究に公的機関よりも企業の方が多くの費用を出していることがわかるので、自然との共生関係の実現には企業との連携が重要である。

エ　図1からは環境保全の主体として地方公共団体よりも政府に期待する人の方が多くいるとわかるが、図2からは環境分野の研究にそれらよりも企業の方が多くの費用を出していることがわかるので、自然との共生関係の実現には企業との競争が重要である。

問三　空欄［F］を補うのに適する三字の語句を本文から抜き出しなさい。

問四　傍線部2「腑に落ちない」、4「同じ轍を再び踏む」の意味をそれぞれ次から選び、記号で答えなさい。

2「腑に落ちない」
ア　納得できない
イ　証明できない
ウ　我慢できない
エ　説明できない

4「同じ轍を再び踏む」
ア　敗北を何度も繰り返す
イ　違反を何度も繰り返す
ウ　失敗を何度も繰り返す
エ　誤解を何度も繰り返す

問五　傍線部3「そんな彼らの眼力を奪うような企み」とあるが、どういうことか。説明しなさい。

問六　傍線部5「あの日からおよそ一月は、耳にヘッドホンやイヤホンを付けたまま、電車に乗る人の姿が見事に消えた」とあるが、それはなぜか。理由として適するものを次から選び、記号で答えなさい。

ア　五感は生存のために欠かせないことが認識されたので、誰もが生き方の新しい標準を作りだそうとしたから。
イ　文明は人びとにとって脅威であることが体感されたので、自然のなかに居心地の良さを見いだそうとしたから。
ウ　人びとの営みは危険と隣り合わせであることが理解されたので、安全を過信する風潮に警鐘を鳴らそうとしたから。
エ　日々の暮らしはいつ壊れてもおかしくないことが実感されたので、周囲の危機に対する感覚を研ぎ澄まそうとしたから。

問七　本文の内容と合致するものには○、合致しないものには×と答えなさい。

①　理屈ではなく、身体でわかることが被災地にはわずかながら存在する。
②　人間界ではなく、自然界を見つめ続けることで身につく美徳も存在する。
③　海から住民を遠ざけようと目論む工事を批判する子どもじみた人が存在する。

ことにしたい」と苦しまぎれについ思う。文明には自家中毒を引き起こす、そんな軽さの弱毒が潜んでいる。二〇一一年三月一一日の天災と人災はたとえ一時的にしろ、とかく何にでも目隠しをしたがる文明癖を壊し、テレビ前に集まっていた人々を打ちのめしたといってよい。テレビが灯る部屋そのものが大揺れに揺れて、画面の内と外とがほとんど同じような状況になり、自分の足元が安全地帯ではないことを痛感させられたからだ。

あの日からおよそ一月は、耳にヘッドホンやイヤホンを付けたまま、電車に乗る人の姿が見事に消えた。みんなの五感が一斉に外に向けて開かれたのだろう。現代文明に対してじわじわと広がる疑心暗鬼も、決して居心地を悪くするものではないと知った。先の見えない電力事情に光量を落とした町並みも、懐かしく好ましい雰囲気に思えた。けれど被災から五十日後の連休中に巡った東北沿岸の惨状と人々の憔悴《しょうすい》ぶりは、都市文明の弱毒を一気に洗い落として正気に帰らせた。図書館ほどの知識を蓄えていても不思議はない、彼らの声にもっと耳を傾けねばならないと思った。

　多くの東北人たちが悲運に打ちひしがれ、心の傷で寿命を縮めて逝ってしまったが、私は彼らの生き方を決して忘れはしない。自然に鍛えられた発想の豊かさと、身体を動かし続けて五感をつねに開きながら土地柄と折り合いをつけて、損得抜きに地域と交わってきた実直さを。また、それを受け継いで生き続ける次の世代がそこに根を張ろうとしていることも。

　東北の生命力とは、目隠しされる時代にも本質に迫ろうとする眼力であり、震災以降の新しい日本の胎動であることを肝に銘じなければいけない。

（瀬戸山玄《ふかし》『東北の生命力　津波と里海の人々』による）

〈語注〉※ディテール……全体の中の細かい部分。　※生業……生活を営むための仕事。

※観天望気……空や大気の状態などを観察して、経験をもとに天気を予測すること。

問一　空欄［A］～［E］を補うのに適する語をそれぞれ次から選び、記号で答えなさい。

ア　異名　イ　弱毒　ウ　序章　エ　代物　オ　本質

問二　傍線部1「確証はないのにみな無事でいる気がした」とあるが、筆者はその理由をどのように考えているか。一文で抜き出し、最初の五字を答えなさい。

という異様さだった。午後三時二五分に到達したあの日最初の津波は、一部が高さ三七・九メートルに達して、覆いかぶさるように町並を飲み込んだという。

　市街地をくまなく歩いたら、家の倒れ方が明らかに気仙沼や唐桑《からくわ》などとは異なっていた。最初の一撃でやられた家が多く、倒れ方の向きが似通っていた。余所《よそ》では引き波の力で海側に引き倒された家も目立つのに、田老町ではその方がむしろ少ない。逃げ場のない海水の塊は溜《た》め池のごとくそこに滞り、［　F　］そのものがかえって悲運をもたらしたと考えてよい。恐らく引き波が激流にならず、徐々に海へと戻っていったのだろう。結果的にそれが洋上への家屋流出をかなりくい止めたのは想像がつくが、同時に陸地で水死者を増やす引き金になったとも考えられる。

　二・五キロメートル近い壁で田老町を囲う必要は果たしてあったのだろうか。その惨状を自分の目で確かめた限り、何十億円という公費を注いだ安全への悲願がどうも2腑《ふ》に落ちない。巨大な壁が海への関心を奪いかねない住民への目隠しになったことは、被災した現地を歩くと否めない。我が身に迫る危機を自ら確かめにくくする、土木工事のやり方はいかにも不安をかき立てる。それでもあえて壁を選んだのは、高所移転で集落がばらばらになるのを怖れたからなのか。こうしたいくつもの身体的な気づきを、目を凝らすほどに被災後の※ディテールから得ることが多い。

　本書の副題に用いた「里海」とは、そこに暮らす人々の親水的な感性と、渚《なぎさ》の現象に対する日頃からの観察力によって成り立つ、人と自然との共生関係をさす。けれど肝心の眼差しを海に向けたくとも遮断されてしまう人工物は、長い間に住民たちの海への五感と危うさを鈍らせるのではあるまいか。

　本来、東北人の強さの源には、現象の奥に隠れた本質を見抜く、優れた観察力がある。人口密度の少ない東北では、自然を相手にせずして暮らしが立ち行かない※生業の日々が広がっている。山を眺め、海を見つめ、生き物の気配を感じ取り、※観天望気に秀でた人々の物語は、例えば宮沢賢治の描く世界にいくらでも見いだすことができる。人間界ではなしに自然界を見つめ続ける中から、身につく美徳というものも実はある。3そんな彼らの眼力を奪うような企みを続けたら、やがて東北人の生命力まで弱らせやしないか。

　本書に登場した東北人はおしなべて優れた観察眼の持ち主であり、自然によって鍛えられて洗練していく職能の人々である。そこには世渡り上手な俗物はいない。なかでも高橋和志さんは目下、気仙沼湾岸で県と国が強引に押し進めようとする高さ一〇メートル以上の津波防潮堤の建設プロジェクトに強く異を唱える当事者の一人だ。仮に湾口の波路上一帯でそれが完成すれば、エリア内に工場や事務所は営めても、居住をしたり民宿を開くことは許されない。早い話が、田老町がつまずいた4同じ轍《てつ》を再び踏むばかりか、日本人が慣れ親しんできた海という文化的資源からも、永久に遠ざけようと目論んでいる。子どもじみた復興事業に、秀でた鉄の仕事師が反対するのも当然だろう。

　多くの人は悲劇を、テレビの前で追体験する。

　政治家や企業人や学者も含めてその数は、自ら被災地に赴いて惨状を目撃した人より恐らく何千倍も多い。現実のリアルな人生でそれを味わうよりも、そこではるかに多くの悲劇を知ったつもりになる。挙げ句に想像力がマヒして思考停止状態に陥る。「あれは無かった

黒い雲になぜか覆われ、東京湾岸の一角から黒煙と共にオレンジ色の炎が上がっていた。不吉なあの空を東京で眺めた人はどれほどいるのか。長い揺れのあとも余震が続き、エレベーターが停止。路上の様子を五階から眺めていると、向かいのヒルズタワーから、制服姿のホテル関係者や白衣を着たシェフたちが外に続々と涌《わ》きでてきて、近くの小公園に避難した。同じ頃、午後三時二五分に宮古市田老町《たろうちよう》と陸前高田市も、壊滅的な津波に見舞われていた。それは長い一日の[A]に過ぎなかった。公共交通機関がすべて止まり、見た事もないほど多くのクルマが路上に殺到して、身動きがとれなくなっていた。深夜になってもその状態は変わらず、車道も横丁も麻布十番に抜ける道にも、何やら祭りの晩のような人波と異様な興奮が途切れなかった。

北は青森県の八戸港周辺から南は千葉県房総半島の館山辺りまで、長さ八百キロメートル近い海岸線が津波に襲われたらしいことが、ネットやテレビの文字情報で徐々に届きだした。やがて刻々と被害の深刻さが告げられて、断片的な映像も流されるようになった。それでも東北の海辺に住む知人たちが、1確証はないのにみな無事でいる気がしたのはなぜだろう。明け方3時過ぎに運良く地下鉄日比谷線が動き出し、ヒルズ本館を抜けて駅に向かった。途中、ビル側が従業員に支給したらしい青色の毛布に包まり、館内の通路で野宿する姿を大勢みかけた。それでも電車はホームに入ってきて、中目黒駅から東横線に乗り換えられたので、帰宅できた。掠奪《りやくだつ》こそ起きなかったけれどコンビニの棚もすでに空っぽで、都市機能がマヒした東京はしばし文明の[B]にあふれ、その脆《もろ》さは身知らぬ国の集落のように寒くて暗かった。都市にも毒出し・デトックスが必要だと真剣に考えた。

翌土曜日。東北在住の知りあいに次々と携帯電話で、連絡を取ろうとするけれど繋がる気配がない。パソコンを介してツイッターが行方不明者を確認する伝言板のようなものをいち早く立ち上げていた。気仙沼の湾岸火災が陸に深刻な被害をもたらし、漁港周辺が壊滅的状況にあることがわかった。そのとき福島県双葉町の東京電力福島第一原子力発電所で、予期せぬ炉心崩壊が進んでいることを摑《つか》む。いわき市郊外に住む知人の顔が浮かんだが、やはり無事な気がした。次々と大災害が起きたので、自分でも普段気づかない野性と第六感が少し蘇《よみがえ》ったのかもしれない。こうして全身がフル稼働する感覚は、町中よりも森や海辺にいる時のほうが確かだ。でも文明の檻《おり》である都会に暮らす限り、その奥に潜む生命危機の[C]まで近づくことは難しい。

大地震発生から五十日めの四月末、私は二百人近い犠牲者をだした岩手県宮古市の田老町に着いた。被災前まで津波対策日本一を謳《うた》っていた小さな漁師町である。「万里の長城」の[D]をもつ海面標高一〇メートルの巨大防潮堤が七〇年代に築かれ、山裾に張りついた平場を海岸端でがっちりと囲っているかに見えた。

幅二五メートルの基底部から積みあげた台形のコンクリート壁は総延長二四三三メートルに及び、美形を台なしにする鬱陶《うつとう》しい[E]でもあった。津波で多くの犠牲を払ってきた土地柄に因む苦渋の選択だったのだろう。防潮堤によって分断された町と海岸は、基底部に穿《うが》たれた三本の抜け道で結ばれて、取り付けられた分厚い鉄扉が万が一の際には閉じられ防水する構造だった。大きな川の土手を登るように階段を駆け上がると、てっぺんには遊歩道が巡らされていた。

そこから町を見渡して驚いた。万里の長城を思わせる重量感とは裏腹な、恐ろしい結末が眼下に刻まれていたのだ。当たり前に守れると信じた山側の密集した市街地も、利便性を考えて岸辺に整えられた魚市場や加工処理場も、等しく破壊しつくされて防潮堤だけが無傷

先　生　「一人で出かけた子供」に、迷子になったときのための携帯電話を渡したとしたら、それは「安心」でしょうか、「信頼」でしょうか。
みのるさん　迷子になるのが心配だから、そのために携帯電話を渡しておくのは[①]だと思います。
おさむさん　いや、僕は違うと思うな。それでも迷子になるかもしれないから[②]だと思うよ。
先　生　後ろからこっそりとついて行ったとしたらどうでしょうか。
ひろしさん　それは[③]だと思います。
みのるさん　そうか、ずっと一緒にいるわけだから、迷子になることはないものね。
先　生　では、お金について、電車賃ではなく切符を渡したらどうでしょうか。
たかしさん　お金をなくす心配がなくなるから[④]だと思います。
ゆたかさん　僕は[⑤]だと思うよ。だって、切符をなくして目的地に行けなくなるかもしれないでしょ。

問五　傍線部5から始まる章段の内容としてもっとも適するものを次から選び、記号で答えなさい。
ア　「安心」を求めると相手に様々な制約を課すことになるが、「信頼」はそのような制約をすべて排除することができる。
イ　「安心」を生むシステムは複雑で相手の気分を害するが、「信頼」では相手が信用されていると実感することができる。
ウ　「安心」を実現するためのコストは必要不可欠なものであるが、「信頼」によってそのコストを削減することができる。
エ　「安心」を得るための手順はどこまでも増えて複雑化してしまうが、「信頼」によってそれを単純化することができる。

三　次の文章を読んで、あとの問いに答えなさい。

あの日、港区の六本木ヒルズ別館の欅坂《けやきざか》テラス五階で私は映像づくりの打合せをしていた。
隣の部屋から女性社員のキャーという悲鳴が聞こえると同時に、棚から次々と書類ケースが床に落ちて散乱した。何よりも恐ろしかったのは、老朽化した隣の無人ビルが、ぽきりと折れそうなくらい、右へ左へと大きくゆっくりと揺れ続ける光景だった。西の空は怪しい

問一　傍線部1「『針千本マシン』という架空の機械」の効果として適するものを次から選び、記号で答えなさい。

ア　まわりの人は、自分の利益と埋め込まれた人の利益を比較するようになる。
イ　まわりの人は、かえって埋め込まれた人の約束を信じられないようになる。
ウ　まわりの人は、罰を根拠として埋め込まれた人が約束を守ると思えるようになる。
エ　まわりの人は、埋め込まれた人が誠実な人格であると確信し安心できるようになる。

問二　傍線部2「刑罰の執行が機械化されている点で、より冷徹と言えるかもしれません」とあるが、「機械化されている」ことが「冷徹と言える」のはなぜか、その理由を考えて三〇字以内で答えなさい。

問三　傍線部3「ここには『安心』はあるが『信頼』はない」とあるが、その説明としてもっとも適するものを次から選び、記号で答えなさい。

ア　自分が不利益を被らないと判断できることから「安心」は存在するが、自分がひどい目にあうことはまったく想定外であることから「信頼」は存在しない。
イ　自分は状況をすべて把握していると考えられることから「安心」は存在するが、相手の人間性を無視することから「信頼」は存在しない。
ウ　相手の人柄や自分との関係性を考慮する必要がないことから「安心」は存在するが、自分を裏切る可能性に無自覚であることから「信頼」は存在しない。
エ　相手のせいで自分がひどい目にあう可能性がないことから「安心」は存在するが、利益と不利益だけで物事を判断することから「信頼」は存在しない。

問四　傍線部4「一人で出かけた子供」の例について話をしている先生と五人の中学生の会話である。空欄①～⑤には「安心」か「信頼」のどちらかが入る。「安心」が入る場合はA、「信頼」が入る場合はBを、それぞれ解答欄に記入しなさい。

要するに、安心とは、「相手のせいで自分がひどい目にあう」可能性を意識しないこと、信頼は「相手のせいで自分がひどい目にあう」可能性を自覚したうえでひどい目にあわない方に賭《か》ける、ということです。もしかしたら、4一人で出かけた子供が行き先を間違えて迷子になるかもしれない。途中で気が変わって、渡した電車賃でジュースを買ってしまうかもしれない。そう分かっていてもなお、行っておいでと背中を押すことです。

ポイントは、信頼に含まれる「にもかかわらず」という逆説でしょう。社会的不確実性がある「にもかかわらず」信じる。この逆説を埋めるのが信頼なのです。

5**結果的には信頼の方が合理的**なんて不合理な、と思うかもしれません。けれども実際の機能としてはむしろ逆でしょう。つまり、信頼はものごとを合理化するのです。信頼は複雑なプロセスを短縮し、コストを削減する効果を持っています。

たとえば私の勤務する大学ではある時期、出張に確かに行ったということを証明するのに膨大な書類を作らされていました。カラ出張を防ぐためです。航空券や特急券の半券を持ち帰るのはもちろんのこと、ホテルでは宿泊証明書を作ってもらい、会議に参加すれば会場のまえで自分の姿を入れた写真を撮り、それらすべてをそろえて信憑《しんぴょう》書類として経理課に提出しなければならないのです。要するに、教員が信頼されていない。ホテルのフロントや鉄道の駅員さんに書類をお願いするたびに、自分が信頼されていないことを晒《さら》しているようで何とも恥ずかしい思いをしたものです。

問題は、これだけの事務作業をするのに、教員や事務支援員の膨大な労働力、つまり時間とお金が割かれているということです。もし大学がひとこと「教員を信じる」とさえ言ってくれれば、膨大な時間とお金を無為に浪費することなく、研究や教育など、大学としてより重要な仕事にあてることができたはずです。ところが、信頼がないがために、本来重要でないはずの作業にコストがかかってしまった。もちろん、国立大学ですので説明責任があるのは分かりますが、よくよく考えてみれば、いまどき写真なんていくらでも加工できるわけで、そもそもが穴のある不条理なシステムです。

結局、出張に関するこの複雑な経理システムは、文科省からの「過度なローカルルールは改善すべし」というお達しによって、あるときを境に簡素化されることになりました。その理由は「効率化」。架空の思考実験ならまだしも、現実には社会的不確実性をゼロにするのは不可能です。つまり一〇〇パーセントの安心はありえない。どこまでもシステムを複雑化してしまう無限後退に終止符を打ってくれるのが信頼なのです。

（伊藤亜紗『手の倫理』）

〈注〉　1……山岸俊男『安心社会から信頼社会へ』中公新書、一九九九年、一九—二〇頁　2……同前、一八頁　3……同前、二二頁

マシンとは、喉に埋め込むタイプの機械で、その人が嘘をついたり約束を破ったりすると、自動的に千本の針が喉《のど》に送り込まれる、という仕組みになっています。

さて、ある人間の喉にこの「針千本マシン」が埋めこまれているとします。そのことを知っている者は誰でも、その人間が絶対に、少なくとも意図的には嘘をついたり約束を破らないと確信できるでしょう。たとえその人間がこれまでに何度も約束を破って、そのために罰として「針千本マシン」を埋め込まれた人間であったとしても、千本の針を喉に送り込まれる目にあうよりは、約束を守ったほうがましだからです。[1]

「針千本マシン」は、機能としては、孫悟空が頭にはめさせられている輪っか（緊《きん》箍《こ》児《じ》）に似ています。悟空が悪事をはたらくと、三蔵法師が「緊《きん》箍《こ》児《じ》呪《じゅ》」と呪文をとなえる。すると輪っかが悟空の頭を締め付けて苦しめます。つまり、罰が抑止力になって罪を犯すのを防ぐのです。ただ「針千本マシン」のほうは、2刑罰の執行が機械化されている点で、より冷徹と言えるかもしれません。

重要なのは、このマシンがあることによって、まわりの人が、この人間は嘘をつかないはずだという確信をもつということです。まわりの人は、その人物の人格の高潔さや、自分たちとの関係を考えてそう思っているのではありません。嘘をつくと彼／彼女は不利益をこうむる。だから、合理的に考えて、彼／彼女は嘘をつかないはずだ。つまり、まさにその人物が「針千本マシン」を埋めこまれているから、彼／彼女は嘘をつかないはずだ、と判断するのです。

果たしてこれは「信頼」でしょうか。それとも「安心」でしょうか。山岸は、3ここには「安心」はあるが「信頼」はないと言います。重要なのは「彼／彼女は嘘をつかないだろう」という判断に、確信が伴うことです。嘘をつくことによって、彼／彼女は確実に不利益をこうむります（もっとも、少ない確率で利益をこうむる可能性もゼロではありませんが、少なくとも山岸は「確信」という言葉を使っています）。まわりの人からすれば、それは確実だから「安心」なのです。想定外のことが起こる可能性がほとんどゼロ。すなわち、「安心」という感情は、状況をコントロールできている想定と関係しています。

他方で、「信頼」が生まれるのは、そこに「社会的不確実性」があるときだ、と山岸は言います。社会的不確実性がある状況とは、「相手が自分の思いとは違う行動をする可能性がある、つまり自分を裏切るかもしれないような状況」のこと。すなわち信頼とは、「相手の行動いかんによっては自分がひどい目にあってしまう状況で、相手がひどいことをしないだろうと期待すること」[2]なのです。安心と信頼の違いを、山岸は端的に次のように整理しています。

信頼は、社会的不確実性が存在しているにもかかわらず、相手の（自分に対する感情までも含めた意味での）人間性のゆえに、相手が自分に対してひどい行動はとらないだろうと考えることです。これに対して安心は、そもそもそのような社会的不確実性が存在していないと感じることを意味します。[3]

ア　自分勝手に振る舞うこと
イ　ほんのわずかな期間のこと
ウ　乱暴で無謀な行動をすること
エ　一生に一度しかない出会いのこと
オ　創意を加えて新しいものを作ること
カ　形はそのままで中身を入れ替えること

問三　次の1～3の熟語の構成を正しく説明したものを、あとの選択肢から選び、記号で答えなさい。

1　点滅　　2　排水　　3　選択

ア　同じような意味の漢字を重ねたもの
イ　反対または対応の意味を表す字を重ねたもの
ウ　上の字が下の字を修飾しているもの
エ　下の字が上の字の目的語・補語になっているもの
オ　上の字が下の字の意味を打ち消しているもの

二　次の文章を読んで、あとの問いに答えなさい。

安心と信頼は違う

子育ての方針についてはいろいろな考え方があるでしょう。それは本書の主題ではありません。重要なのは、「信頼」と「安心」がときにぶつかり合うものである、ということです。「安心」を優先すると、「信頼」が失われてしまう。逆に「安心」を犠牲にしてでも、相手を「信頼」することがある。二つの言葉は似ているように思われますが、実は見方によっては相反するものなのです。

社会心理学が専門の山岸俊男は、「安心」と「信頼」の違いを、1「針千本マシン」という架空の機械を使って説明しています。針千本

二〇二一年度
保善高等学校

【国語】（五〇分）〈満点：一〇〇点〉

一 次の設問に答えなさい。

問一　次の1～8の傍線部について、漢字の読みをひらがなで答えなさい。また、カタカナを漢字に直しなさい。

1　寸暇をおしんで勉強する。
2　服のほころびを繕う。
3　初心を貫く。
4　演劇のキャクホンを書く。
5　彼の話はムジュンしている。
6　学校のカダンに水をやる。
7　貧しい人々に食事をホドコす。
8　敵が行く手をハバむ。

問二　次の1～3の空欄に適する漢字を入れ、四字熟語を完成させなさい。また、その意味として適するものをあとの選択肢から選び、記号で答えなさい。

1　一□一夕　　2　換□奪胎　　3　傍□無人

英語解答

1 A　対話文１　エ　対話文２　ウ

B　Question 1　letters

Question 2　two〔２〕

2 A　1　off　2　up　3　down

4　on

B　1…エ　2…エ　3…ア　4…イ

3 A　1　in front　2　listening to

3　Here, are　4　These days

B　1　drinks beer after he has taken a bath

2　is famous for unique animals such as kangaroos

3　than 200 people visited this place between April

C　(1)　(例)No, I didn't. I slept only for four hours.

(2)　(例)there are so many interesting videos on YouTube.

(3)　(例)what would you like to eat for breakfast

4 A　問1　A…ウ　B…ア　C…イ　D…エ

問2　(例)来週数学の試験を受けられない

問3　1…×　2…○　3…×　4…○

B　問1　1…イ　2…ア　3…エ

問2　イ　問3　エ

問4　(例)タマゴと間違えて懐中時計をゆでてしまったこと。

問5　1…×　2…○　3…○

1〔放送問題〕解説省略

2〔語彙総合〕

A＜適語選択―熟語＞1．get off ～「～を降りる」　「私たちは次の停留所でバスを降りてしばらく歩いた」　2．get up「起きる」　「君は始発電車に乗るために明日は早く起きなくてはならないよ」　3．fall down「落ちる」　「大雨の後でその橋は落ちようとしている」　4．Come on！は「おいおい」などと相手をせきたてるようなときにも使われる。　「これがいい考えだとは思わないけど」―「えっ，またそんなこと言って！　きっと楽しいよ」

B＜適語選択＞1．December は１年のうち「12番目の」月。twelfth のスペルに注意。　「12月は１年の12番目の月だ」　2．「競技場でサッカーの試合を見たことはありますか。」―「いいえ，ありません。あなたはどうですか？」　football games を見る場所として適切なのは stadium。　3．数学の試験で答えを write down「書きとめる」のに使う物としては，pencils が適切。「この数学の試験で答えを書くには，鉛筆しか使えません」　4．空所の後に「インドで話されている」とあるので，language が適切。　「インドでは何語が話されているか知っていますか」

3〔作文総合〕

A＜和文英訳―適語補充＞1．「～の前で」は in front of ～。　2．「～の話を聞く」は listen to ～。「聞いていなかった」という過去進行形の文なので，listening to とする。　3．「どうぞ」と相手に物を差し出す表現は，Here you are. で表す。　4．「最近では」を２語で表すのは，These days。

B＜整序結合＞1．まず drinks beer「ビールを飲む」を usually の後に置く。「～した後で」は'after＋主語＋動詞'で表せるので，after he has taken a bath とまとめる。　2．「～で有名だ」は，be famous for ～。「～など独特の動物」は，such as ～「～のような」を使って，unique animals such as ～ とまとめる。　3．文頭に More があるので，More than 200 people「200人以上の人」で始める。この後は動詞の visited，その目的語となる this place の順に続け，最後に「４月から８月までの間に」を 'between ～ and …'「～から…までの間」の形で置く。

Ｃ＜条件作文＞≪全訳≫Ａ：おはよう。よく眠れた？／Ｂ：(1)ううん。４時間しか寝なかった。／Ａ：寝る前はスマートフォンを見るのをやめなくてはだめよ。／Ｂ：わかっているけどやめられない，だって，(2)YouTubeにはおもしろい動画が本当にたくさんあるから。／Ａ：ところで，(3)朝食には何が食べたい？／Ｂ：ベーコンレタストマトサンドとスープがいいな。

＜解説＞(1)空所の前が「よく眠れた？」，後が「寝る前はスマートフォンを見るのをやめなくてはだめ」となっているので，Ｂはよく眠れなかったとわかる。解答例では，具体的な睡眠時間が書かれている。（別解例）No, I didn't. I'm very sleepy now.　(2)前文の内容に続けて，スマートフォンを見るのをやめられない理由を書く。（別解例）it's so much fun reading messages from my friends.　(3)次文で「ベーコンレタストマトサンドとスープがいい」と答えており，またこの対話文の最初が Good morning. なので，朝に食べるものについて尋ねる文にする。（別解例）you need to have breakfast. What would you like

4〔長文読解総合〕

Ａ＜対話文＞≪全訳≫❶トム（Ｔ）：昨日は学校を休んだね。どうしたの？❷アン（Ａ）：朝起きたときに寒気がして頭が痛かったんだ。しばらくベッドに横になっていたんだけど，ひどくなったから，お医者さんに診てもらいに行くことにしたの。❸Ｔ：Aああ，それは大変だったね。先生は君に何て言った？❹Ａ：風邪だと言って，薬をくれたよ。家で休むようにとアドバイスもしてくれた。❺Ｔ：Bもう良くなったの？❻Ａ：まだ良くなっていないよ。本当は，今日も家にいて休みたかったけど，来週の月曜日には数学の試験があるでしょ？　C今日の授業はとても重要だと思うんだ。❼Ｔ：がんばりすぎないで。今日の授業は午前中だけだから，早く家に帰って休むべきだよ。来週数学の試験を受けられなかったら，その方がずっと君にとって良くないよ。❽Ａ：忠告ありがとう。ノートを貸してくれる？　コピーしたいんだけど。❾Ｔ：もちろん！　D放課後君の家に持っていくよ。❿Ａ：とっても優しいのね！　どうもありがとう。⓫Ｔ：どういたしまして。家に帰ったら，暖かくして休むんだよ。君の家に行く前に電話するから。⓬Ａ：わかった。後でね。

問１＜適文選択＞Ａ．寒気と頭痛がひどくなり，医者に行ったという発言を受けての応答。That's too bad. は相手に同情を示す定型表現。　Ｂ．直後にアンが「まだ良くなっていない」と答えているので，空所には「もう良くなったの？」と尋ねる文を入れる。　Ｃ．前文に「来週の月曜日には数学の試験がある」とあるので，試験直前となる today's class がとても重要だと思うというイが適する。　Ｄ．直前にアンがノートを貸してほしいと言い，直後に Thank you とお礼を言っていることから，空所に入るのはノートを家に持っていってあげるというエ。

問２＜指示語＞「来週数学の試験を受けられなかったら，それは君にとってもっと良くない」という文の内容から，it が指す内容は判断できる。

問３＜内容真偽＞１．「トムは薬を飲んで良くなった」…×　第２，４段落参照。風邪で薬をもらったのはアン。　２．「トムとアンは来週試験を受ける予定だ」…○　第６段落第２文に，we are going to have a math test next Monday とあるので，２人とも試験を受ける予定。

３．「トムはアンにノートを貸したくない」…×　アンに「ノートを貸してくれる？」（第８段落）と尋ねられ，トムは「もちろん！」（第９段落）と答えている。　４．「トムは後でアンを訪ねるつもりだ」…○　トムは第11段落第２文で，アンの家に行く前に電話すると言っている。

Ｂ＜伝記＞≪全訳≫❶ある日，アイザック・ニュートンは木のそばに座っていて，そのときリンゴが彼の横に落ちた。「なぜリンゴはまっすぐ地球に落ちるのだろう」と彼は思った。「なぜ月はリンゴのように地球に落ちてこないのだろう」　彼は考えて考えて，考えた。彼は長い間考えて，ついに「万有引力の法則」を発見した。❷この話は本当だろうか。はっきりしないが，ニュートンが天才だったということはわかっている。❸アイザック・ニュートンは1643年に生まれた。子どもの頃は祖母と暮らしたが，それは父親が亡くなって母親は別の男性と結婚したからだ。学生時代には，同級生たちよりも小さかったのでいじめられた。15歳のとき，母親がニュートンの家に戻ってきた。彼女はニュートンを自分の農場で働かせたかったので，彼を学校から退学させた。しかし，彼はいつも本ばかり読んでいて，農場では全く働かなかった。そこで，最終的には，母親は彼を大学へやることにした。❹大変な日々でも，ニュートンはそこここで才能を示した。祖母と暮らしているとき，彼は自分で風車や日時計のような物をつくった。自分の手で物をつくることにとてもたけていた。❺ニュートンはまた，いつでも考えることが大好きだった。これについてはおもしろい話がある。ある日，彼はタマゴをゆでたいと思った。片手にゆでるためのタマゴを持った。もう片方の手には，時間をはかるための懐中時計を持っていた。湯が沸騰するのを待っている間，彼は自分の研究について考え始めた。考えごとにあまりにも集中したため，彼は懐中時計をゆで始めてしまったのだ。❻23歳のとき，ニュートンは大疫病のために大学を離れてしばらく自宅にいなくてはならなかった。たくさん考えることができ，そのときに，万有引力の法則を見つけた。❼ニュートンは多くの新しいアイデアを思いついたが，他の人々とアイデアを分かち合うことを好まなかった。大学で学んでいるときには，過去の数学者たちの理論にいくつかの誤りを見つけたが，誰にも言わなかった。42歳のとき，ハレーという名前の若い天文学者が彼を訪ねてきた。ハレーは彼に尋ねた。「地球や火星のような惑星はどのように太陽の周りを回るのでしょう？　おわかりですか？」　ニュートンは答えた。「簡単なことだ。それらはだ円形の軌道を描いて動く。私はその計算を20年前に行ったよ」　彼は感動して，ニュートンに理論を発表してほしがった。ハレーの助けを得て，ニュートンは1687年にとうとう有名な著書『プリンキピア』を出版した。

問１＜内容一致＞１．「ニュートンは子ども時代，祖母と一緒に暮らした，（　　）」―イ．「なぜなら母親が別の人と結婚したからだ」　第３段落第２文参照。　　２．「ニュートンの同級生たちはしばしばニュートンをいじめた，（　　）」―ア．「なぜなら彼が小さかったからだ」　第３段落第３文参照。　　３．「ニュートンは農業に向いていなかった，（　　）」―エ．「なぜならいつも本ばかり読んでいたからだ」　第３段落第６文参照。

問２＜語句解釈＞前にある so「だから」に着目。この so の前後は‘理由’→‘結果’の関係になる。so の前には，「彼女(＝母親)はニュートンを自分の農場で働かせたかった」とあるので，その結果として考えられるのは，「学校から退学させた」である。

問３＜適語選択＞前文に「自分で風車や日時計のような物をつくった」とあるので，手先が器用だったとわかる。

問４＜語句解釈＞a funny story の内容は，直後の文からこの段落の終わりにかけて書かれている。ゆでタマゴをつくろうとしていたが，考えごとに集中してしまい，片手に持ったタマゴと間違えてもう片方の手に持った時計をゆでてしまったという話。watch はこの時代では「懐中時計」。

問５＜内容真偽＞１．「ニュートンはアイデアを思いつくと，祖母にだけ話した」…×　このような記述はない。　　２．「ニュートンはハレーの質問に簡単に答えることができた」…○　ハレーはニュートンに質問をし(第７段落第４文)，ニュートンは It's easy.(第６文)と答えている。　３．「ハレーはニュートンが『プリンキピア』を出版したとき手伝った」…○　第７段落最終文参照。　with ～'s help「～の助けを借りて」

数学解答

1 (1) 11　(2) $-\sqrt{2}$　(3) $4xy$

2 (1) ①… 4　②… 1　③… 4

(2) $x=7$　(3) $y=-\dfrac{4}{x}$　(4) $x=\dfrac{1}{8}$

(5) $x=-\dfrac{1}{2}$, 1　(6) $x=1$, $y=-2$

(7) ① $(x+5)(x-9)$

② $2(2x+3y)(2x-3y)$

(8) (例)

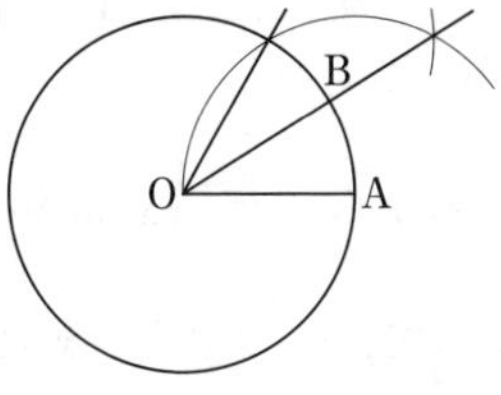

3 (1) $y=\dfrac{1}{3}x^2$　(2) 12　(3) 9 cm

4 $a=-2$, $b=2$

5 (1) (例)△OAD と△OCB において，半径より，OA＝OC……①，OD＝OB……② 対頂角より，∠AOD＝∠COB……③ ①，②，③より，２組の辺とその間の角がそれぞれ等しいから，△OAD≡△OCB

(2) 2 cm

6 (1) 32通り　(2) 4 通り

(3) 16通り

7 (1) 8 点　(2) 8.5点

1 〔独立小問集合題〕

(1)<数の計算>与式$=5-9\times\left(-\dfrac{2}{3}\right)=5-(-6)=5+6=11$

(2)<平方根の計算>与式$=\sqrt{2^2\times2}-\dfrac{6\times\sqrt{2}}{\sqrt{2}\times\sqrt{2}}=2\sqrt{2}-\dfrac{6\sqrt{2}}{2}=2\sqrt{2}-3\sqrt{2}=-\sqrt{2}$

(3)<式の計算>与式$=(x^2+2xy+y^2)-(x^2-2xy+y^2)=x^2+2xy+y^2-x^2+2xy-y^2=4xy$

2 〔独立小問集合題〕

(1)<式の値>①与式$=(2+\sqrt{3})+(2-\sqrt{3})=4$　②与式$=(2+\sqrt{3})(2-\sqrt{3})=2^2-(\sqrt{3})^2=4-3=1$　③与式$=xy(x+y)$として，$xy=1$，$x+y=4$ を代入すると，与式$=1\times4=4$ となる。

(2)<一次方程式>$(x+3):5=(x-3):2$ より，$(x+3)\times2=5\times(x-3)$，$2x+6=5x-15$，$-3x=-21$　$\therefore x=7$

(3)<関数—反比例>y が x に反比例することより，$y=\dfrac{a}{x}$ として，$x=2$，$y=-2$ を代入すると，$-2=\dfrac{a}{2}$，$a=-4$ となる。よって，求める式は $y=-\dfrac{4}{x}$ である。

(4)<一次方程式>両辺を33倍して，$11(2x-1)+3(3-2x)=0$，$22x-11+9-6x=0$，$16x=2$　$\therefore x=\dfrac{1}{8}$

(5)<二次方程式>$2x^2-x-1=0$ として，解の公式を利用する。$x=\dfrac{-(-1)\pm\sqrt{(-1)^2-4\times2\times(-1)}}{2\times2}=\dfrac{1\pm\sqrt{9}}{4}=\dfrac{1\pm3}{4}$ より，$x=\dfrac{1+3}{4}=1$，$x=\dfrac{1-3}{4}=-\dfrac{1}{2}$ となる。

(6)<連立方程式>$2x-3y=8$……①，$3x+2y=-1$……②として，①×2＋②×3 より，$4x+9x=16+(-3)$，$13x=13$　$\therefore x=1$　これを②に代入して，$3\times1+2y=-1$，$2y=-4$　$\therefore y=-2$

(7)<因数分解>①積が-45 で和が-4 となる２数は５と-9 だから，与式$=(x+5)(x-9)$　②与式$=2(4x^2-9y^2)=2(2x+3y)(2x-3y)$

(8)<図形―作図>右図で，点Aを中心とし，半径がOAと等しい円弧をかき，円Oとの交点をPとすると，OA＝OP＝PAとなり，△OAPは正三角形である。よって，∠AOP＝60°となるから，点Bは∠AOPの二等分線と円Oの交点となる。∠AOPの二等分線は，点A，Pを中心とする半径が等しい円弧をかき，その交点と中心Oを結ぶ直線である。解答参照。

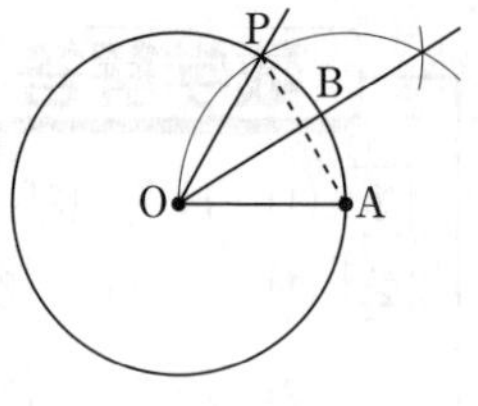

3 〔方程式―二次方程式の応用〕

(1)<立式>右図で，正方形Aの面積はx^2cm²，長方形Bの面積は，$y\times3=3y$(cm²)と表され，$x^2=3y$が成り立つ。これより，$y=\frac{1}{3}x^2$となる。

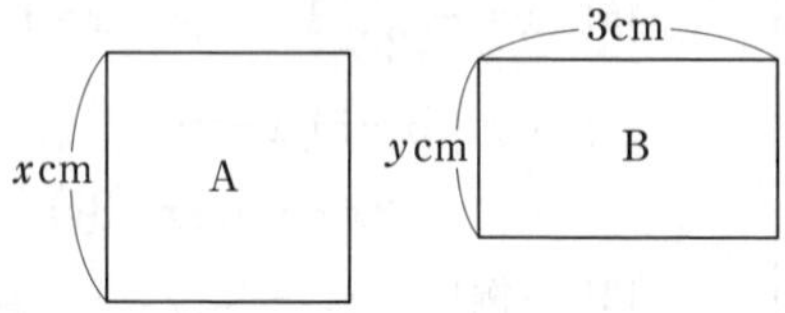

(2)<式の値>$y=\frac{1}{3}x^2$に$x=6$を代入して，$y=\frac{1}{3}\times6^2=12$である。

(3)<二次方程式の応用>yがxの3倍のとき，$y=3x$と表されるから，$y=\frac{1}{3}x^2$に$y=3x$を代入すると，$3x=\frac{1}{3}x^2$，$x^2-9x=0$，$x(x-9)=0$，$x=0$，9となる。よって，$x>0$より，$x=9$となるから，正方形Aの1辺の長さは9cmである。

4 〔関数―一次関数〕

まず，$y=x+5$のグラフと$y=ax+b$のグラフの交点が$(-1,\ 4)$より，$y=ax+b$に$x=-1$，$y=4$を代入すると，$4=-a+b$……①が成り立つ。次に，$y=x+5$のグラフと$y=bx+a$のグラフの交点が$(7,\ 12)$より，$y=bx+a$に$x=7$，$y=12$を代入すると，$12=7b+a$……②が成り立つ。①，②を連立方程式として解くと，①＋②より，$4+12=b+7b$，$8b=16$　$\therefore b=2$　これを①に代入して，$4=-a+2$　$\therefore a=-2$

5 〔平面図形―円〕

≪基本方針の決定≫(2)　△OACの形状を考える。

(1)<論証>右図の△OADと△OCBで，円の半径は等しいから，OA＝OC，OD＝OBであり，対頂角は等しいから，∠AOD＝∠COBである。よって，2組の辺とその間の角がそれぞれ等しい。解答参照。

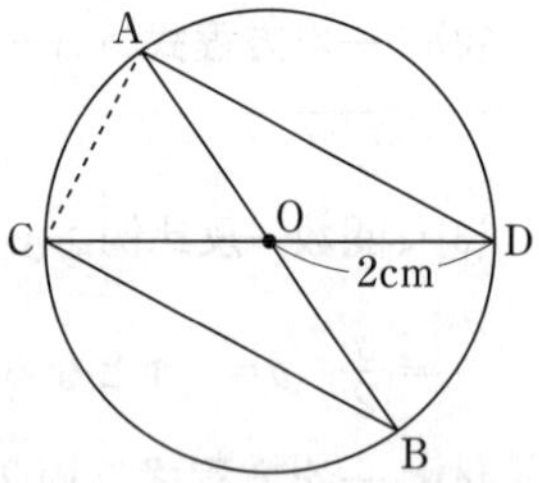

(2)<長さ>$\overset{\frown}{AC}$に対する円周角と中心角の関係より，∠AOC＝2∠ABC＝2×30°＝60°となる。よって，△OACは正三角形となるから，AC＝OA＝2(cm)である。

6 〔場合の数―コイン〕

≪基本方針の決定≫(3)　表または裏が4回のもので，ちょうど3回続くものがある。

(1)<場合の数>各回ごとに表(○)，裏(×)の2通りずつの出方があるので，5回くり返すときの記録の列は全部で，2×2×2×2×2＝32(通り)ある。

(2)<場合の数>○または×がちょうど4回続くのは，○○○○×，×○○○○，××××○，○××××の4通りある。

(3)<場合の数>同じ記号が5回続くものは，○○○○○と×××××の2通り，ちょうど4回続くものは，(2)より4通りある。○がちょうど3回続く場合を調べると，○が4個，×が1個のとき，○○○×○，○×○○○の2通りあり，○が3個で×が2個のとき，○○○××，××○○○，×○

○○×の３通りあるから，2＋3＝5(通り)ある。同様に，×がちょうど３回続くものも５通りある。よって，同じ記号がちょうど３回続くものは，5＋5＝10(通り)ある。以上より，同じ記号が３回以上続くものは，2＋4＋10＝16(通り)ある。

7〔資料の活用〕

(1)**＜中央値＞**全員で49人だから，中央値は，(49＋1)÷2＝25より，得点を大きい方から並べたとき，25番目の得点となる。表より，10点が12人，９点が12人で，25番目の得点は８点だから，中央値は８点となる。

(2)**＜平均値＞**49人の得点の合計は，10×12＋9×12＋8×18＋7×5＋6×0＋5×2＝417(点)となるから，平均値は，417÷49＝8.51…より，8.5点となる。

2021年度／保善高等学校

国語解答

一 問一 1 すんか 2 つくろ
3 つらぬ 4 脚本 5 矛盾
6 花壇 7 施 8 阻

問二 1 朝・イ 2 骨・オ
3 若・ア

問三 1…イ 2…エ 3…ア

二 問一 ウ

問二 嘘をついたり約束を破った理由が全く考慮されないから。(26字)

問三 ア

問四 ①…A ②…B ③…A ④…A
⑤…B

問五 エ

三 問一 A…ウ B…イ C…オ D…ア
E…エ

問二 次々と大災 問三 防潮堤

問四 2…ア 4…ウ

問五 海から遮断する人工物をつくることで，現象の奥に隠れた本質を見抜く優れた観察力を奪い，我が身に迫る危機を自ら確かめにくくするということ。

問六 エ

問七 ①…× ②…○ ③…× ④…×
⑤…○

問八 ウ

四 問一 2 いわく 6 もうす

問二 1…ア 3…ウ 4…ア

問三 8…ウ 10…エ 問四 ア

問五 7…ア 9…イ

問六 ア…○ イ…× ウ…× エ…○

問七 ア

一〔国語の知識〕

問一＜漢字＞1.「寸暇」は，わずかな時間のこと。 2. 音読みは「修繕」などの「ゼン」。 3. 音読みは「貫徹」などの「カン」。 4.「脚本」は，芝居などの台本のこと。 5.「矛盾」は，つじつまが合わないこと。 6.「花壇」は，花を植えるための敷地のこと。 7. 音読みは「施行」などの「シ」。 8. 音読みは「阻止」などの「ソ」。

問二＜四字熟語＞1.「一朝一夕」は，わずか一日ほどの短い時間のこと。 2.「換骨奪胎」は，先人の詩や文章などをうまく利用し，その着想や形式をまねながら，自分の作として価値のあるものをつくること。 3.「傍若無人」は，自分一人でいるかのように，身勝手な振る舞いをすること。

問三＜熟語の構成＞1.「点滅」は，光などが規則的にともったり消えたりすること。 2.「排水」は，水を取り除くこと。 3.「選択」は，「選」も「択」も，えらぶ，という意味。

二〔論説文の読解─教育・心理学的分野─心理〕出典；伊藤亜紗『手の倫理』。

≪本文の概要≫信頼と安心は，ときに相反するものである。罰を抑止力として罪を犯すことを防ぐ方法には，罪を犯せば相手が確実に不利益を被るという確信に基づく安心はあるが，それは相手の人格や自分との関係に基づく信頼ではない。信頼とは，相手が自分の思いとは違う行動をし，それ次第では自分がひどい目に遭う可能性があるという不確実な状況で，相手がひどいことをしないだろうと期待し，それに賭けることである。社会的不確実性があるにもかかわらず信じるという信頼は，一見不合理に見えるが，実際の機能としては，物事を合理化し，コストを削減する効果を持つ。信頼がないと，約束が正しく履行されているかどうかを確認するための作業に，膨大な労働力が割かれる。現実には，社会的不確実性をなくすことは不可能で，一〇〇パーセントの安心はありえない。どこまでもシステムを複雑化してしまう無限後退を食い止めてくれるのが，信頼である。

問一＜文章内容＞「針千本マシン」があることによって，「嘘《うそ》をつくと彼／彼女は不利益をこうむる」ので，周りの人は，「この人間は嘘をつかないはずだという確信をもつ」ことができる。

問二＜文章内容＞「機械」には，「三蔵法師」と違って，感情や情状酌量といった柔軟な思考がないので，相手が嘘をついたり約束を破ったりした時点で，そうせざるをえなかった理由や事情があってもそれらはいっさい考慮されず，無条件に刑罰が執行されるので，「より冷徹」なのである。

問三＜文章内容＞「針千本マシン」による嘘の抑制には，「嘘をつくことによって，彼／彼女は確実に不利益を」被るという「確信」があり，「状況をコントロールできている想定」のもとで，「想定外のことが起こる可能性」が「ゼロ」なので，「安心」が生まれる。一方で，「相手が自分の思いとは違う行動をする可能性が」あり，「相手の行動いかんによっては自分がひどい目にあってしまう状況」が生じうるという「社会的不確実性」がないので，「信頼」はない。

問四＜文章内容＞①迷子になるかもしれないという「社会的不確実性」に対する心配をなくしたり，軽減したりできるので，携帯電話を渡しておくことは，「安心」である。　②一人で外出させること自体が「信頼」を前提としたものであり，携帯電話を渡しても，迷子になるかもしれないという「社会的不確実性」はあるので，「信頼」である。　③後からこっそりついていけば，「ずっと一緒にいるわけだから，迷子になることはない」ので，「安心」である。　④切符を渡せば，「お金をなくす心配」という「社会的不確実性」がないので，「安心」である。　⑤「切符をなくして目的地に行けなくなるかもしれない」という「社会的不確実性」がありながらも，あえて切符を渡すのだから，「信頼」である。

問五＜要旨＞「安心」を得るための作業には膨大な時間とお金が割かれるが，「信頼はものごとを合理化」し，「複雑なプロセスを短縮し，コストを削減する効果を持って」いるのである。「どこまでもシステムを複雑化してしまう無限後退に終止符を打ってくれるのが信頼」なのである。

三〔**随筆の読解─文化人類学的分野─日本人**〕出典；瀬戸山玄『東北の生命力　津波と里海の人々』。

問一＜文章内容＞Ａ．長い揺れの後，六本木のビル街では人々は公園に避難し，宮古市田老町や陸前高田市では壊滅的な津波に見舞われたことは，「長い一日」の始まりにすぎなかった。　Ｂ．東京は，「文明」の害する面に侵されて「都市機能がマヒした」状態にあふれていた。　Ｃ．次々と大災害が起きたので，危機に対する感覚が少し蘇ったが，「文明の檻である都会に暮らす限り」は，生命危機の本来的な性質まで気づくことは難しい。　Ｄ．宮古市田老町には「万里の長城」との別名を持つ巨大防潮堤が築かれていた。　Ｅ．宮古市田老町の防潮堤は，「美形を台なしにする鬱陶しい」物だった。

問二＜文章内容＞「刻々と被害の深刻さが告げられて，断片的な映像も流されるように」なっても，「東北の海辺に住む知人たち」が「確証はないのにみな無事でいる気がした」のも，「福島県双葉町の東京電力福島第一原子力発電所で，予期せぬ炉心崩壊が進んでいること」がわかっても，「いわき市郊外に住む知人」は「やはり無事な気がした」のも，「次々と大災害が起きたので，自分でも普段気づかない野性と第六感が少し蘇った」からかもしれなかった。

問三＜文章内容＞津波から集落を守るはずの「防潮堤」自体が，津波の海水を停滞させ，逆に集落を溜め池化してしまうという悲運をもたらした。

問四＜慣用句＞２．「腑に落ちない」は，よく理解できない，納得がいかない，という意味。　４．「同じ轍を踏む」は，同じ失敗を繰り返す，という意味。

問五＜文章内容＞巨大な防潮堤のように，住民の「海への関心を」奪う「人工物」をつくり，自然を相手にして暮らしてきた東北人に本来あった「現象の奥に隠れた本質を見抜く，優れた観察力」を損なうような土木政策を続ければ，やがては東北人の生命力まで弱らせることになるだろう。

問六＜文章内容＞震災によって，「たとえ一時的」であったにせよ，人々は，「自分の足元が安全地帯ではないことを痛感させられた」のである。そして，「みんなの五感が一斉に外に向けて」開かれ，「現代文明に」対する「疑心暗鬼」もじわじわと広がったのである。

問七＜要旨＞「野性と第六感」といった「全身がフル稼働する感覚は，町中よりも森や海辺にいる時のほうが」確かにはたらく(①…×)。自然を相手にせずして暮らしが立ち行かない東北人の生活には，「人間界ではなしに自然界を見つめ続ける中から，身につく美徳というもの」がある(②…○)。「高さ一〇メートル以上の津波防潮堤の建設プロジェクト」という，住民を「海という文化的資源」から「永久に遠ざけよう」ともくろむ「子どもじみた復興事業」に，異を唱える人々もいる(③…×)。多くの人は，震災の悲劇をテレビの前で追体験することで「悲劇を知ったつもりに」なり，「想像力がマヒして思考停止状態」にさえ陥るが．それは「自ら被災地に赴いて惨状を目撃した人より恐らく何千倍も」多い(④…×)。「自然に鍛えられた発想の豊かさと，身体を動かし続けて五感をつねに開きながら土地柄と折り合いをつけて，損得抜きに地域と交わってきた実直さ」を「受け継いで生き続ける次の世代」が，東北に根を張ろうとしていることを，「私」は忘れない(⑤…○)。

問八＜資料＞ア．図１から，環境保全の主体を「国民」であると考える人が45%で一番多いとわかり，図２から，環境分野の研究に「企業」が多くの費用を出していることがわかるので，自然との共生関係の実現に必要なのは「企業への統制」ではなく，企業と国民の協働である(…×)。　イ．図１から，環境保全の主体が誰かは，「国民」が45%，「国」と「地方公共団体」の合計は31%なので，環境保全の主体を「国民」と考える人が一番多い(…×)。　ウ．図１から，環境保全の主体が誰かは，「事業者」と「民間団体」の合計は17%，「国」と「地方公共団体」の合計が31%なので，「企業よりも公的機関に期待する人の方が」多いとわかり，図２から，環境分野の研究には，「公的機関」よりも「企業」の方が多くの費用を出しているとわかるので，国民の期待の集まる「公的機関」と，実際に研究に資金を投入している「企業」とが，連携することが必要である(…○)。　エ．図２から，「公的機関・非営利機関」が「企業」に比べ環境分野の研究費を出していないことがわかるので，自然との共生関係の実現に必要なのは「企業との競争」ではなく，企業と公的機関の連携，協力である(…×)。

四〔古文の読解―説話〕出典；『日本霊異記』中巻ノ第二十五。

≪現代語訳≫讃岐国山田郡に，布敷の臣の衣女という人がいた。聖武天皇の時代に，衣女は急に病気になった。そのとき，十分に，さまざまな美味や珍味を用意して，門の左右に祭り，疫病神に贈り物をしてごちそうした。／閻魔大王の使者の鬼が，やってきて衣女をお呼びになる。その鬼は，走り疲れて，お供え物を見てこびたしぐさで，(お供え物に)取りついて食べる。鬼が，衣女に語って言うことには，「私はお前のごちそうを食べてしまった。だからお前の恩を返そう。もしや(お前と)同じ姓，同じ名の人がいるか」と言う。衣女が，答えて言うことには，「同じ(讃岐の)国の鵜垂郡に，同じ姓の衣女という名の人がいる」と言う。鬼は，(山田郡の)衣女を連れて，鵜垂郡の衣女の家に行って(二人を)対面させる。すぐに真っ赤な袋から一尺の鑿を出して，(鵜垂郡の衣女の)額に打ち立て，そのまま(鵜垂郡の衣女を)呼び寄せて連れ去った。その山田郡の衣女は，こっそり家に帰った。／そのとき，閻魔大王は，衣女を待ち受けて，取り調べておっしゃるには，「これは(私が)呼んだ衣女ではない。間違って呼んだ(女)である。まあしばらくここにいなさい。早急に行って山田郡の衣女を連れてこい」とおっしゃる。鬼は隠すことができず，懸命に山田郡の衣女を呼んで，連れてくる。閻魔大王は，(山田郡の衣女を)待っていて会っておっしゃることには，「まさしくこれが(私の)呼んだ衣女だ。その鵜垂郡の衣女を(元の家へ)行かせよ」とおっしゃる。(鵜垂郡の)衣女は家に帰ったけれども，三日間が過ぎると鵜垂郡の衣女の体は焼き失われてしまった。改めて(閻魔大王のもとへ)帰って，閻魔大王に嘆き訴えて申し上げることには，「体を失ってしまった。(魂の)帰るところがない」と申し上げる。／そのとき，閻魔大王が質問しておっしゃることには，「山田郡の衣女の体はあるか」とおっしゃる。(鵜垂郡の衣女が)答えて申し上げることには，「ある」と申し上げる。閻魔大王がおっしゃることには，「それを手に入れてお前の体にせよ」とおっしゃる。こうして(山田郡の衣女の身体を)鵜垂郡の衣女の体にして，甦った。そこで(甦った鵜垂郡の衣女が)言うことには，「これは私の家ではない。私の家は鵜垂郡にある」と言う。父母が言うことには，「お前は我が子だ。なんでそんなことを言うのですか」と言う。(鵜垂郡の)衣女はそれでもやはり(山田郡の親の言うことを)聞かないで，鵜垂郡の衣女の家に行って言うことには，「まさしくこれは私の家だ」と言う。鵜垂郡の衣女の父母が言うことには，「お前は我が子ではない。我が子は焼き滅ぼしてしまった」と言う。そこで，(鵜垂郡の)衣女は閻魔大王の話の趣旨を詳しく述べた。／そのときに，(山田郡と鵜垂郡の)二つの郡の父母が(鵜垂郡の衣女の話を)聞いて，「もっともだ」と信じて，両家の財産を(鵜垂郡の衣女に)譲り渡した。だから，現在の衣女は，四人の父母を得て，両家の財産を手に入れた。／ごちそうを用意し鬼に贈り物をしたが，これは無駄ではない。総じて物持ちの人は，やはり神仏に贈り物をしてごちそうするのがよい。この伝説もまた不思議な話である。

問一＜歴史的仮名遣い＞2．歴史的仮名遣いの語頭以外のハ行は，現代仮名遣いでは原則として「わいうえお」と読む。　6．歴史的仮名遣いの「au」は，現代仮名遣いでは「ou」になる。

問二＜古文の内容理解＞1．山田郡の衣女が，急に病気になった。　3．鬼が，山田郡の衣女と鵜垂郡の衣女とを対面させた。　4．山田郡の衣女は，こっそり家に帰った。

問三＜現代語訳＞8．「なにのゆゑにか」は，何の理由で，という意味で，係助詞「か」は，疑問を表す。「しかいふ」は，そのように言う，という意味。　10．「これ」は，山田郡の衣女と鵜垂郡の衣女の話全体を指している。「あやし」は，不思議だ，変だ，という意味。

問四＜古文の内容理解＞「三日のあひだを経て鵜垂の郡の衣女の身」は「焼き」失われていたので，鵜垂郡の衣女の魂は，帰るべき体を失ってしまったのである。

問五＜古文の内容理解＞7．山田郡の衣女の両親が，山田郡の衣女の体をもって甦った鵜垂郡の衣女の姿を見て，お前は我が子だ，と言った。　9．鵜垂郡の衣女の両親が，山田郡の衣女の体をもって甦った鵜垂郡の衣女の姿を見て，お前は我が子ではない，と言った。

問六＜古文の内容理解＞鬼は，山田郡の衣女のお供え物を食べたので，その「恩を報い」ようとして，同姓同名の女を身代わりにして，山田郡の衣女の命を長らえさせようとした(ア…○)。鬼は，「一尺の鑿」を鵜垂郡の衣女の額に打ち立て，そのまま冥界へ連れ去った(イ…×)。鵜垂郡の衣女を見て，これは自分の呼んだ女ではないと言った閻魔大王の追及に，鬼は隠すことができず，結局，山田郡の衣女を冥界へ連れてきた(ウ…×)。生き返った鵜垂郡の衣女は，四人の父母と両家の財産を手に入れた(エ…○)。

問七＜文学史＞『竹取物語』は，平安時代初期に成立した伝奇物語。『徒然草』は，鎌倉時代後期に成立した，兼好法師が書いた随筆。『風姿花伝』は，南北朝時代に成立した，世阿弥元清が書いた能楽理論書。『東海道中膝栗毛』は，江戸時代後期に成立した，十返舎一九が書いた滑稽本。

2021年度 保善高等学校(推薦)

【英　語】 (45分) 〈満点：100点〉

1

A. 各組で、下線部の発音が他と異なるものをア～エから１つ選び、記号で答えなさい。

1. ア tea　イ meat　ウ leaf　エ bread

2. ア whale　イ whether　ウ who　エ white

3. ア moved　イ stayed　ウ started　エ raised

4. ア ball　イ aunt　ウ taught　エ talk

B. 各組の英単語には空所があり、空所１つにつき１文字入ります。例にならって、空所に共通して入る文字をそれぞれ答えなさい。

(例)　na_e / war_ / ca_era / nu_ber　(答) m

1. c_p / f_r / ex_m / f_ce

2. sh_ / sk_ / st_le / s_stem

3. _ll / k_d / sk_n / l_ne

4. h_t / g_ _d / d_ne / c_me

C. 次の英語の説明を参考にして、英単語を完成させ、その英単語を書きなさい。□ には１文字ずつ入るものとします。

1. u□□□□　説明　the brother of your mother or father

2. e□□□□□□□　説明　a very large grey animal with four legs and a long nose

3. n□□□　　　説明　12 o'clock in the middle of the day

4. A□□□□　　　説明　the fourth month of the year, between March and May

D. 次の会話内に示された下線部（ア～エ）の中で、最も強調して発音されるものを１つずつ選び、記号で答えなさい。

1. Where do you live? — I live in London.
   ア イ ウ エ

2. Did you take a bus to her house today? — No, I walked there today.
   ア イ ウ エ

3. What do you want to eat for dinner?

   — Nothing in particular. What do you want to eat?
   ア イ ウ エ

2

A. 日本文の意味になるように、(　　　) 内に適する語を答えなさい。

1. 彼は昨日、その本を読み終えました。

   He (　　　) (　　　) the book yesterday.

2. この教会は 1854 年に建てられました。

   This church (　　　) (　　　) in 1854.

3. コーヒーをもう一杯いかがですか。

   (　　　) you (　　　) another cup of coffee?

4. ジョージはこの学校でサッカーが一番上手な選手です。

   George is the (　　　) soccer player (　　　) our school.

B. 日本文の意味になるように、[　　　] 内の語(句)を並べかえて正しい英文にしなさい。ただし、文頭に来る語も小文字で示してあります。

1. ケンジが何時に起きたか、私たちは知らない。

We don't know [got up / Kenji / what time].

2. あなたは今までに沖縄に行ったことがありますか。

[have / been / you / ever] to Okinawa?

3. お互いを理解することは重要だ。

[important / is / it / to] understand each other.

3

A. 次の会話文を読んで、後の問いに答えなさい。

Ann : What's wrong, Jim? You don't look so good.

Jim : I'm so tired. [①]

Ann : That's too bad. Why couldn't you sleep well?

Jim : Well, I had a bad dream. I woke up at three in the morning, and I couldn't get back to sleep.

Ann : [②]

Jim : Yes, I do. First, a big lion came into my room and jumped on my bed. It looked very (A). I thought it was going to eat me. So terrible!

Ann : What happened next?

Jim : [③] I said, "Please don't eat me. Get off my bed, and I will give you a hamburger. Please go away after you have eaten it."

Ann : Did the lion go away?

Jim : No, it didn't. It laughed at me, and roared. It was scary.

Ann : Oh, was it? [④]

Jim : No. The lion came up to me and opened its mouth, so I closed my eyes for a while. [⑤] The lion wasn't there. But....

Ann : But what?

Jim　: My cat, Potter, was sitting on my bed.　He was watching me.

Ann　: Oh, now, I understand.　I think you should give Potter a hamburger tonight.

問１　本文中の ① ～ ⑤ に入る最も適切なものをア～オから１つずつ選び、記号で答えなさい。

ア　Is that the end of the dream?

イ　Do you remember the dream?

ウ　I couldn't sleep well last night.

エ　Well, then I tried to talk to the lion.

オ　But nothing happened, so I opened my eyes.

問２　(　A　) に入る最も適切な語をア～エから１つ選び、記号で答えなさい。

ア　sleepy　　イ　hungry　　ウ　lonely　　エ　kind

問３　本文の内容に合うように、次の英文の (　　　) に入る語を答えなさい。

Ann thinks that the lion in Jim's dream was his (　　　　).

B.　次の英文は、架空の王国トクサの首相であるイコ・ハーゲンについてのものです。これを読んで、後の問いに答えなさい。*印の語(句)には注があります。

Do you know about Ico Hagen?　I think that most people don't.　He is the fifth prime minister of the kingdom of Toksa.　In this new country, there are more women than men.　Ico is the first "man" prime minister.

Toksa is far from Japan; it takes 30 hours by plane and two full days by bus to get there.　It is full of nature, and it's famous for farming.　Ico was born into a farming family, and he was also going to be a farmer.　But one chance led him to be a politician, and finally he became a prime minister.　Actually, he studied in Japan.

Ico studied in Japan when he was a senior high school student. He studied at a boys' high school in Shinjuku for one year. Everything in Japan was very fresh and amazing to him. First of all, he was surprised at the rail road system in Japan. In his country Toksa, people can't drive private cars on a public road. This is because the country needs to protect the natural environment. So people have trouble when they want to go a long distance. In Japan, people can easily go anywhere because of its *highly-developed train system. Second, he ①was moved at the low price levels and tax rates in Japan. Although Japanese people often think that their tax rates are high, the tax rates in Toksa are much higher! During his stay, Ico was so happy to get a bottle of orange juice for only 150 yen; in Toksa, it costs over 1000 yen!

After he went back to Toksa, he became interested in politics, and he became a politician after he graduated from university. He worked *energetically and *sincerely, so he got the support of people in Toksa and finally became the prime minister. His policy is based on his experiences in Japan. For example, he built railroads all over Toksa. Thanks to this, people can now move from country to country. And moreover, he *lowered the tax rates. As a result, it became easier for the people in Toksa to buy things. *Nowadays, they can get a bottle of orange juice for around 150 yen.

In this way, (　②　) is now trying to make his country better. "The experiences in Japan were ③irreplaceable to me," he said and smiled. If you have a chance, why don't you ④take 30 hours by plane and two full days by bus and go to see his smiles?

*highly-developed　発達した　*energetically　精力的に　*sincerely　誠実に　*lower　～を下げる　*nowadays　最近は

問１　下線部①の意味として最も適切なものを文脈から判断し、ア～エから選んで記号で答えなさい。

ア　動かした　　イ　感動した　　ウ　引っ越した　　エ　抗議した

問２　（　②　）に入るのに、最も適切なものをア～エから選び、記号で答えなさい。

ア　a loving Japan man　　イ　a loving man Japan

ウ　a man Japan loving　　エ　a man loving Japan

問3　下線部③の意味として最も適切なものを文脈から判断し、ア～エから選んで記号で答えなさい。

ア　遠く離れた　　　　イ　困難に満ちた

ウ　かけがえのない　　エ　あまり参考にならない

問4　下線部④とは具体的に何をすることですか。解答欄に合わせて日本語で答えなさい。

問5　次の内容が本文に合っていれば○、合っていなければ×と答えなさい。

1. Ico is the first woman prime minister.
2. Ico was born into a farming family, so he had to be a farmer.
3. Ico lived in Japan for a year when he was a student.
4. Now people can see trains in every part of Toksa.

問6　イコ・ハーゲンについて、この英文を読んだ生徒が次の表にまとめました。（　a　）～（　g　）に当てはまる数字や日本語を答えなさい。

トクサ王国の第（　a　）代首相イコ・ハーゲンについて	
● 高校生のときに（　b　）ことをきっかけに政治に興味を持った	
● イコが日本で知ったこと	(1) 日本では（　c　）でどこへでも行ける (2) 日本はトクサに比べて税率が（　d　）ので（　e　）が150円くらいで買える
● 首相になって取り組んだこと	(1) トクサ王国全体に（　f　）を建設した (2) （　g　）を下げた

【数　学】（45分）〈満点：100点〉

注意

・　解答に単位が必要なときは，明記して下さい。
・　解答が分数になるときは，これ以上約分できない形で表して下さい。
・　解答に根号を用いるときは，$\sqrt{}$の中を最小の正の整数にして下さい。
・　作図の問題について，作図に用いた線は消さずに残して下さい。

1　次の計算をしなさい。

（1）　$6-2\times(-2)^2$

（2）　$\sqrt{5}\left(\sqrt{5}-1\right)-\sqrt{20}$

（3）　$\frac{1}{2}(x+y)-\frac{1}{3}(x-y)$

2　次の問いに答えなさい。

（1）　等式 $a-b=c-a$ を a について解きなさい。

（2）　1次方程式 $2x-3=3(2x+3)$ を解きなさい。

（3）　連立方程式 $\begin{cases} 2x+3y=-22 \\ \frac{x}{2}-\frac{y}{3}=1 \end{cases}$ を解きなさい。

（4）　2次方程式 $(x-1)^2-2(x-1)-3=0$ を解きなさい。

（5）　20 人のクラスで 5 点満点の小テストを行いました。下の表は得点結果を表に整理したものです。得点の平均値と中央値をそれぞれ答えなさい。

得点（点）	0	1	2	3	4	5	合計
人数（人）	1	3	0	5	9	2	20

（6） 右の図において，4点A，B，C，Dは円Oの円周上の点で，線分ACは円Oの直径です。$\angle x$ の大きさを求めなさい。

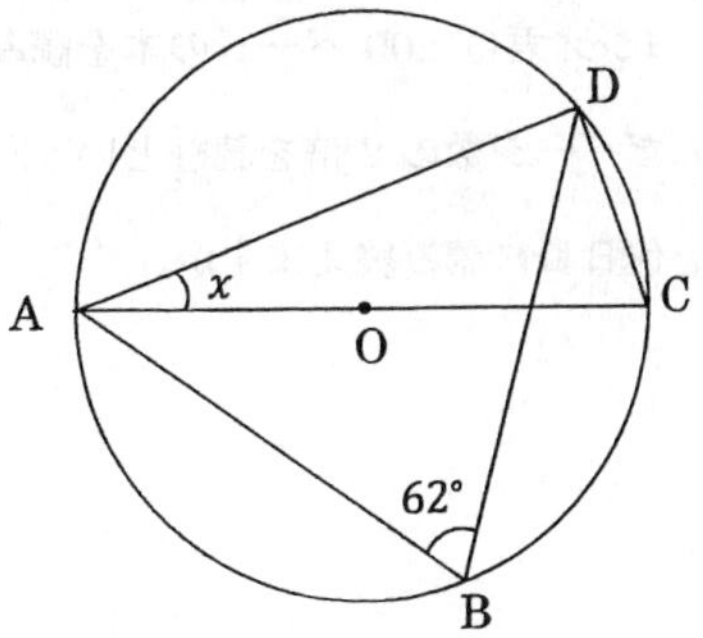

（7） 下の図のように3点P，Q，Rがあります。これら3点から等しい距離にある点Sを解答用紙に作図しなさい。ただし，作図に用いた線はすべて消さずに残しておきなさい。

3 右の図のように，関数 $y=ax^2$ のグラフと直線 ℓ が2点A，Bで交わり，直線 ℓ は x 軸と y 軸でそれぞれ点C，Dで交わっています。次の問いに答えなさい。

（1） a の値を求めなさい。

（2） 点Bの y 座標を求めなさい。

（3） 直線 ℓ の式を求めなさい。

（4） 2点C，Dの座標をそれぞれ求めなさい。

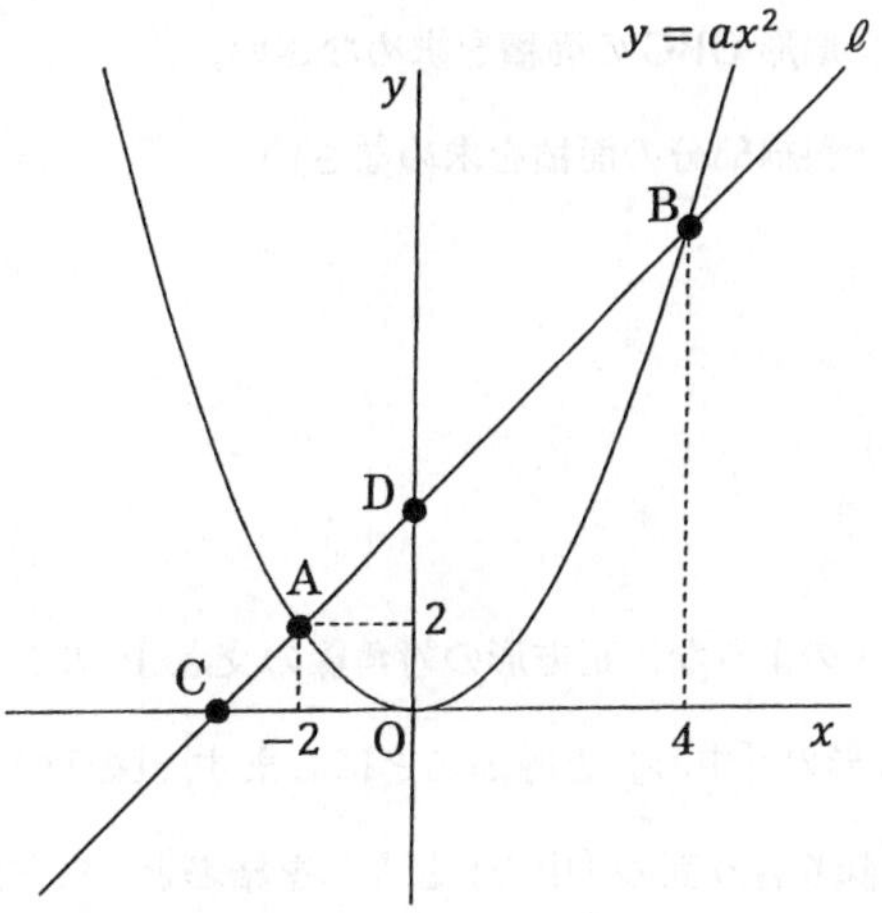

4 大小2個のさいころを投げます。出た目の数の和と積について，次の問いに答えなさい。

（1） 和よりも積が小さくなる確率を求めなさい。

（2） 和と積が等しくなる確率を求めなさい。

5

ヨシオ君は 200 ページの本を読み始めることにしました。1 日に読むページ数について，前日読んだページ数の 2 倍を読むというルールを定め，1 日目は 7 ページ読みました。ヨシオ君はこの本を何日目に読み終えますか。

6

右の図のように，AB を直径とする半円 O を，点 A を中心として反時計回りに 45° 回転させた図形を半円 O′ とします。弧 AB と直線 AO′ の交点のうち，A でないほうを点 C とします。次の問いに答えなさい。ただし，2 つの半円の直径は 8 cm とし，円周率を π とします。

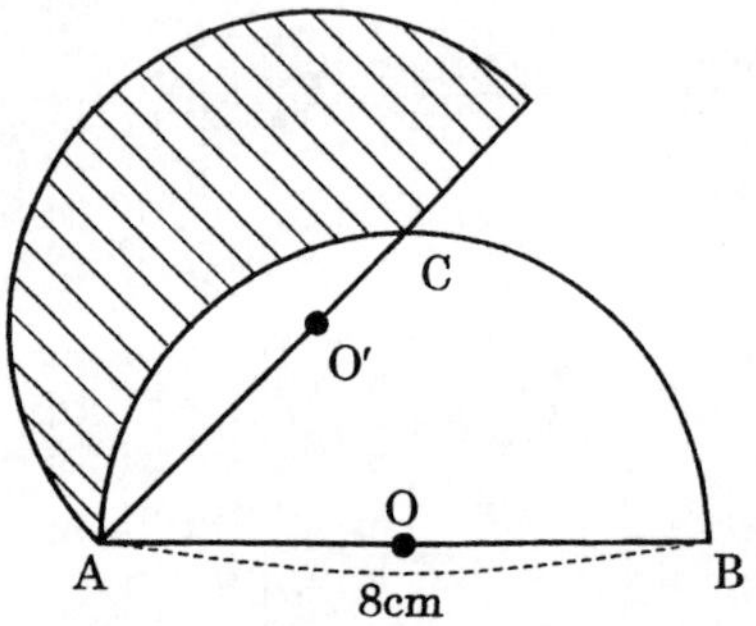

（1） OC の長さを求めなさい。

（2） 扇形 OBC の面積を求めなさい。

（3） 斜線部分の面積を求めなさい。

7

図 I のような，正方形の対角線の交点 P のことを正方形の「中心」と呼ぶことにします。図 II のように，隣り合う面の「中心」どうしを結ぶと，立方体の内部に正八面体ができます。立方体の一辺の長さが 2 cm であるとき，この正八面体の体積を求めなさい。

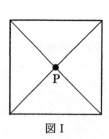

図 I

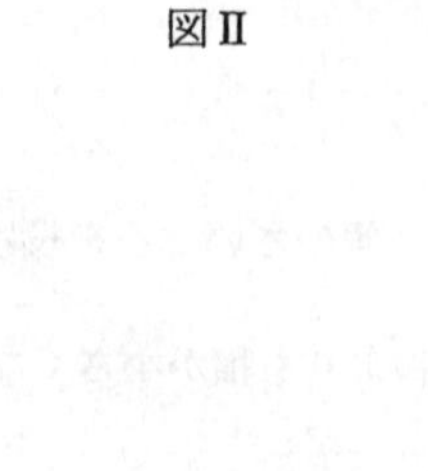

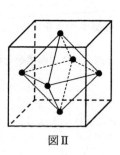

図 II

ア　誰よりも強い好奇心をもって行動し、人々の探究心を満たすような情報発信能力を身につけている人。
イ　豊富な経験と知識をもち、常に自己の探究心にしたがって沈着冷静な分析を試みることができる人。
ウ　好奇心にもとづいて迅速に行動するとともに、その事象を分析する探究心や知識、経験を有している人。
エ　野次馬の代表として好奇心旺盛な行動を常に心がけ、人々の探究心を刺激する情報発信ができる人。

問十　次のア～オについて、本文の内容に合うものには○を、合わないものには×を、解答欄に記入しなさい。

ア　情報社会においては、「知の三角形」の「Ｉ」の部分を減少させることが最も大きな課題である。
イ　知識を体系化するとともに、体験を組み立てる力を養うことで、情報を活用する能力が高められる。
ウ　現代社会の情報提供方法は、受ける側の想像力や好奇心の働きを減じさせる方向に動いている。
エ　言語感覚に乏しい若者の多い現代社会は、新たな情報伝達の手段を模索する必要に迫られている。
オ　蓄積した知識について考えることの繰り返しが、知識を知に転化することにつながると考えられる。

問四　傍線部④「メディアリテラシー」の本文における意味として最も適するものを次から選び、記号で答えなさい。

ア　メディアの社会的役割を理解し、広く情報発信する能力
イ　メディアの伝える情報を総合的に捉え、活用する能力
ウ　メディアからの情報を数多く手に入れ、データ化する能力
エ　メディアが発信した情報を、周囲へ迅速に拡散する能力

問五　空欄ア・イ・ウに適する英文字（アルファベット）を、それぞれ文中から抜き出しなさい（同一文字は一度のみ使用）。

問六　傍線部⑦「自分に知識がないために、マスメディアが伝えるもののほうへ、一方的に誘導されていってしまう」とあるが、このことの何が問題だと考えられるか、五〇字以上六〇字以内で説明しなさい。

問七　傍線部⑧「知識を体系化していく」とはどのようにすることか、文中で説明された部分を三〇字以内で抜き出し、最初と最後の五文字を記しなさい。

問八　傍線部⑩「何についてもあまり関心を持たない。めんどくさい、どうでもいいという人たち」とあるが、このような人たちが現れた要因として筆者が例示していることを、文中から一〇字以内で抜き出しなさい。

問九　傍線部⑪について、筆者の考える「ジャーナリスト」の説明として最も適するものを選び、記号で答えなさい。

った瞬間、「体得」です。体が悟るというのか、何かをやり続けてきた人には、こういう瞬間が必ずあると思うのですが、自分で気づかないうちにいろんなことが身についている、ということがあります。
自分でこれだけ知識を貯えたり勉強してみたりしたけれど、それで自分が賢くなった、Wが増えたという感覚なんて全然ない。でもある時ふっと、ああ、自分はここまで来ていたんだ、と気づく。まあ、気づくはずだと思ってなきゃやってられないですね、こんなことは。
私はそう信じています。

問一　傍線部③「摂取」、⑤「ケワ」、⑥「ヨウイ」、⑨「遂」の漢字はひらがなに、カタカナは漢字に改めなさい。

問二　傍線部①「情報の洪水のなかで溺れてしまう」とはどういうことか、最も適するものを次から選び、記号で答えなさい。

ア　情報の真偽や価値が分からなくなり、流行に乗り遅れないために動き続けなければならなくなること。
イ　世間から遅れまいと最先端の情報を求めることで、かえって一般社会に調和できない状態になること。
ウ　熱心に流行を追うことで逆に視野が狭くなり、ひとりよがりの考え方をするようになってしまうこと。
エ　多くの情報を入手したことで満足してしまい、その情報の真偽を突き詰めようとする意欲を失うこと。

問三　傍線部②「今だんだん『化』が抜け落ちてきている」とはどういうことか、最も適するものを次から選び、記号で答えなさい。

ア　情報の発信量が過剰に増加し、社会の中でそれらをコントロールしきれなくなっているということ。
イ　発信される情報の内容に偏りが生じ、社会情勢を正確に伝えるものではなくなっているということ。
ウ　高度化を繰り返した情報技術が、現状のままで充分機能を発揮できる状態になっているということ。
エ　情報が社会機能として根付く移行段階にあった社会が、すでにその段階を通過しているということ。

かれますが、必ず答えるのが「好奇心」です。簡単に言えば、サイレンが聞こえた時、それっ火事だっ！　と、すぐに飛び出していく気持ちをどの程度もっているかということです。

よく考えれば、人間は言語を獲得して現在に至ったんですが、もう一つ手に入れた大事なものが、火を使う能力です。ですから古代から、火事はずっと人間の近辺で起き続けてきたわけです。だから達観して、火事が起きても「火事なんて、人類始まって以来起きているんだ。また起きたところで珍しくもない」などという人は学者になればいい。ジャーナリストになりたければ、火事と聞いたらバアーっと駆け出す、他のどんな能力よりもこれが一番、これなくしては仕事になりません。

そうすると、「お前、好奇心だけでいいのか」という話になる。

野次馬という言葉があります。弥次馬という字を当てることもありますが、とにかく物見高く、わーっ何だあーっと駆け出していく人のことを、日本語では野次馬と言いますね。ジャーナリストというのは野次馬の代表であり、野次馬のプロだとよく言われます。火事を見に行く人はたくさんいますが、仕事で見に行けない人に代わって、つまりそういう人たちの代表になって、「昨日の火事はこんなでしたよ」と伝えるのがジャーナリストだと。それからプロというのは、見に行った一般の人たちのように、「ああ、燃えてる燃えてる」だけじゃなく、「出火原因は何か、死者はいないか、どういう特徴のある火災だったか」などを取材して分析できる。それがプロという意味です。

つまり、物事が起きた時、それをどう見たらいいのかについての経験と知識、それを調べるフットワークのある人をプロというんです。そしてそのエンジンになっているのが好奇心です。

では、ただ野次馬だけでいいのか、好奇心だけでいいのかというと、そうはいかないんであって、そこからもう一つ大事なのは「これは何だろう」という探究心です。何かの先を掘り下げていく、あるいはその興味を伸ばしていくということです。探してずっと先まで求めていく。これが学ぶということの意味でなくてはなりません。

体が悟る瞬間

このプロセスのなかで大事なことは、あまり科学的な説明にはならないんですが、先ほどの三角形の、知識を蓄積した上で賢さ、知に役立たせていくプロセスです。これが一番の謎と言いますか、理論的な説明の難しい世界なんです。いろんな知識を貯えていきながら、どうやったらそれを知へ転化できるか。

はっきりした方法はないんですが、知識を蓄積してそれについて考えてみるということを繰り返している間に、ポンっと何かが分か

抽象化することの意味

もう一つ、学ぶこととは具体的な問題を抽象化すること。つまり、個々の問題がただ並んでいるのではなく、そこに何があるのかを探し当てること。抽象化して考えること。具体的に起きている問題を抽象的に考えてみる訓練。これが教育、あるいは学ぶということです。その方法をきちんと教えるのが、教える側の仕事なんです。しかし、これがけっこう難しい。難しくても教える側に立った以上は、私は本職じゃないけれど努力するべきだと思っているんです。ただ逆に、本職があまりそこに重きを置いていないじゃないかというのが、実は今の教育に対する私の批判です。

人間が他の動物と違って持っている表現手段というのは、言うまでもなく言語です。文化や芸術、科学技術もそうですが、言語を手に入れたことで、人間は現在に至るまでの飛躍を⑨遂げてきたわけです。言語を使って未来を予測したり、逆に歴史を記憶に留めたりしてきた。それだけ言語は大切な道具なんです。

その言語に今、大変なことが起きている。これは3年ほど前から繰り返し言ってきたことですが、みなさんのなかから言語が消えていっている。言葉というものをものすごく知らなくなっている。言語が消えたらどうやって表現するのか。言語が消えれば学ぶ手段を失うわけですから、物事を理解するのが遅くなっていく。これは大変なことです。

そういうことを踏まえた上で、じゃあ人が学ぼうとする時何が一番大切なのか。今度はマインドの問題です。「好奇心」、それから「探究心」です。

情報化社会というのはとても厄介で、例えば情報のなかで映像と音声による表現のウェイトが、前よりもとても大きくなった。だからみなさんは、読むのが苦手になったんです。

文字で情報を取るよりも見ちゃったほうが早いから、そうならざるを得ない。でもそれは便利なんですが、失われる部分も多い。第一にイマジネーションが働かない。想像力が働かない。全部見ちゃうと、それから先に何があるんだろうという好奇心は殺されてしまいます。

すべてのことは、関心、興味をもたなければ何も始まらない。実はそこが問題じゃないか、と思えるような人たちが出てきています。⑩何についてもあまり関心を持たない。めんどくさい、どうでもいいという人たちです。

好奇心こそジャーナリスト

私のところへも、いろんな人がインタビューに来たりします。⑪「ジャーナリストになるのに一番必要なことは何ですか?」とよく聞

言えばかなり共通したものをもっている。

表現とは、英語ではexpression。内側にあるものを搾《しぼ》り出す、というのがもともとの語源です。日本語の「表現」というのも僕は面白いと思う。表に現す、ですからね。中国語では「表達」だそうです。これも、表に達する。要するにどれも、なかにあるものを外に出すということです。

つまり表現とは、自分のなかにあるものを表に出すわけですが、その前提として、自分のなかに何かがなきゃいけない。何もなければ表現のしようがない。中身とは何かと言えば、もちろんいろいろあるけれど、精神というものと関係します。あるいは心と言ってもいいかもしれない。

例えば、音楽家が自分のなかにあるものを表出して曲を作る。文学者が自分のなかのものを文章化して小説を書く。絵を描く人は自分のなかのイメージを具体的に絵の具を使って表現する。しかしどの場合だって、中身がなきゃダメなんです。中身を作らなきゃならない。それが実は学ぶということの一番の基本、エッセンスでしょう。

さっき言った「知の三角形」の真ん中のところに、どうやったら知識を蓄積できるのか。これが学ぶということ、あるいは情報化社会のなかで生き延びるということにつながるんですが、二つのことがあります。

まず、キイワードの体系化ということ。バラバラに捉えた知識というもの、あるいは記憶というものは身につかない。これは、脳科学なんかから出てくる話です。つまり、知識というものが自分の内面の身につくには、ある種の体系化が必要なんです。いろんなもののつながりのなかで物事を覚えていくということです。

円周率を記憶するコンテストというのがあります。3.14……という延々と続く数字の羅列、あれですね。このコンテストでは、今までずっと、若い人しか勝てないと思われていた。実際、ある時期まではそうでした。ところが、ソニーの中年の会社員が世界チャンピオンを獲り続けたことがあったんです。

私は彼に「なぜそんなことが可能なのか?」と聞きました。「長い間人生を生きてきた人間のほうがたくさんの知識をもっている。数字を覚える時に、いろんな形のイマジネーションで覚えていく。そういうイメージは大人のほうが多くもっている。だから自分のほうが若い人より有利なんです」というのが彼の答えでした。

記憶力という点では若者のほうが優れているけれど、体験というものを組み立てる力は彼のほうが強い。そういうことなんです。

つまり、どうやって⑧知識を体系化していくか、これがまさに学問、学ぶということじゃないでしょうか。

が不安定になってグラグラする。だから私たちがやるべきなのは、「知の三角形」の形を正常に戻すことです。

三角形の上方の「Ｉ」のスペースを適度にして、真ん中の知識量「ウ」を増やし、さらに底辺の「Ｗ」、判断する能力のスペースを広げていく。こうすれば、この三角形は座りが良くなって安定するわけです。

問題は、具体的にそれをどうやるのか。いきなり人間が賢くなって、「Ｉ」の領域から一気に「Ｗ」の面積が増えることはありません。だとすれば、この真ん中の領域「Ｋ」、つまり知識というものが非常に大事になってくる。

例えば今世界で起きている非常に⑤ケワしい事態の一つは、言うまでもなくパレスチナ問題です。イスラム教世界とキリスト教世界、それにユダヤ教世界が真正面からぶつかり合っている。

みなさん、中東世界の地図を明確に頭のなかで描けますか？　多分、きちんと知っている人は、あまり多くはいないはずです。ジャーナリストでさえ、きちんと地図を描ける人は少ない。

レバノンがどこにあって、パレスチナとはどこを指すのか、シリアの位置とイスラエルとの関係は……と、非常にぼうっとしていて分かりにくい。

分からない世界で暴動が起きたというニュースが入ってきても、本当に何が問題なのかを正確に理解することは難しい。そうであれば、中東で毎日起きているニュースをしばらくは置いといて、イスラム世界とは何か、中東とはどういう地域なのか、それをじっくり勉強する、あるいはその知識を貯える、ということのほうがバランスの取れた理解へ向かえるということは、⑥ヨウイに想像できると思います。

つまり、メディアリテラシーの問題もそうなんですが、⑦自分に知識がないために、マスメディアが伝えるもののほうへ、一方的に誘導されていってしまう、ということが起こりがちなんです。

表現への欲求

人間とは、本来何かを表現したいという欲望をもっています。その次には、表現したものについて共感してもらいたいと思う。多くの人に「お前の考えていることはもっともだな」と認めてもらいたい。さらに先を言えば、そういう表現をすることが自分にとって必要であり、人に必要とされる人間になりたいという欲求があります。

こういう欲求を強烈にもっている人間は芸術家になったり、あるいは企業の社長になるかもしれない。人間の欲望のなかには、金銭欲とか名誉欲とかいろいろあります。権力を欲しがる人と、あまり権力欲のない人、個人差はあるんですが、表現というものに関して

問八　空欄⑪には身体の一部を示す語が入る。漢字一字で答えなさい。

問九　空欄⑫に最も適する外来語を、この空欄よりも後から抜き出しなさい。

三

次の文章は、ジャーナリストの筑紫哲也氏（一九三五年～二〇〇八年）が受け持っていた、大学院での講義内容を中心にまとめられた『若き友人たちへ』という文章の一節です。よく読んで後の問いに答えなさい。

情報化社会のなかで

情報社会、あるいは情報化社会と言ってもいいんですが、そこで懸命に生きていこうとすると、まず出てくる悲鳴があります。つまり、あまりにも多くの情報があって、そのなかのどれが本当なのか、何を選んだらいいのか分からない。今、流行《はや》っているものの情報に熱心であればあるほど、世間で流行っていることを知らないと自分が遅れるんじゃないか、という焦りみたいなものが人間を突き動かすのが情報化社会の特徴です。そういう社会に適応しようとすれば、①この情報の洪水のなかで溺《おぼ》れてしまう人間が出てきます。

私は情報化社会と情報社会をごっちゃに使っていますが、②今だんだん「化」が抜け落ちてきているということなんです。ではどうすれば情報社会のなかで溺れ死にしないですむか。

現代社会において、我々が③摂取しているもののなかには、情報informationがとても多い。これを「I」とします。で、次が知識knowledge「K」です。そして、本当の意味での知恵、つまり、人間の賢さというか、判断する力。これをwisdomと言いますから「W」とします。I、K、Wが形作る三角形。これが、仮に私が名付けた「知の三角形」です。

情報に溺れそうだという人たちは、この「I」の摂取量ばかりがやたらと多くて、それを判断するための知識「K」の面積が少ない。さらに最終判断のための「W」の面積は圧倒的に狭い。

自分で最終的に判断して、自分でこうだなと考える④メディアリテラシーという学問が最近盛んに言われていますが、これには「ア」の領域が大いに関係しているんです。

ネットのなかから情報を得ても、その情報が本当か嘘かを判断しなければならない。情報社会のなかで生きるには、「W」の領域を増やさなければなりませんが、その努力をあまりしないで「イ」の摂取ばかりをやっているから、この三角形の形が歪《ゆが》んで、足場

えなさい。また、空欄Bに当てはまる表現を自由に考えて答えなさい。

ひろし君「『大ホームラン』という部分は比喩表現だよね？」

てつお君「そうだね。比喩のなかでも A と呼ばれるものだよね。この比喩で安住アナはどんなことを伝えようとしていると思う？」

ひろし君「きっと『練習しておいたモノマネが、その後、大いに役立つ』ということを伝えようとしているんじゃないかな。」

てつお君「僕もそう思っていたんだ。野球用語を使った比喩がわかりやすいよね。もしも他の比喩を使うとしたら、どんな表現が考えられるかな？」

ひろし君「うん、たとえば『そのちょっとした練習が、いつかどこかで B 』と書き換えたらどうかな？」

てつお君「なるほど。『大ホームランにつながります』と同じくらい上手な比喩だね。その表現なら、練習はいつか大きな成果を生むという意味がしっかり伝わると思うよ。」

語群

ア　誇張法　　イ　直喩（明喩）　　ウ　倒置法　　エ　隠喩（暗喩）

問六　空欄⑥、⑦、⑧に適する語を次から選び、それぞれ記号で答えなさい。

ア　反射　　イ　抽象　　ウ　積極

問七　空欄⑨に適することわざを次から選び、記号で答えなさい。

ア　汗顔の至り　　イ　自業自得　　ウ　至難の業　　エ　案ずるより産むが易し

※ スーパードライ……ビールの銘柄。飲みやすく爽やかな気分が楽しめると評価されることが多い。

※ ジャパネットたかた…テレビやインターネットを通じて通信販売をおこなう会社名、または番組名。

問一　空欄①に適する語句を次から選び、記号で答えなさい。

ア　ユニークなアイデア　　イ　聴覚に与える印象

ウ　視覚的なイメージ　　エ　鋭い言語感覚

問二　空欄②に適する語を次から選び、記号で答えなさい。

ア　もっと　　イ　あえて　　ウ　もはや　　エ　まさか

問三　空欄③、⑩に適する語を次から選び、それぞれ記号で答えなさい。

ア　わざわざ　　イ　なかなか　　ウ　しげしげ　　エ　たまたま　　オ　だんだん

問四　空欄④に適する漢数字を答えなさい。

問五　次に挙げるのは、傍線部⑤について話をしている二人の中学生の会話である。空欄Aに適する語を語群から選び、記号で答

問二　次の1、2の空欄に適する漢字を入れて、対義語を完成させなさい。

1　主観　↔　□観

2　権利　↔　□務

問三　次の1、2の空欄に適する漢字を入れ、四字熟語を完成させなさい。また、その意味として適するものを下から選び、記号で答えなさい。

1　心□一転

2　優□不断

ア　ぐずぐずしてなかなか決められないこと
イ　あるきっかけで気持ちを切り替えること
ウ　すべての物事は移り変わっていくこと
エ　見通しが立たずどうしたらいいかわからないこと
オ　目標達成のためにひたすら一筋に進むこと

二

次の文章は、TBSアナウンサーの安住紳一郎氏と明治大学文学部教授の齋藤孝先生の二人が、明治大学の学生を前に対談形式で講演した内容をまとめた『話すチカラ』の一節です。よく読んで後の問いに答えなさい。

〔編集部注：課題文は著作権上の問題により掲載しておりません。作品の該当箇所につきましては次の書籍を参考にしてください〕

・齋藤孝　安住紳一郎著『話すチカラ』〈ダイヤモンド社　二〇二〇年二月一九日第一刷発行〉　三七頁一行目～四二頁最終行

二〇二一年度 保善高等学校（推薦）

【国　語】（四五分）〈満点：一〇〇点〉

一　次の設問に答えなさい。

問一　次の1～9の傍線部について、漢字の読みをひらがなで答えなさい。また、カタカナを漢字に直しなさい。

1　為替相場が変動する。

2　異国的な趣のある街。

3　ご都合を伺う。

4　害を被る。

5　悲願がジョウジュする。

6　冷静に自分をナイセイする。

7　両者のルイジ点を探す。

8　手厚いカンゴを受ける。

9　芸術家のソウサク意欲をかきたてる。

英語解答

1
A　1…エ　2…ウ　3…ウ　4…イ
B　1　a　2　y　3　i　4　o
C　1　uncle　2　elephant
　　3　noon　4　April
D　1…エ　2…イ　3…イ

2
A　1　finished reading
　　2　was built　3　Would, like
　　4　best, in
B　1　what time Kenji got up
　　2　Have you ever been
　　3　It is important to

3
A　問1　①…ウ　②…イ　③…エ
　　　　④…ア　⑤…オ
　　問2　イ　問3　cat
B　問1　イ　問2　エ　問3　ウ
　　問4　イコに会いに行く
　　問5　1…×　2…×　3…○
　　　　4…○
　　問6　a　5　b　日本で勉強した
　　　　c　電車　d　低い
　　　　e　オレンジジュース
　　　　f　鉄道　g　税率

数学解答

1
(1)　-2　(2)　$5-3\sqrt{5}$
(3)　$\frac{1}{6}x+\frac{5}{6}y$

2
(1)　$a=\frac{b+c}{2}$　(2)　$x=-3$
(3)　$x=-2$，$y=-6$
(4)　$x=0$，4
(5)　**平均値**…3.2点　**中央値**…4点
(6)　28°　(7)　右図

3
(1)　$\frac{1}{2}$　(2)　8　(3)　$y=x+4$
(4)　C$(-4,\ 0)$，D$(0,\ 4)$

4
(1)　$\frac{11}{36}$　(2)　$\frac{1}{36}$

5
5日目

6
(1)　4 cm　(2)　4πcm^2
(3)　$4\pi+8$cm^2

7
$\frac{4}{3}$cm^3

(例)

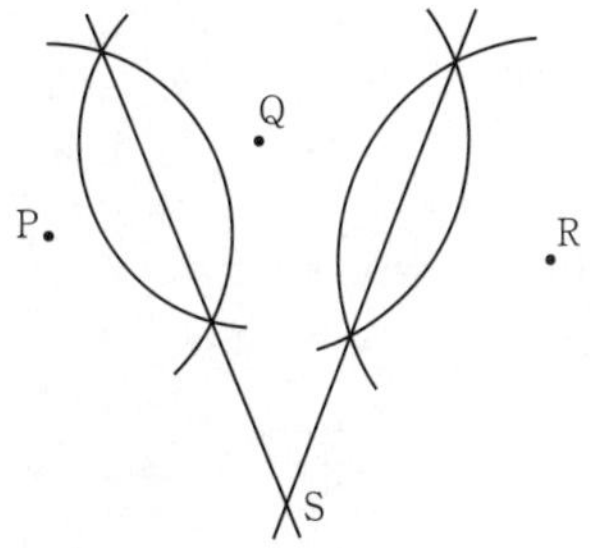

国語解答

一 問一 1 かわせ　2 おもむき
3 うかが　4 こうむ
5 成就　6 内省　7 類似
8 看護　9 創作

問二 1 客　2 義

問三 1 機・イ　2 柔・ア

二 問一 ウ　問二 イ

問三 ③…エ　⑩…オ　問四 二

問五 A…エ
B (例)大会新記録を樹立します

問六 ⑥…イ　⑦…ウ　⑧…ア

問七 ウ　問八 ロ

問九 エピソード

三 問一 ③ せっしゅ　⑤ 険　⑥ 容易
⑨ と

問二 ア　問三 エ　問四 イ

問五 ア…W　イ…I　ウ…K

*問六 (例)マスメディアが偏った情報や誤った情報を発信していても，それをそのまま事実として受け止めてしまうようになるということ。(58字)

問七 いろんなも～ということ

問八 映像と音声による表現

問九 ウ

問十 ア…×　イ…○　ウ…○　エ…×
オ…○

* 情報の誤りを認識できない／正確な理解，バランスの取れた理解から離れてしまう可能性がある，などの内容が説明されていれば正解とする。

●要点チェック●　図形編―合同

◎図形の合同

合同……一方の図形を移動させて(ずらしたり《平行移動》，回したり《回転移動》，裏返したり《対称移動》して)，他方の図形に重ね合わせることのできるとき，この2つの図形は合同である。

- **合同な図形の性質**

1．対応する線分の長さは等しい。
2．対応する角の大きさは等しい。

- **三角形の合同条件**

2つの三角形は次のどれかが成り立つとき合同である。

1．3組の辺がそれぞれ等しい。
2．2組の辺とそのはさむ角がそれぞれ等しい。
3．1組の辺とその両端の角がそれぞれ等しい。

1.

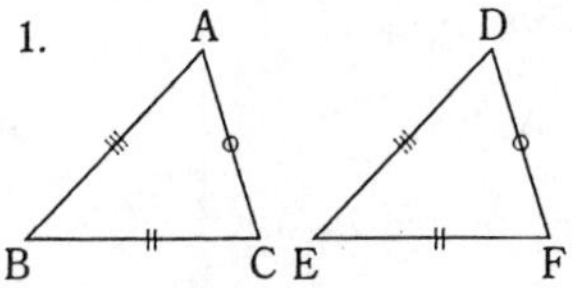

AB＝DE
BC＝EF
AC＝DF

2.

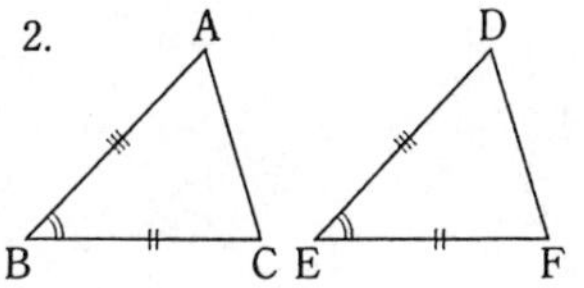

AB＝DE
BC＝EF
∠ABC＝∠DEF

3.

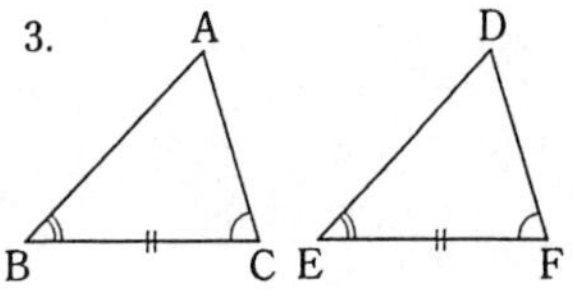

BC＝EF
∠ABC＝∠DEF
∠ACB＝∠DFE

- **直角三角形の合同条件**

2つの直角三角形は次のどちらかが成り立つとき合同である。

1．斜辺と1鋭角がそれぞれ等しい。
2．斜辺と他の1辺がそれぞれ等しい。

1.

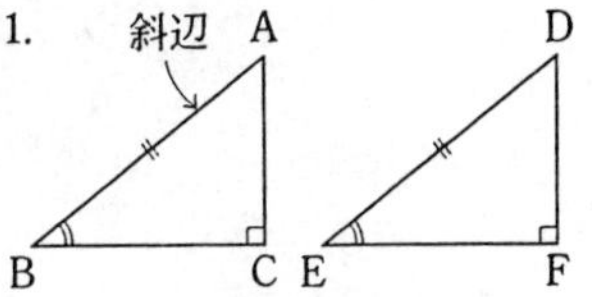

∠ACB＝∠DFE＝90°
AB＝DE
∠ABC＝∠DEF

2.

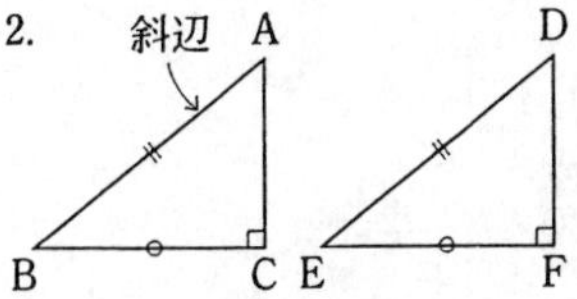

∠ACB＝∠DFE＝90°
AB＝DE
BC＝EF

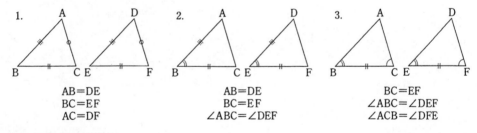

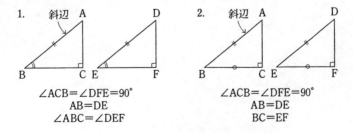

Memo

2025年度用

高校スーパー過去問

■編集人 声 の 教 育 社 ・ 編 集 部

■発行所 株 式 会 社　声 の 教 育 社

〒162-0814 東京都新宿区新小川町8-15

☎03-5261-5061㈹ FAX03-5261-5062

https://www.koenokyoikusha.co.jp

カコを追いかけ
ミライをつかめ

保善高等学校

別冊解答用紙

丁寧に抜きとって、別冊としてご使用ください。

★合格者最低点

※—は非公表。***は合格者なし。

		2024 年度	2023 年度	2022 年度	2021 年度
一般A	特別進学	157	141	126	133
	大進選抜	125	117	114	115
	大学進学	95	95	86	98
推薦	特別進学	単願 152 併願 163	単願 131 併願 146	単願 129 併願 144	単願 125 併願 168
	大進選抜	単願 125 併願 124	単願 116 併願 118	単願 110 併願 —	単願 111 併願 ***
	大学進学	単願 96 併願 101	単願 92 併願 100	単願 93 併願 116	単願 90 併願 91

※推薦は国語・英語または数学・英語の２科目選択入試。
一般入試Aは，高得点の２科目＋面接の総合判定。

注意

○ 解答用紙は、収録の都合により縮小したものや、小社独自に作成したものもあります。
○ 学校配点は学校発表のもの、推定配点は小社で作成したものです。
○ 無断転載を禁じます。
○ 解答用紙を拡大コピーする場合、表示した拡大率に対応する用紙サイズは以下のとおりです。
101%～102%=B5　103%～118%=A4　119%～144%=B4　145%～167%=A3
（タイトルと配点表は含みません）

２０２４年度　保善高等学校

英語解答用紙

番号		氏名		評点	／100

1 A. Question 1 [　　] Question 2 [　　]

B. 問1 [　　] 問2 [　　] 問3 [　　] 問4 [　　]

2 A. 1. ______ 2. ______ 3. ______ 4. ______

B. 1. ______ 2. ______ 3. ______

3 A. 1. ______ ______ 2. ______ ______

3. ______ ______

B. 1. Please ______.

2. This is the smartphone ______ me.

3. My mother sometimes ______ dinner.

C. 1. ______.

2. ______.

3. ______, summer or winter?

4 1. ______ 2. ______ 3. ______ 4. ______ 5. ______

5 問1 ______ 問2 ______

問3 ______

問4 ______

問5 ______ こと。

問6 1. T / F 2. T / F 3. T / F 4. T / F 5. T / F

(注) この解答用紙は実物を縮小してあります。Ａ３用紙に164%拡大コピーすると、ほぼ実物大で使用できます。(タイトルと配点表は含みません)

学校配点	1 各３点×６　2 各２点×７ 3 Ａ，Ｂ 各２点×６　Ｃ 各３点×３ 4 各４点×５　5 問１，問２ 各２点×２　問３ ６点 問４ ２点　問５ ５点　問６ 各２点×５	計 100点

2024年度 保善高等学校

数学解答用紙

番号　　氏名　　評点　/100

1

(1) ＿＿＿　(2) ＿＿＿　(3) ＿＿＿

(4) ＿＿＿　(5) ＿＿＿

(6) ＿＿＿　(7) ＿＿＿　(8) ＿＿＿

(9) ＿＿＿　(10) ＿＿＿

(11) 高さ：　　体積：

2

(1) (ア)　　(イ)

(2) ＿＿＿

(3) ＿＿＿

3

(1) ＿＿＿　(2) ＿＿＿

(3)

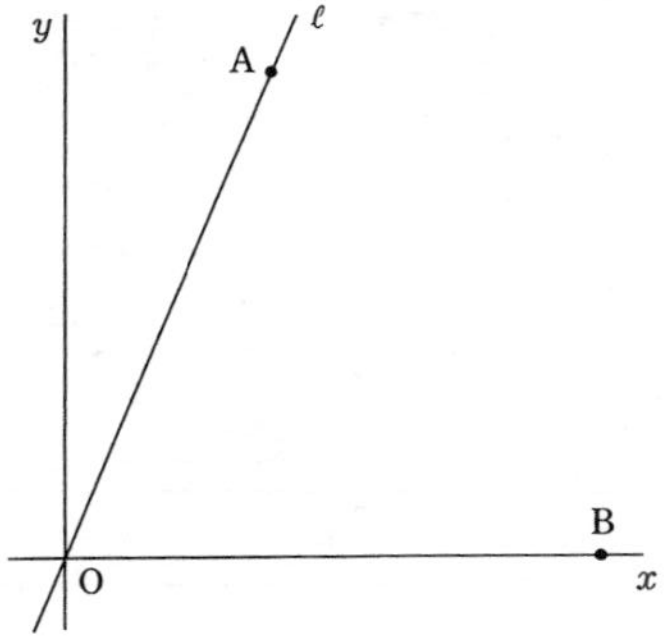

(4) ＿＿＿

4

(1) ＿＿＿　(2) ＿＿＿　(3) ＿＿＿

(4) ①＿＿＿　②＿＿＿　③＿＿＿　④＿＿＿

(注) この解答用紙は実物を縮小してあります。182%拡大コピーすると、ほぼ実物大で使用できます。(タイトルと配点表は含みません)

推定配点

1 各4点×12〔(11)は各4点×2〕

2 (1)、(2) 各3点×3　(3) 5点

3 (1)～(3) 各4点×3　(4) 5点

4 各3点×7

計 100点

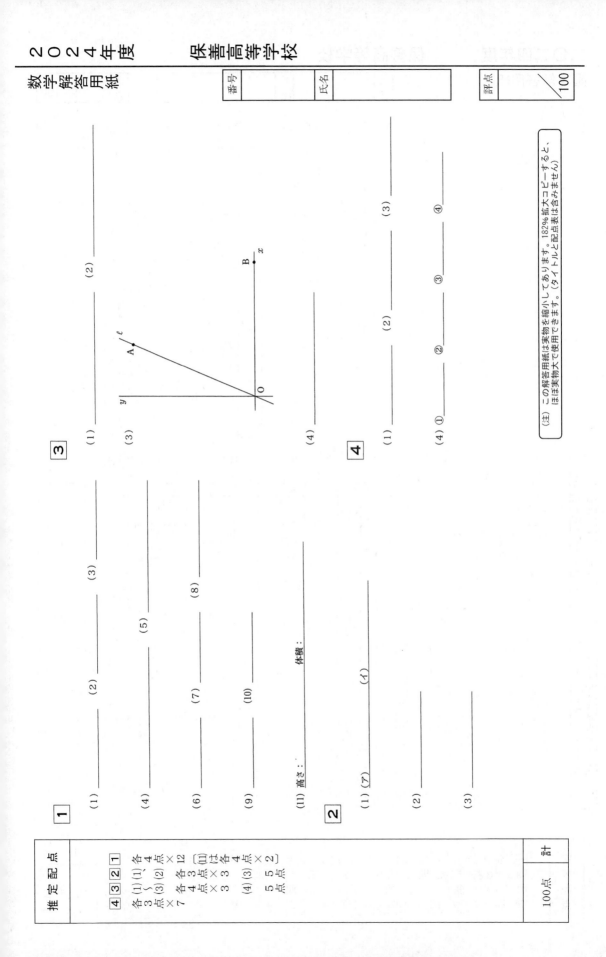

二〇二四年度　保善高等学校

国語解答用紙

番号		氏名		評点	／100

一

問一　1（やか）　2　3（む）　4　5　6　7　8　9　10

問二　1 誤 正　2 誤 正　3 誤 正　4 誤 正

問三　(1) 1　2　(2) 3　4　(3) Ⅰ　Ⅱ

二

問一　X

問二　1

問三　2

問四　3　15　20

問五　Y

問六　20

問七

三

問一　1

問二　2

問三　3

問四　4

問五　5　Ⅰ　Ⅱ

問六　6

四

問一　1　40字

問二　2

問三　3

問四　4　5

問五　6

問六　7

問七

（注）この解答用紙は実物を縮小してあります。196％拡大コピーすると、ほぼ実物大で使用できます。（タイトルと配点表は含みません）

学校配点		計
学校配点	一　各１点×20　二　問一　２点　問二　５点　問三，問四　各４点×２　問五　３点　問六，問七　各６点×２　三　問一，問二　各４点×２　問三　３点　問四　４点　問五　各３点×２　問六　４点　四　問一　６点　問二～問四　各２点×４　問五　４点　問六　３点　問七　４点	100点

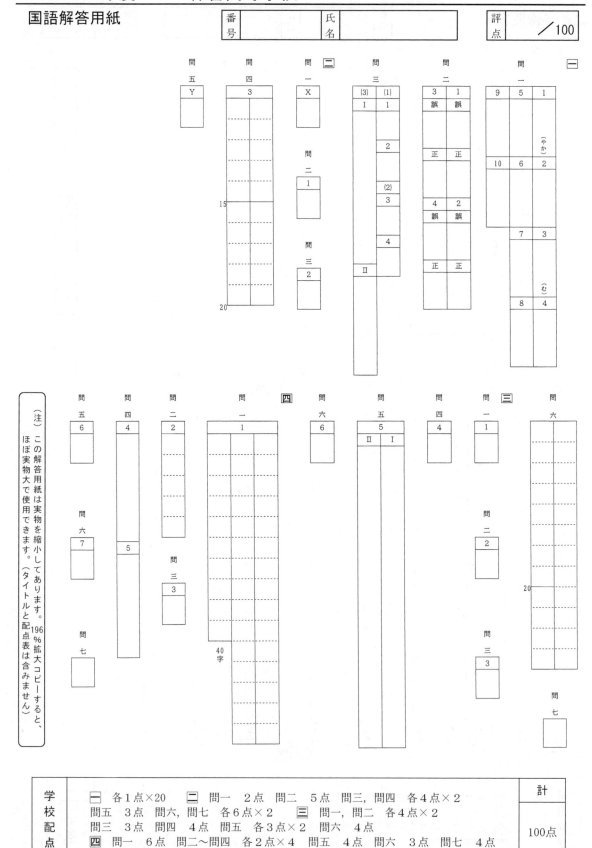

２０２４年度　保善高等学校・推薦

英語解答用紙

番号		氏名		評点	／100

1

A. 1. prac ・ tice　2. a ・ broad　3. ad ・ ven ・ ture

4. cal ・ en ・ dar　5. in ・ ter ・ view　6. tra ・ di ・ tion ・ al

B. 1. ____　2. ____　3. ____　4. ____

5. ____　6. ____

C. 1. ____　2. ____　3. ____　4. ____

5. ____

2

A. 1. ____　2. ____　3. ____　4. ____

5. ____　6. ____

B. 1. All ………… .

2. We ………… twenty years.

3. I ………… lunch.

4. My parents ………… .

5. The ………… my father.

3

1. ____　2. ____　3. ____　4. ____　5. ____　____

4

問1 ____

問2 □□□□□□□□□□□□□□□ □□□□□□□□□□（20） 性能。

問3 1. ____　2. ____　3. ____　4. ____　5. ____

問4 1. ____　2. ____　3. ____　4. ____　5. ____

（注）この解答用紙は実物を縮小してあります。A3用紙に161%拡大コピーすると、ほぼ実物大で使用できます。（タイトルと配点表は含みません）

学校配点		計
	1 A，B　各１点×12　C　各２点×５ 2 A　各２点×６　B　各３点×５ 3 各３点×６ 4 問１　２点　問２　６点　問３　各３点×５　問４　各２点×５	100点

2024年度　保善高等学校・推薦

数学解答用紙

番号　　氏名　　評点　／100

1

(1) ＿＿＿＿　(2) ＿＿＿＿　(3) ＿＿＿＿

(4) ＿＿＿＿　(5) ＿＿＿＿

(6) ＿＿＿＿　(7) ＿＿＿＿　(8) ＿＿＿＿

(9)

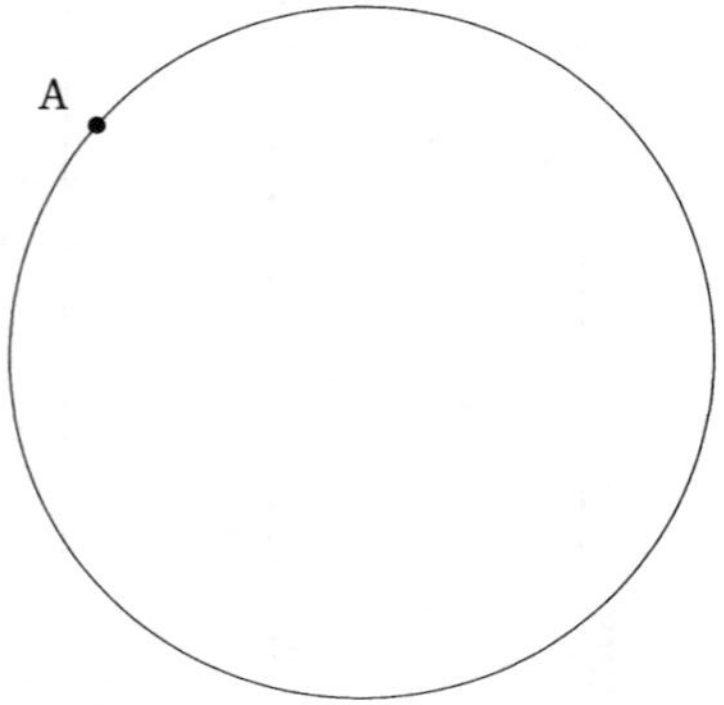

2

(1) ＿＿＿＿　(2) ＿＿＿＿

(3) ＿＿＿＿　(4) ＿＿＿＿

(5) ＿＿＿＿

3

(1) ＿＿＿＿　(2) ＿＿＿＿

(3) ＿＿＿＿

4

(1) ＿＿＿＿　(2) ＿＿＿＿

(3) ＿＿＿＿　(4) ＿＿＿＿

（注）この解答用紙は実物を縮小してあります。179%拡大コピーすると、ほぼ実物大で使用できます。（タイトルと配点表は含みません）

学校配点	
1 (1)～(4) 各4点×4　(5)～(9) 各5点×5 2、3 各5点×8 4 (1)～(3) 各5点×3　(4) 4点	
100点	計

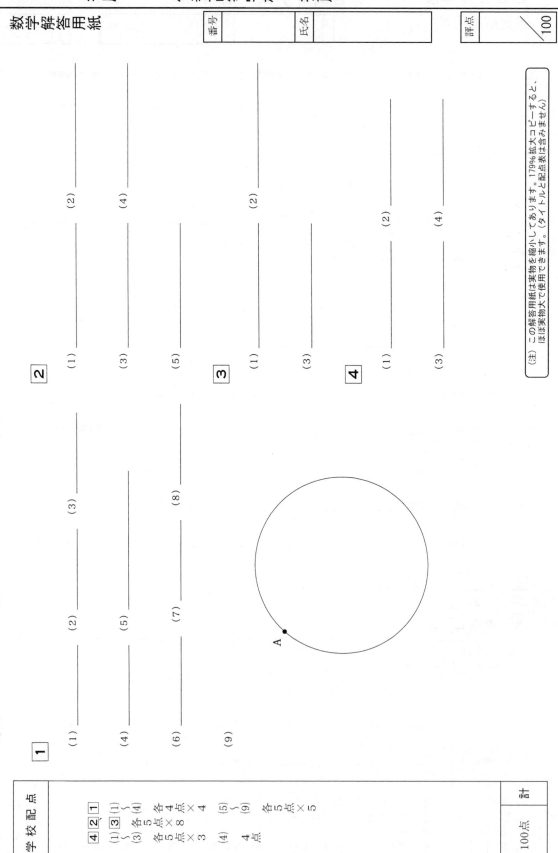

二〇二四年度　保善高等学校・推薦

国語解答用紙

番号		氏名		評点	／100

一

問一　1　（ぐ）　2　3　4　5　6　7　8　9　10

問二　①　②　③

問三　①　②　③　④　⑤

問四　①　②　③

二

問一　X

問二　1　2　3

問三　A　B

問四　4

問五　Ⅰ　Ⅱ

問六

三

問一　3　5　6

問二　X

問三　A　B　C

問四　1

問五　a　b　c

問六　4

問七　7

問八　Y

問九　8

（注）この解答用紙は実物を縮小してあります。179％拡大コピーすると、ほぼ実物大で使用できます。（タイトルと配点表は含みません）

学校配点		計
	一　問一　各１点×10　問二～問四　各２点×11 二　問一　２点　問二　各１点×３　問三　各３点×２ 問四，問五　各２点×３　問六　４点 三　問一～問三　各２点×７　問四　４点　問五　各３点×３ 問六　４点　問七　５点　問八　３点　問九　８点	100点

２０２３年度　　保善高等学校

英語解答用紙

番号		氏名		評点	／100

1 A. Question1 [　　] Question2 [　　] B. 問１ [　　] 問２ [　　] 問３ [　　] 問４ [　　]

2 A. 1. ______ 2. ______ 3. ______ 4. ______

B. 1. ______ 2. ______ 3. ______

3 A. 1. ______ ______ 2. ______ ______

3. ______ / ______

B. 1. If you want water, ______.

2. Can I ______?

3. ______ on land is the cheetah.

C. 1. I ______.

2. Judo ______.

3. Masashi ______.

4 問１ ① ____ ② ______ ③ ______ ④ ____ ⑤ ______

問２ ______ → ______ → ______ → ______

問３ 1. ______ 2. ______ 3. ______ 4. ______ : ______ 5. ______ : ______

5 問１ ______ ______ ______ ______

問２ ______

shoemakers or shoe repairers

問３ ______ 問４ (a) □□□□□□ (b) □□□□□□

問５ 1. ______ he ______ a ______ ______.

2. ______, he ______.

3. He ______ ______ own ______ ______.

4. He played baseball as a major leaguer ______ ______ ______.

5. We can enjoy ______ ______.

（注）この解答用紙は実物を縮小してあります。A３用紙に159％拡大コピーすると、ほぼ実物大で使用できます。（タイトルと配点表は含みません）

学校配点		計
	1 各３点×６　2 各２点×７ 3 A，B 各２点×６　C 各３点×３ 4 各２点×11〔問２は完答〕 5 問１～問４ 各２点×５　問５ 各３点×５	100点

2023年度　保善高等学校

数学解答用紙

番号		氏名		評点	/100

1

(1) ＿＿＿＿　(2) ＿＿＿＿　(3) ＿＿＿＿

(4) ＿＿＿＿　(5) $x=$ ＿＿＿＿

(6) $x=$　　, $y=$ ＿＿＿＿　(7) $x=$ ＿＿＿＿

(8) $x=$ ＿＿＿＿　(9) ＿＿＿＿

(10)

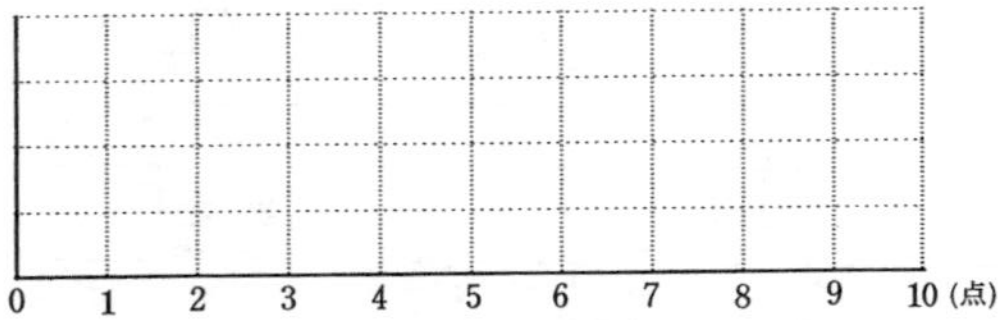

(11)

2

(1) ＿＿＿＿　(2) ＿＿＿＿　(3) ＿＿＿＿

3

(1) ＿＿＿＿　(2) ＿＿＿＿　(3) ＿＿＿＿

4

5

＿＿＿＿

（注）この解答用紙は実物を縮小してあります。196%拡大コピーすると、ほぼ実物大で使用できます。（タイトルと配点表は含みません）

学校配点	
1 各5点×11 2 (1)、(2) 各5点×2　(3) 6点 3 (1) 5点　(2)、(3) 各6点×2 4、5 各6点×2	
100点	計

二〇二三年度　保善高等学校

国語解答用紙

番号		氏名		評点	／100

一

問一
1　2　3　4　む
5　6　7　8
9　10

問二
1 誤　正
2 誤　正
3 誤　正

問三
1　2　3　4　5

二

問一

問二

問三

問四

問五
A　B　C　D　E

問六
㋐　㋑

問七
になるということ。

三

問一

問二

問三

問四

問五

四

問一
1　7

問二
2　3

問三
4　5

問四

問五
(1)　(2)　(3)

（注）この解答用紙は実物を縮小してあります。192％拡大コピーすると、ほぼ実物大で使用できます。（タイトルと配点表は含みません）

学校配点		計
	一　各1点×21　二　問一　4点　問二　3点　問三　5点　問四　4点 問五　各1点×5　問六　㋐　3点　㋑　5点　問七　6点 三　問一，問二　各4点×2　問三，問四　各5点×2　問五　6点 四　問一，問二　各2点×4　問三　各1点×2　問四　3点 問五　⑴　2点　⑵　3点　⑶　2点	100点

２０２３年度　　保善高等学校・推薦

英語解答用紙

番号		氏名		評点	／100

1 A. 1. mu・sic　　2. to・day　　3. choc・o・late

4. Aus・tral・ia　　5. bas・ket・ball　　6. un・der・stand

B. 1. ______　2. ______　3. ______　4. ______

5. ______　6. ______

C. 1. ______　2. ______　3. ______　4. ______

5. ______

2 A. 1. ______　2. ______　3. ______　4. ______

5. ______　6. ______

B. 1. ....

2. I don't ....

3. He ....

4. .... today?

5. Please .... your family.

3 問１　東京セントラルパークは、最寄り駅から______で______かかるところにある。

問２　______

問３　1. ______　2. ______　3. ______

4 問１　1. ______　2. ______　3. ______　4. ______　5. ______

問２　______________________

（注）この解答用紙は実物を縮小してあります。Ａ３用紙に159％拡大コピーすると、ほぼ実物大で使用できます。（タイトルと配点表は含みません）

学校配点		計
	1　Ａ，Ｂ　各１点×12　Ｃ　各２点×５ 2　Ａ　各２点×６　Ｂ　各３点×５ 3　各５点×５ 4　問１　各４点×５　問２　６点	100点

２０２３年度　保善高等学校・推薦

数学解答用紙

番号		氏名		評点	/100

1

(1) ______　(2) ______　(3) ______

(4) ______　(5) $x=$ ______

(6) $x=$ ______ , $y=$ ______　(7) $x=$ ______

(8) ______　(9) ______　(10) ______

(11)

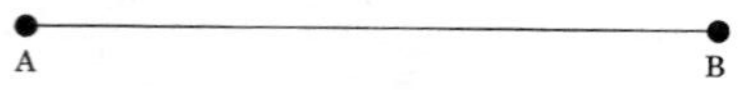

2

(1) ______　(2) ______

3

______

4

(1) ______　(2) ______　(3) ______

5

(1) ______　(2) ______　(3) ______

（注）この解答用紙は実物を縮小してあります。196％拡大コピーすると、ほぼ実物大で使用できます。（タイトルと配点表は含みません）

学校配点	
1 各5点×11 2 (1) 4点 (2) 各3点×2 3〜5 各5点×7	
100点	計

二〇二三年度　保善高等学校・推薦

国語解答用紙

番号		氏名		評点	／100

□一

問一　1　2（く）　3　4　5　6　7　8　9　10

問二　1　2　3

問三　1　2　3

□二

問一　①　②　③

問二　④

問三　⑤

問四　⑥　⑦　⑧

問五　⑨

問六　⑩

問七　⑪

□三

問一　2　14

問二　3（しく）　5　4　8

問三　1

問四　A　B　C　D

問五　6

問六　7　9

問七　10　11

問八　12　13

問九　15

問十　E　F　G　H

問十一　17

問十二　18

問十三　16

（注）この解答用紙は実物を縮小してあります。200％拡大コピーすると、ほぼ実物大で使用できます。（タイトルと配点表は含みません）

学校配点		計
	□一　各１点×16　□二　問一　各１点×３　問二　２点　問三，問四　各１点×４ 問五　２点　問六，問七　各３点×２ □三　問一　各２点×２　問二　各１点×４　問三　４点　問四　各２点×４ 問五　５点　問六，問七　各１点×６　問八　各２点×２　問九　５点 問十　各２点×４　問十一　５点　問十二　６点　問十三　８点	100点

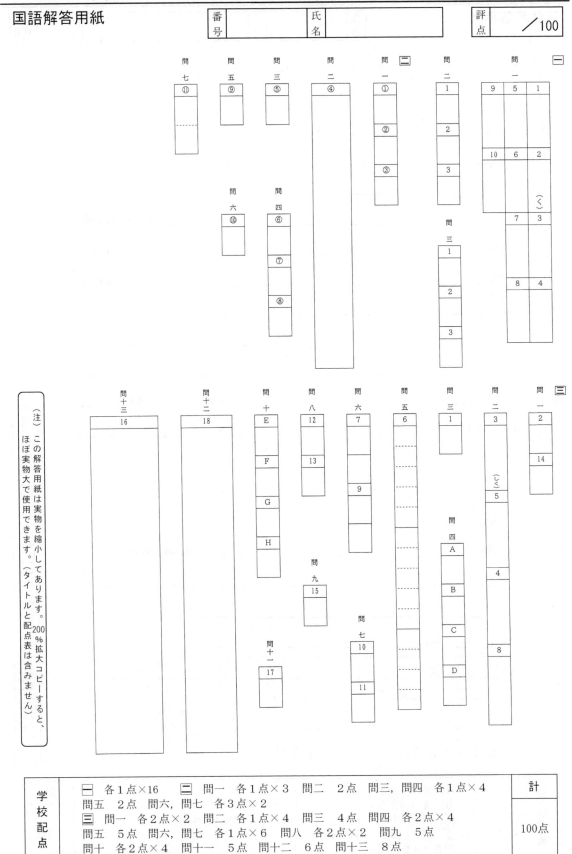

２０２２年度　保善高等学校

英語解答用紙

番号		氏名	

評点	／100

1 A. 1.[　　] 2.[　　] B. 1.[　　] 2.[　　]

2 A. 1.＿＿ 2.＿＿ 3.＿＿ 4.＿＿

B. 1.＿＿ 2.＿＿ 3.＿＿ 4.＿＿

3 A. 1.＿＿ ＿＿ 2.＿＿ ＿＿

3.＿＿ ＿＿

B. 1.＿＿ is New Zealand.

2. Nancy ＿＿ room.

3. Will ＿＿ later?

C. 1. He ＿＿.

2. You ＿＿.

3. I ＿＿.

4 問１＿＿ 問２＿＿ 問３＿＿ 問４＿＿ 問５＿＿

問６ 【 A 】＿＿ 【 B 】＿＿ 【 C 】＿＿ 問７＿＿

問８ 1. a＿＿ b＿＿

2. a＿＿ b＿＿

3. a＿＿ b＿＿

5 問１ He ＿＿ a famous teacher.

問２＿＿

問３＿＿ 問４＿＿

問５ （20, 25）

問６ [X]＿＿ [Y]＿＿ [Z]＿＿

問７ 1. T/F 2. T/F 3. T/F 4. T/F

（注）この解答用紙は実物を縮小してあります。A３用紙に161％拡大コピーすると、ほぼ実物大で使用できます。（タイトルと配点表は含みません）

学校配点		計
	1 各３点×４　2 各１点×８ 3 A 各２点×３　B，C 各３点×６ 4 問１～問６ 各２点×８　問７ ３点　問８ 各２点×３ 5 問１ ３点　問２ ５点　問３ ２点　問４ ３点 問５ ４点　問６，問７ 各２点×７	100点

2022年度 保善高等学校

数学解答用紙

番号		氏名		評点	/100

1

(1) ＿＿＿＿ (2) ＿＿＿＿ (3) ＿＿＿＿

(4) ＿＿＿＿ (5) ＿＿＿＿

(6) ＿＿＿＿ (7) ＿＿＿＿

(8) ＿＿＿＿ (9) ＿＿＿＿ (10) ＿＿＿＿

(11) 体積＿＿＿＿ 表面積＿＿＿＿

(12)

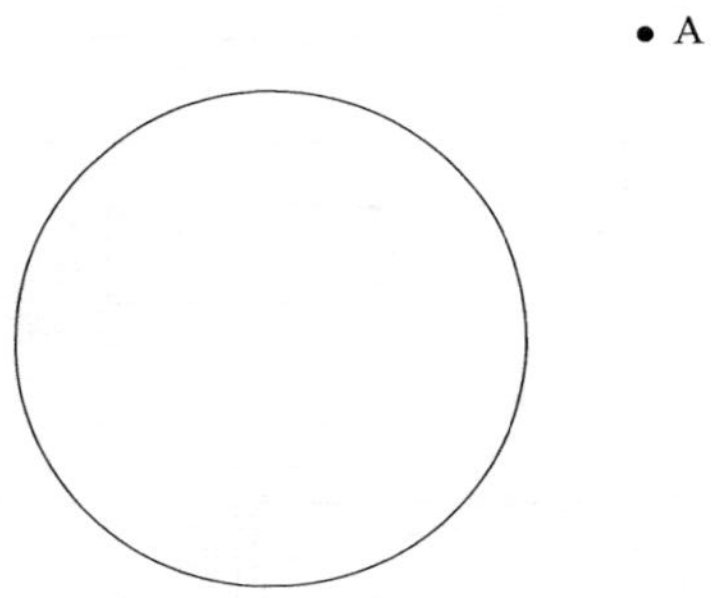

2

(1) ＿＿＿＿ (2) ＿＿＿＿

(3) ＿＿＿＿

3

(1) ＿＿＿＿

(2)

(3) ＿＿＿＿

4

(1) ＿＿＿＿ (2) ＿＿＿＿ (3) ＿＿＿＿

（注）この解答用紙は実物を縮小してあります。200%拡大コピーすると、ほぼ実物大で使用できます。（タイトルと配点表は含みません）

学校配点	
1 (1)～(11) 各4点×12 (12) 6点 2 (1)、(2) 各4点×2 (3) 6点 3 (1) 4点 (2)、(3) 各6点×2 4 (1) 4点 (2)、(3) 各6点×2	
計	100点

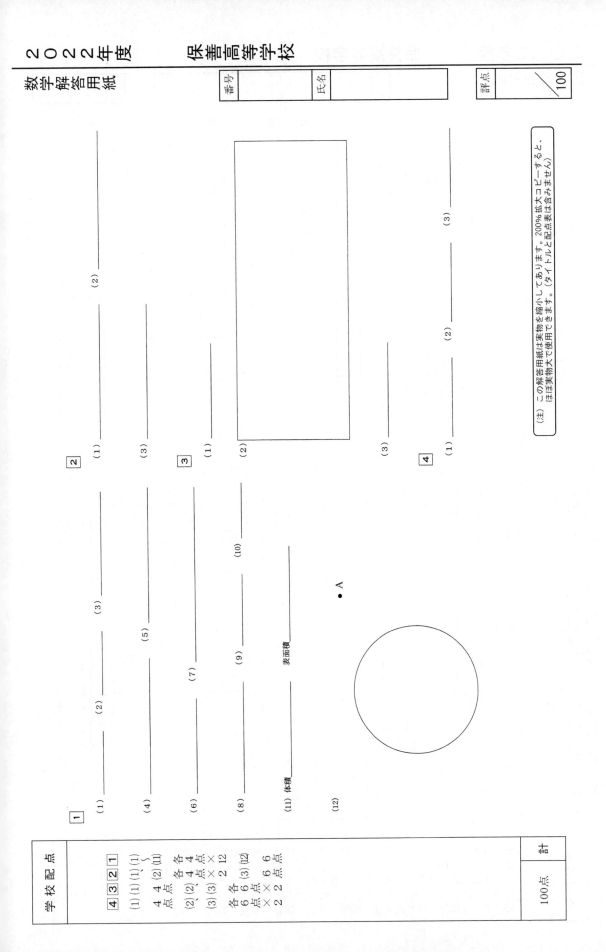

二〇二二年度　保善高等学校

国語解答用紙

番号		氏名		評点	／100

一

問一
1　く
2
3
4　す
5
6
7
8
9
10

問二
1
2
3
4
5

問三
1
2
3
4
5

二

問一

問二

問三

問四

という勘違い。

55

45

問五

問六
①
②
③
④
⑤
⑥
⑦

三

問一
A
B
C
D
E

問二

問三

「まゆみ先生」は

と考えている。

問四

問五
(1)
A
B
(2)

四

問一

問二
3
6

問三
2
4

問四

問五

問六

（注）この解答用紙は実物を縮小してあります。172％拡大コピーすると、ほぼ実物大で使用できます。（タイトルと配点表は含みません）

学校配点		計
	一　各１点×20　二　問一　２点　問二，問三　各３点×２　問四　６点　問五　３点　問六　①，②　各１点×２　③　２点　④　３点　⑤　２点　⑥　１点　⑦　３点　三　問一　各１点×５　問二　４点　問三　９点　問四　４点　問五　(1)　各２点×２　(2)　４点　四　問一～問三　各２点×５　問四　３点　問五　４点　問六　３点	100点

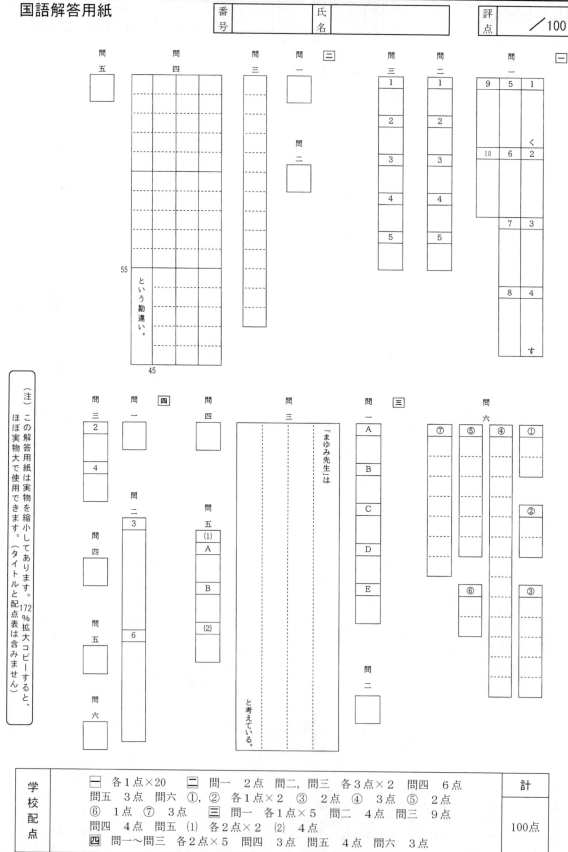

２０２２年度　保善高等学校・推薦

英語解答用紙

番号		氏名		評点	／100

1 A. 1. eigh ・ teen　2. break ・ fast　3. mu ・ se ・ um

4. com ・ put ・ er　5. ex ・ pe ・ ri ・ ence　6. veg ・ e ・ ta ・ ble

B. 1. ______　2. ______　3. ______　4. ______　5. ______

C. 1. ______　2. ______　3. ______　4. ______

2 A. 1. ______ / ______　2. ______ ______

3. ______ ______　4. ______ ______

B. 1. They ………… twenty years.

2. The book ………… ago.

3. The ………… my brother.

3 A. 問1　(1)______　(2)______　(3)______

問2 ______　問3 ______

B. 問1 ______

問2 ______

問3 ______

問4　彼らは(　　　　　　　　　　)とわかった。

問5 ______

問6 ______

問7　1. T / F　2. T / F　3. T / F　4. T / F　5. T / F

（注）この解答用紙は実物を縮小してあります。A３用紙に167%拡大コピーすると、ほぼ実物大で使用できます。（タイトルと配点表は含みません）

学校配点		計
	1　A　各１点×６　B，C　各２点×９ 2　A　各３点×４　B　各４点×３ 3　A　問１　各３点×３　問２，問３　各４点×２ B　問１～問３　各３点×３　問４　５点　問５～問７　各３点×７	100点

2022年度　保善高等学校・推薦

数学解答用紙

番号		氏名		評点	/100

1

(1) ＿＿＿　(2) ＿＿＿　(3) ＿＿＿

(4) ＿＿＿　(5) ＿＿＿

(6) ＿＿＿　(7) ＿＿＿

(8) ＿＿＿　(9) ＿＿＿　(10) $x=$ ＿＿＿

(11) $y=$　　　　, $z=$ ＿＿＿

(12)

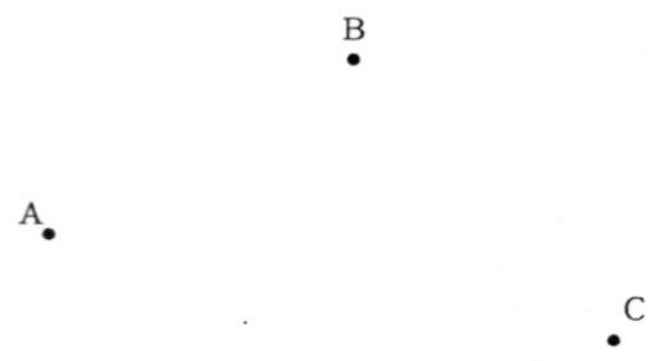

2

(1)

(2) DB＝　　　　, BC＝

3

(1) ＿＿＿　(2) ＿＿＿　(3) ＿＿＿

4

(1) ＿＿＿　(2) ＿＿＿　(3) ＿＿＿

（注）この解答用紙は実物を縮小してあります。185％拡大コピーすると、ほぼ実物大で使用できます。（タイトルと配点表は含みません）

学校配点	
1 各4点×13〔(11)は各4点×2〕 2 (1) 6点　(2) 各5点×2 3 (1) 5点　(2)、(3) 各6点×2 4 各5点×3	
100点	計

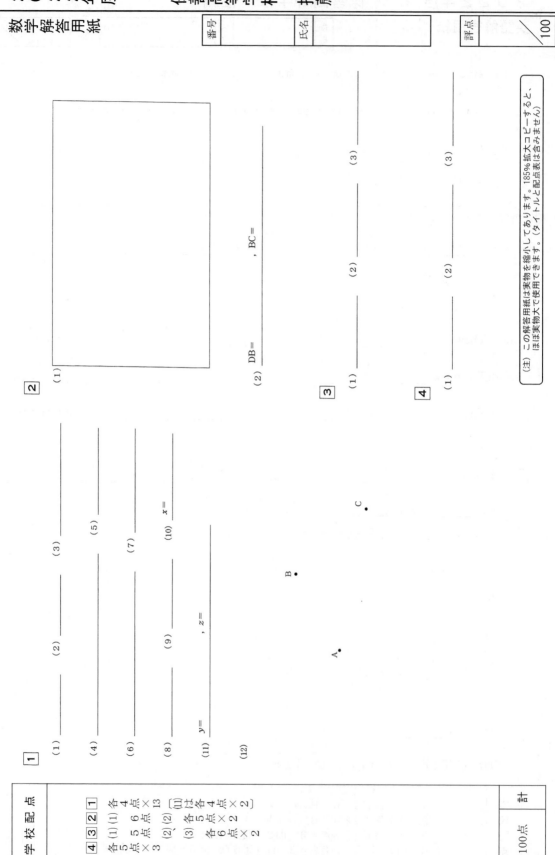

二〇二二年度　保善高等学校・推薦

国語解答用紙

番号		氏名		評点	／100

一

問一　1（れる）　2（む）　3　4　5　6　7　8　9　10　11　12　13　14　15

問二　1　2　3　4　5

二

問一　1　4　5　6　8

問二　A　記号　漢字

問三　B　C　D　E　F

問四　①　②　③

問五　2　3　9

問六　7

問七

三

問一　A

問二　1

問三　2・3

問四　4

問五　5

問六　6　〜

問七　7

問八　8

問九　①

②　私たちは　ことで「確か」だと考えている。

（注）この解答用紙は実物を縮小してあります。172％拡大コピーすると、ほぼ実物大で使用できます。（タイトルと配点表は含みません）

学校配点		計
	一　各１点×20 二　問一　各１点×５　問二　記号　１点　漢字　２点　問三　各１点×５ 問四，問五　各２点×６　問六　１点　問七　４点 三　問一　２点　問二　３点　問三〜問六　各５点×４　問七　４点 問八　６点　問九　①　５点　②　10点	100点

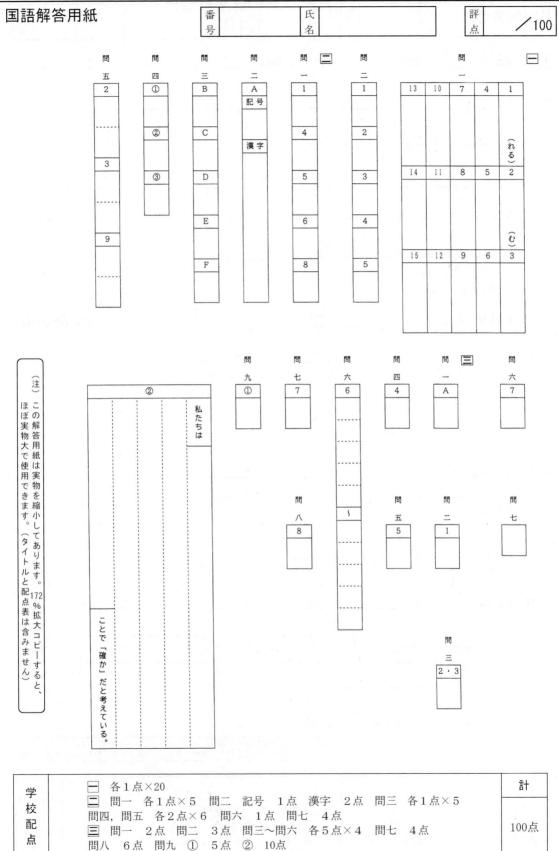

２０２１年度　保善高等学校

英語解答用紙

番号		氏名		評点	／100

1 A.　対話文１　＿＿　対話文２　＿＿　B.　Question 1　＿＿　Question 2　＿＿

2 A.　1.　＿＿　2.　＿＿　3.　＿＿　4.　＿＿

B.　1.　＿＿　2.　＿＿　3.　＿＿　4.　＿＿

3 A.　1.　＿＿　＿＿　2.　＿＿　＿＿

3.　＿＿／＿＿　4.　＿＿　＿＿

B.　1. My father usually ………………………………………………………….

2. Australia ………………………………………………………….

3. More ………………………………………………………… and August.

C.　(1)…………………………………………………………

(2)…………………………………………………………

(3)…………………………………………………………

4 A.　問１　A　＿＿　B　＿＿　C　＿＿　D　＿＿

問２　□□□□□□□□□□□□□□□　こと。

問３　1.　＿＿　2.　＿＿　3.　＿＿　4.　＿＿

B.　問１　1.　＿＿　2.　＿＿　3.　＿＿　問２　＿＿　問３　＿＿

問４　タマゴをゆでる際に、□□□□□□□□□□□□□□□□□□□□□□□□□□

問５　1.　＿＿　2.　＿＿　3.　＿＿

（注）この解答用紙は実物を縮小してあります。Ｂ４用紙に143％拡大コピーすると、ほぼ実物大で使用できます。（タイトルと配点表は含みません）

学校配点		計
	1　各３点×４　2　各２点×８ 3　A　各２点×４　B　各３点×３　C　９点 4　A　問１　各２点×４　問２　４点　問３　各２点×４ B　問１～問３　各３点×５　問４　５点　問５　各２点×３	100点

2021年度 保善高等学校

数学解答用紙

番号		氏名		評点	/100

1

(1) ＿＿＿＿ (2) ＿＿＿＿ (3) ＿＿＿＿

2

(1) ①＿＿＿＿ ②＿＿＿＿ ③＿＿＿＿

(2) ＿＿＿＿ (3) ＿＿＿＿ (4) ＿＿＿＿

(5) ＿＿＿＿ (6) ＿＿＿＿

(7) ①＿＿＿＿ ②＿＿＿＿

(8)

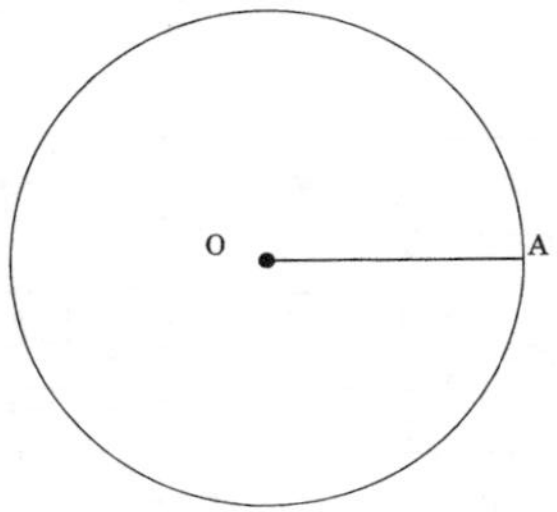

3

(1) ＿＿＿＿ (2) ＿＿＿＿ (3) ＿＿＿＿

4

＿＿＿＿

5

(1)

(2) ＿＿＿＿

6

(1) ＿＿＿＿ (2) ＿＿＿＿ (3) ＿＿＿＿

7

(1) ＿＿＿＿ (2) ＿＿＿＿

（注）この解答用紙は実物を縮小してあります。200%拡大コピーすると、ほぼ実物大で使用できます。（タイトルと配点表は含みません）

学校配点	
1～7 各4点×25	
100点	計

二〇二一年度　保善高等学校

国語解答用紙

番号		氏名		評点	／100

一

問一　1　2 う　3 く　4　5　6　7 す　8 む

問二　1 漢字　意味　2 漢字　意味　3 漢字　意味

問三　1　2　3

二

問一　1

問二　2

問三　3

問四　4　①　②　③　④　⑤

問五　5

三

問一　A　B　C　D　E

問二　1

問三　F

問四　2　4

問五　3

問六　5

問七　①　②　③　④　⑤

問八

四

問一　2　6

問二　1　3　4

問三　8　10

問四　5

問五　7　9

問六　ア　イ　ウ　エ

問七

（注）この解答用紙は実物を縮小してあります。189％拡大コピーすると、ほぼ実物大で使用できます。（タイトルと配点表は含みません）

学校配点		計
	一　各1点×17　二　問一　3点　問二　5点　問三　4点　問四　各1点×5　問五　5点　三　問一　各1点×5　問二，問三　各2点×2　問四　各1点×2　問五　7点　問六　4点　問七　各2点×5　問八　4点　四　問一，問二　各1点×5　問三　各3点×2　問四　4点　問五　各2点×2　問六　各1点×4　問七　2点	100点

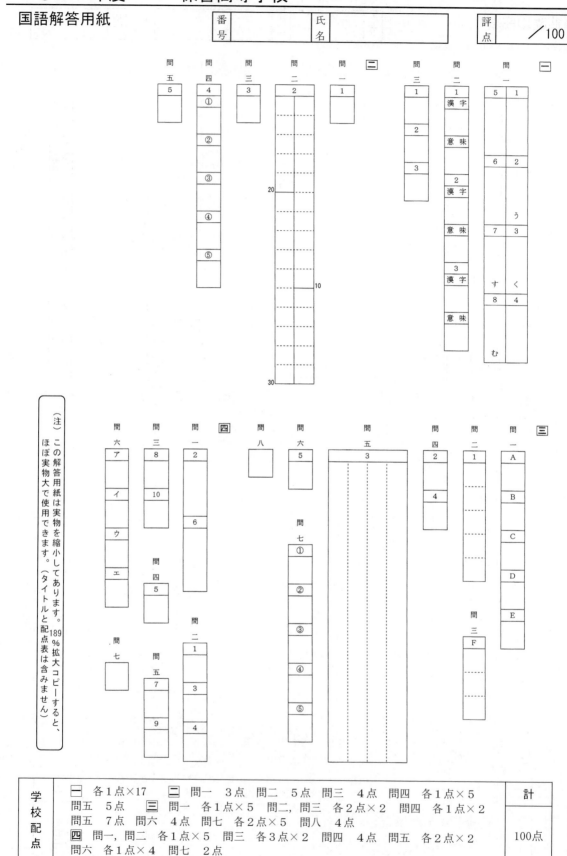

２０２１年度　　保善高等学校・推薦

英語解答用紙

番号		氏名	

評点	／100

1 A. 1. ______ 2. ______ 3. ______ 4. ______

B. 1. ______ 2. ______ 3. ______ 4. ______

C. 1. ______ 2. ______ 3. ______ 4. ______

D. 1. ______ 2. ______ 3. ______

2 A. 1. ______ ______ 2. ______ ______

3. ______/______ 4. ______/______

B. 1. We don't know ....

2. .... to Okinawa?

3. .... understand each other.

3 A. 問１ ① ______ ② ______ ③ ______ ④ ______ ⑤ ______

問２ ______ 問３ ______

B. 問１ ______ 問２ ______ 問３ ______

問４ ______________________こと。

問５ 1. ______ 2. ______ 3. ______ 4. ______

問６ (a)______ (b)______ (c)______

(d)______ (e)______ (f)______

(g)______

（注）この解答用紙は実物を縮小してあります。Ｂ４用紙に139％拡大コピーすると、ほぼ実物大で使用できます。（タイトルと配点表は含みません）

学校配点		計
	1　Ａ　各１点×４　Ｂ，Ｃ　各２点×８　Ｄ　各１点×３ 2　Ａ　各３点×４　Ｂ　各４点×３ 3　Ａ　各２点×７　Ｂ　問１～問３　各２点×３　問４　４点 問５　各２点×４　問６　各３点×７	100点

２０２１年度　保善高等学校・推薦

数学解答用紙

番号　　氏名　　評点　／100

1

(1)　　(2)　　(3)

2

(1)　　(2)

(3)　　(4)

(5) 平均値　　中央値　　(6)

(7)

P　Q　R

3

(1)　　(2)

(3)　　(4) C(　　,　　), D(　　,　　)

4

(1)　　(2)

5

6

(1)　　(2)　　(3)

7

学校配点	計
1 各4点×3 2 (1)〜(6) 各4点×7　(7) 5点 3〜7 各5点×11	100点

二〇二一年度　保善高等学校・推薦

国語解答用紙

番号　　氏名　　評点　／100

一

問一　1　2　3（う）　4（る）　5　6　7　8　9

問二　1　2

問三　1 漢字　記号　2 漢字　記号

二

問一　①

問二　②

問三　③　⑩

問四　④

問五　A　B

問六　⑥　⑦　⑧

問七　⑨

問八　⑪

問九　⑫

三

問一　③　⑤（じ）　⑥　⑨（げ）

問二　①

問三　②

問四　④

問五　ア　イ　ウ

問六　⑦　50字

問七　⑧

問八　⑩

問九　⑪

問十　ア　イ　ウ　エ　オ

学校配点	計
一 各1点×15 二 問一　2点　問二〜問四　各1点×4　問五　A　2点　B　5点 問六〜問八　各1点×5　問九　2点 三 問一　各1点×4　問二〜問四　各5点×3　問五　各2点×3 問六　10点　問七〜問九　各5点×3　問十　各3点×5	100点